ନିଜ ଗ୍ରନ୍ଥ ଆରମ୍ଭରେ ଆଚାର୍ଯ୍ୟ ବିଷ୍ଣୁଗୁପ୍ତ କୌଟିଲ୍ୟ ଯାହାଙ୍କର ନାମ ଚଣକ୍ୟ ମଧ୍ୟ ଥିଲା ସେ ଲେଖିଛନ୍ତି ଯେ, ମନୁଷ୍ୟମାନଙ୍କ ଦ୍ୱାରା ପରିପୂର୍ଣ୍ଣ ପୃଥିବୀର ପ୍ରାପ୍ତି ଏବଂ ପ୍ରାପ୍ତ ହୋଇଥିବା ପୃଥିବୀର ରକ୍ଷା ସମ୍ୱନ୍ଧରେ ପ୍ରାଚୀନ ଆଚାର୍ଯ୍ୟମାନେ ଯେଉଁ ଅର୍ଥଶାସ୍ତ୍ର ରଚନା କରିଛନ୍ତି, ସାଧାରଣତଃ ସେଗୁଡ଼ିକର ସଂଗ୍ରହ କରି ମୁଁ ଏହି ଶାସ୍ତ୍ର ରଚନା କରିଛି। ଏହି ଶାସ୍ତ୍ର ବିସ୍ତୃତ ଜ୍ଞାନ ପ୍ରଦାନ କରିବା ପାଇଁ ଉଦ୍ଦିଷ୍ଟ ଅଟେ ଏବଂ ଏଥିରେ ଅର୍ଥଶାସ୍ତ୍ରର ତତ୍ତ୍ୱ ଏଭଳି ଭାବରେ ବର୍ଣ୍ଣିତ ଅଛି ଯେ ଯାହା ସହଜ ଭାବରେ ହୃଦୟଙ୍ଗମ କରାଯାଇ ପାରିବ।

ଏହି ଗ୍ରନ୍ଥର ଶେଷରେ କୌଟିଲ୍ୟ ଲେଖିଛନ୍ତି ଯେ ଏହି ଶାସ୍ତ୍ର ସମସ୍ତ ତନ୍ତ୍ରଯୁକ୍ତିରେ ପରିପୂର୍ଣ୍ଣ ଅଟେ। ଇହଲୋକ ତଥା ପରଲୋକର ପାପ୍ତି ପାଇଁ ଏବଂ ପାଳନ ପାଇଁ ଏହି ଶାସ୍ତ୍ରର ପ୍ରସ୍ତୁତି କରାଯାଇଛି। ଏହି ଅର୍ଥଶାସ୍ତ୍ର ଲୋକମାନଙ୍କ ମଧ୍ୟରେ ଧର୍ମ, ଅର୍ଥ, କାମର ପ୍ରବୃତ୍ତି ଜାଗ୍ରତ କରିଥାଏ ଏବଂ ସେଗୁଡ଼ିକର ରକ୍ଷାର ବିଧାନ କରି ଅର୍ଥର ବିରୋଧୀ ଅନର୍ଥର ନାଶ କରିଥାଏ।

କୌଟିଲ୍ୟ ଅର୍ଥଶାସ୍ତ୍ର

ଆଚାର୍ଯ୍ୟ ରାଜେଶ୍ୱର ମିଶ୍ର

ଡାଇମଣ୍ଡ ବୁକ୍

www.diamondbook.in

Publisher : **Diamond Pocket Books (Pvt) Ltd.**
X-30, Okhla Industrial Area,
Phase-II, New Delhi-110020
Phone   : 011- 40712200
E-Mail   : sales@dpb.in
Website   : www.diamondbook.in
Edition   : 2022
Printer   :

କୌଟିଲ୍ୟ ଅର୍ଥଶାସ୍ତ୍ର (ଓଡ଼ିଆ) (ଆଚାର୍ଯ୍ୟ ରାଜେଶ୍ୱର ମିଶ୍ର)
KOUTILYA ARTHSHATRA (ODIA)
By - Acharya Rajeshwar Mishra

ଭୂମିକା

ଅର୍ଥଶାସ୍ତ୍ରକୁ ବର୍ତ୍ତମାନ ସମୟରେ ଇକୋନୋମିକ୍ସ ବୋଲି ବୁଝାଯାଏ, କିନ୍ତୁ କୌଟିଲ୍ୟ ଅର୍ଥଶାସ୍ତ୍ର ଇକୋନୋମିକ୍ସ ସହିତ ସମ୍ବନ୍ଧିତ ନୁହେଁ। ଏହି କଥା ପାଠକମାନେ ପ୍ରଥମେ ଭଲ ଭାବରେ ବୁଝିନେବା ଉଚିତ୍।

ନିଜ ଗ୍ରନ୍ଥ ଆରମ୍ଭରେ ଆର୍ଯ୍ୟ ବିଷ୍ଣୁଗୁପ୍ତ କୌଟିଲ୍ୟ ଯାହାଙ୍କର ନାମ ଚାଣକ୍ୟ ମଧ୍ୟ ଥିଲା ସେ ଲେଖିଛନ୍ତି ଯେ, ମନୁଷ୍ୟମାନଙ୍କ ଦ୍ୱାରା ପରିପୂର୍ଣ୍ଣ ପୃଥିବୀର ପ୍ରାପ୍ତି ଏବଂ ପ୍ରାପ୍ତ ହୋଇଥିବା ପୃଥିବୀର ରକ୍ଷା ସମ୍ବନ୍ଧରେ ପ୍ରାଚୀନ ଆର୍ଯ୍ୟମାନେ ଯେଉଁ ଅର୍ଥଶାସ୍ତ୍ର ରଚନା କରିଛନ୍ତି, ସାଧାରଣତଃ ସେଗୁଡ଼ିକର ସଂଗ୍ରହ କରି ମୁଁ ଏହି ଶାସ୍ତ୍ର ରଚନା କରିଛି। ଏହି ଶାସ୍ତ୍ର ବିସ୍ତୃତ ଜ୍ଞାନ ପ୍ରଦାନ କରିବା ପାଇଁ ଉଦ୍ଦିଷ୍ଟ ଅଟେ ଏବଂ ଏଥିରେ ଅର୍ଥଶାସ୍ତ୍ରର ତତ୍ତ୍ୱ ଏଭଳି ଭାବରେ ବର୍ଣ୍ଣିତ ଅଛି ଯେ ଯାହା ସହଜ ଭାବରେ ହୃଦୟଙ୍ଗମ କରାଯାଇ ପାରିବ।

ଏହି ଗ୍ରନ୍ଥର ଶେଷରେ କୌଟିଲ୍ୟ ଲେଖିଛନ୍ତି ଯେ ଏହି ଶାସ୍ତ୍ର ସମସ୍ତ ତନ୍ତ୍ରଯୁକ୍ତିରେ ପରିପୂର୍ଣ୍ଣ ଅଟେ। ଇହଲୋକ ତଥା ପରଲୋକର ପାପ୍ତି ପାଇଁ ଏବଂ ପାଳନ ପାଇଁ ଏହି ଶାସ୍ତ୍ରର ପ୍ରସ୍ତୁତି କରାଯାଇଛି। ଏହି ଅର୍ଥଶାସ୍ତ୍ର ଲୋକମାନଙ୍କ ମଧ୍ୟରେ ଧର୍ମ, ଅର୍ଥ, କାମର ପ୍ରବୃତ୍ତି ଜାଗ୍ରତ କରିଥାଏ ଏବଂ ସେଗୁଡ଼ିକର ରକ୍ଷାର ବିଧାନ କରି ଅର୍ଥର ବିରୋଧୀ ଅନର୍ଥର ନାଶ କରିଥାଏ।

ସ୍ୱୟଂ କୌଟିଲ୍ୟଙ୍କର ଏହି କଥନରୁ ବିଷୟବସ୍ତୁ ସ୍ପଷ୍ଟ ହୋଇଯାଏ। ବାସ୍ତବରେ ଏହି ଗ୍ରନ୍ଥ ରାଜା ଏବଂ ପ୍ରଜାଙ୍କ ପାରସ୍ପରିକ କର୍ତ୍ତବ୍ୟ ଆଦି ବିଷୟରେ ଅଟେ। ରାଜା ଏବଂ ପ୍ରଜାଙ୍କ ମଧ୍ୟରେ ଯେଉଁ ସାମାଜିକ ବୁଝାମଣା ରହିଥାଏ ସେହି ସମ୍ବନ୍ଧରେ ଏକ ସୈଦ୍ଧାନ୍ତିକ କଥା ବର୍ତ୍ତମାନ ସମୟରେ ସମାଜ ଶାସ୍ତ୍ର ତଥା ରାଜନୀତି ଗ୍ରନ୍ଥରୁ ଶିକ୍ଷା କରା ଯାଇପାରେ ଏବଂ ବୁଝା ଯାଇପାରେ। ରାଜା ଏବଂ ପ୍ରଜା ଦୁଇଟି ପକ୍ଷ ଅଟନ୍ତି। ପ୍ରାଚୀନକାଳରେ ସେହି ସାମାଜିକ ବୁଝାମଣା ଆଧାରରେ ରାଜା ଧର୍ମପୂର୍ବକ ପ୍ରଜାମାନଙ୍କର ବ୍ୟକ୍ତିଗତ ଅଧିକାରର ରକ୍ଷା କରିବାର ପ୍ରତିଜ୍ଞା ଦ୍ୱାରା ବନ୍ଧା ହୋଇଥିଲେ ଏବଂ ପ୍ରଜାମାନେ ମଧ୍ୟ ଲୋକରକ୍ଷାର ଦାୟିତ୍ୱ ସ୍ୱୀକାର କରିବା ବଦଲରେ ରାଜାଙ୍କୁ ସମାଜର ସ୍ଥିତି ରକ୍ଷକ ଭାବରେ ଜ୍ଞାନ କରି ତାଙ୍କୁ ଅନ୍ନର ଷଷ୍ଠ ଭାଗ କର ରୂପରେ ଏବଂ ଅପରାଧିକ ଦୋଷ ଅନୁସାରେ ବିହିତ ଅର୍ଥ ଦଣ୍ଡ ଆଦି ପ୍ରଦାନ କରିବା ପାଇଁ ପ୍ରସ୍ତୁତ ଥିଲେ। ଏହି କଥା କୌଟିଲ୍ୟଙ୍କ ଅର୍ଥଶାସ୍ତ୍ରରେ ବିସ୍ତୃତ ଭାବରେ ବର୍ଣ୍ଣନ କରାଯାଇଅଛି।

ଏହି ଅର୍ଥଶାସ୍ତ୍ର ରାଜତନ୍ତ୍ରାତ୍ମକ ରାଜ୍ୟଗୁଡ଼ିକ ବିଷୟର ଅବଲମ୍ବନରେ ଲେଖା ଯାଇଥିବା ଗ୍ରନ୍ଥ ଅଟେ। ଏଥିରେ ବର୍ଣ୍ଣିତ ରାଜତନ୍ତ୍ର ଅନିୟନ୍ତ୍ରିତ ରାଜାଙ୍କ ଆଧିପତ୍ୟର ସମର୍ଥକ ନୁହେଁ। ଏହାର ମତ ଅନୁସାରେ ରାଜାଙ୍କ ସର୍ବପ୍ରଥମ ଏବଂ ଶ୍ରେଷ୍ଠ କର୍ତ୍ତବ୍ୟ ହେଉଛି ପ୍ରଜାଜନ ହିତ ଏବଂ ସେମାନଙ୍କ ପାଇଁ ସୁଖ ସୁବିଧାର ବିସ୍ତାର କରିବା। ଏହା ସହିତ ପ୍ରଜାର ଜୀବନ ତଥା ସେମାନଙ୍କର ସମ୍ପତ୍ତିର ରକ୍ଷା କରିବା ପାଇଁ ସମାଜରେ ମାନ୍ୟ ବ୍ୟବହାର ଏବଂ ନିୟମ ଆଦି ସୁବ୍ୟବସ୍ଥିତ କରିବା ପାଇଁ ଚେଷ୍ଟିତ ରହିବା ହେଉଛି ରାଜାଙ୍କର ମହାନ ଦାୟିତ୍ୱ। ତାଙ୍କର ଦ୍ୱିତୀୟ ଶ୍ରେଷ୍ଠ କର୍ତ୍ତବ୍ୟ ହେଉଛି ପଡ଼ୋଶୀ ତଥା ଦୂରବର୍ତ୍ତୀ ରାଜାମାନଙ୍କର କାର୍ଯ୍ୟକଲାପ ଉପରେ ଦୃଷ୍ଟି ରଖିବା ଏବଂ ଆବଶ୍ୟକ ସ୍ଥଳେ ସେମାନଙ୍କ ସହ ଯୁଦ୍ଧ କିମ୍ବା ଚୁକ୍ତି କରିବା।

ଆଚାର୍ଯ୍ୟ କୌଟିଲ୍ୟଙ୍କର ଦୃଢ଼ ବିଶ୍ୱାସ ଏହା ଯେ, ବର୍ଣ୍ଣାଶ୍ରମ ଧର୍ମର ସୂକ୍ଷ୍ମରୁ ପାଳନ କରାଗଲେ ସ୍ୱର୍ଗ ଏବଂ ମୋକ୍ଷର ପ୍ରାପ୍ତି କରା ଯାଇପାରିବ । ସ୍ୱଧର୍ମର ଉଲ୍ଲଙ୍ଘନ ହେଲେ ସମାଜରେ କର୍ମସଙ୍କର ତଥା ବର୍ଣ୍ଣସଙ୍କରର ବୃଦ୍ଧି ହୋଇଥାଏ ଏବଂ ଏଭଳି ହେଲେ ସମଗ୍ର ସମାଜ ବିଶୃଙ୍ଖଳିତ ହୋଇଯାଏ । ତେଣୁ ରାଜାଙ୍କର ପ୍ରମୁଖ କର୍ତ୍ତବ୍ୟ ହେଉଛି ଏହା ଯେ ଜନସାଧାରଣଙ୍କୁ ସ୍ୱଧର୍ମରୁ ଭ୍ରଷ୍ଟ ହେବାକୁ ନଦେବା ।

ରାଜାଙ୍କର ଅନ୍ୟ କର୍ତ୍ତବ୍ୟଗୁଡ଼ିକ ମଧ୍ୟରେ ଆଉ କେତେକ ବିଷୟରେ କୌଟିଲ୍ୟ ଉଲ୍ଲେଖ କରିଛନ୍ତି । ଯେପରିକି ରାଜା କାମ, କ୍ରୋଧ ଆଦି ଛଅଟି ଶତ୍ରୁ ଉପରେ ବିଜୟ ପ୍ରାପ୍ତ କରି ବିଦ୍ୱାନ ତଥା ବିଜ୍ଞ ବ୍ୟକ୍ତିମାନଙ୍କର ସଂସ୍ପର୍ଶରେ ଆସି ନିଜର ବୁଦ୍ଧି ବିକଶିତ କରିବା ଉଚିତ । କର୍ତ୍ତବ୍ୟପରାୟଣତା ଦ୍ୱାରା ରାଜା ନିଜର ଧର୍ମ ପାଳନ କରିବା ଉଚିତ । ଗୁପ୍ତଚରମାନଙ୍କ ନିଯୁକ୍ତି ଦ୍ୱାରା ନିଜର ଦୃଷ୍ଟିକୁ ବିସ୍ତୃତ କରିବା ଆବଶ୍ୟକ ଏବଂ ଉଦ୍ୟୋଗ ଦ୍ୱାରା ପ୍ରଜାଜନଙ୍କ ସହିତ ଉପଯୁକ୍ତ ସଂପର୍କ ରକ୍ଷା କରିବା ଉଚିତ । ବିଦ୍ୟା ଏବଂ ଉପଦେଶ ଦ୍ୱାରା ସେମାନେ ବିନୟୀ ତଥା ସୁଶିକ୍ଷିତ ହେବା ଦରକାର । ଉପଯୁକ୍ତ ଉଦ୍ୟୋଗରେ ପୁଞ୍ଜି ନିବେଶ କରି ସମାଜର ହିତ ସାଧନ ପୂର୍ବକ ସମସ୍ତଙ୍କର ଜୀବିକା ଉପାର୍ଜନରେ ସହାୟତା ପ୍ରଦାନ କରିବା ଆବଶ୍ୟକ ।

ରାଜାଙ୍କ ଅମାତ୍ୟ, ସଚିବ ଏବଂ ମନ୍ତ୍ରୀ ଇତ୍ୟାଦିଙ୍କ ଆଚରଣ ବାବଦରେ କୌଟିଲ୍ୟ ସେମାନଙ୍କୁ ସଚେତନ କରାଇଛନ୍ତି । ତାଙ୍କର କହିବା କଥା ହେଉଛି ଯେ, ରାଜାଙ୍କ ଆଶ୍ରିତରେ ରହୁଥିବା ଏହି ବ୍ୟକ୍ତିମାନଙ୍କର ଆଚରଣ ଅଗ୍ନି ସହ ଖେଳିବା ଭଳି ହୋଇଥାଏ । କାରଣ ରାଜାରୂପୀ ଅଗ୍ନି କେବଳ କୌଣସି ଏକ ଦେଶକୁ ଭସ୍ମ କରି ଶାନ୍ତ ହୋଇ ଯାଇନଥାଏ । ଯଦି ରାଜା କାହାର ପ୍ରତିକୂଳ ହୋଇଯାଆନ୍ତି ତେବେ ସେମାନଙ୍କର ପୁତ୍ର, ପ୍ରପୌତ୍ର ସମେତ ସମଗ୍ର ପରିବାରକୁ ନଷ୍ଟ ମଧ୍ୟ କରିପାରନ୍ତି ଏବଂ ଯଦି ଅନୁକୂଳ ହୁଅନ୍ତି ତେବେ ସେମାନଙ୍କର ଉନ୍ନତି ମଧ୍ୟ କରାଇ ପାରନ୍ତି ।

ଭାରତରେ ଏବେ ରାଜତନ୍ତ୍ର ନୁହେଁ ବରଂ ଗଣତନ୍ତ୍ର ରହିଛି । କିନ୍ତୁ ଗଣତନ୍ତ୍ରରେ ମଧ୍ୟ ଶାସକ ରହିଛନ୍ତି । ସେମାନେ ରାଜାଙ୍କ ସ୍ଥାନରେ ଆସୀନ ହୋଇଛନ୍ତି । କୌଟିଲ୍ୟ ନିଜର ଅର୍ଥଶାସ୍ତ୍ରରେ ରାଜା ଏବଂ ରାଜ୍ୟ ପ୍ରଶାସନ ବିଷୟରେ ଯାହାସବୁ ବର୍ଣ୍ଣନା କରିଛନ୍ତି ତାହା ଆମେ ଆମର ଗଣତାନ୍ତ୍ରିକ ପ୍ରଣାଳୀରେ ମଧ୍ୟ ପ୍ରତ୍ୟକ୍ଷ ଭାବରେ ଘଟିତ ହେଉଥିବାର ଦେଖିବାକୁ ପାଉଅଛୁ ।

ଏସବୁ ଦୃଷ୍ଟିରୁ କୌଟିଲ୍ୟଙ୍କ ଏହି ଅର୍ଥଶାସ୍ତ୍ର କାଳାତୀତ ଅଟେ । ଏହାର ଉପଯୋଗିତା ଗ୍ରନ୍ଥ ରଚନାକାଳରେ ଯେଭଳି ଭାବରେ ଥିଲା ଆଜି ମଧ୍ୟ ସେଭଳି ଭାବରେ ରହିଛି । ଯଦି ଏହି ଅନୁସାରେ ରାଜତନ୍ତ୍ର ପ୍ରବନ୍ଧନ କରାଯାଏ ତେବେ ଏଥିରେ କୌଣସି ସନ୍ଦେହ ନାହିଁ ଯେ ମନୁଷ୍ୟ ଇହଲୋକ ସହ ନିଜର ପରଲୋକ ମଧ୍ୟ ସୁଧାର କରି ପାରିବେ ।

ସ୍ତ୍ରୀ ଏବଂ ଶୂଦ୍ର ବିଷୟରେ କୌଟିଲ୍ୟଙ୍କର ଦୃଷ୍ଟିକୋଣ ସାମନ୍ତବାଦୀ ଅଟେ । କୌଟିଲ୍ୟ ଅର୍ଥଶାସ୍ତ୍ରର ଏହି ସଂସ୍କରଣ ପାଠକମାନଙ୍କ ସୁବିଧା ପାଇଁ ବିଶେଷ ତଥ୍ୟଗୁଡ଼ିକୁ ସମାବେଶ କରି ପ୍ରସ୍ତୁତ କରାଯାଉଛି ଯାହାଫଳରେ ପାଠକମାନେ ଏସବୁ ବାବଦରେ ସରଳ ଭାଷାରେ ଅବଗତ ହୋଇପାରିବେ । ଆଶା କରାଯାଉଛି ଏହା ଦ୍ୱାରା ରାଜତନ୍ତ୍ର ବିଷୟରେ ପାଠକମାନଙ୍କର ଜ୍ଞାନ ଯଥୋଚିତ ଭାବରେ ବୃଦ୍ଧି ହେବ ଏବଂ ସେମାନଙ୍କ ସମ୍ମୁଖରେ ଅନେକ ମନୋରଞ୍ଜକ ତଥ୍ୟ ମଧ୍ୟ ଉଦ୍ଘାଟିତ ହେବ । ଏହି ଶୁଭକାମନା ସହିତ

— ଆଚାର୍ଯ୍ୟ ରାଜେଶ୍ୱର ମିଶ୍ର

ସୂଚୀପତ୍ର

1. ମାନବୀୟ ବ୍ୟବସ୍ଥା ଏବଂ ସେମାନଙ୍କର କର୍ତ୍ତବ୍ୟ 11

2. ରାଜକୀୟ ପଦ ବିଧାନ 18

3. ଧାର୍ମିକ ବ୍ୟବହାର 42

4. ସଙ୍କଟ ସମୟରେ ଧୈର୍ଯ୍ୟ 50

5. ସାମାଜିକ ସମ୍ପର୍କ 57

6. ରାଜ୍ୟ ବିସ୍ତାରର ବ୍ୟବସ୍ଥା 61

7. ରାଜା ଏବଂ ରାଜ୍ୟ-ସୁଖ 64

8. ସଙ୍କଟ/ବ୍ୟସନର ବିବେଚନା 74

9. ନୀତିଗୁଡ଼ିକ ଦ୍ୱାରା ସଫଳତା 78

10. ଯୁଦ୍ଧ ସମ୍ପର୍କିତ ତଥ୍ୟ 84

11. ସଂଗଠନର ଅନିବାର୍ଯ୍ୟତା 88

12. ଦୁର୍ବଳ ସ୍ଥିତି ସମୟରେ 89

13. ବିପଦରୁ ରକ୍ଷା 91

14. ଶତ୍ରୁ ବିନାଶ ପାଇଁ ଔଷଧର ପ୍ରୟୋଗ 93

15. ଶତ୍ରୁ ବିନାଶ ପାଇଁ ତନ୍ତ୍ରର ପ୍ରୟୋଗ 95

କୌଟିଲ୍ୟ ଅର୍ଥଶାସ୍ତ୍ର

ମାନବୀୟ ବ୍ୟବସ୍ଥା ଏବଂ ସେମାନଙ୍କର କର୍ତ୍ତବ୍ୟ

ଶୁକ୍ରାଚାର୍ଯ୍ୟ ଏବଂ ଆଚାର୍ଯ୍ୟ ବୃହସ୍ପତିଙ୍କୁ ମୁଁ ପ୍ରଣାମ ଜଣାଉଛି ।

ମଣିଷ ପରିପୂର୍ଣ୍ଣ ପୃଥିବୀର ପ୍ରାପ୍ତି ଏବଂ ପ୍ରାପ୍ତ ପୃଥିବୀର ନିରାପଦା ସମ୍ପର୍କରେ ପ୍ରାଚୀନ ଆଚାର୍ଯ୍ୟମାନେ ଯେଉଁସବୁ ଅର୍ଥଶାସ୍ତ୍ରଗୁଡ଼ିକର ରଚନା କରିଥିଲେ, ପ୍ରାୟ ସେଗୁଡ଼ିକର ସମସ୍ତ ତଥ୍ୟକୁ ସଂଗ୍ରହ କରି ମୁଁ ଏହି ଅର୍ଥଶାସ୍ତ୍ର ରଚନା କରିଛି ।

ଏହି ଶାସ୍ତ୍ରରେ ପନ୍ଦରଟି ଅଧ୍ୟଗ୍ରହଣ, ଶହେ ପଚାଶଟି ଅଧ୍ୟାୟ, ଶହେ ଅଶୀଟି ପ୍ରକରଣ ଏବଂ ଛଅ ହଜାର ଶ୍ଲୋକ ରହିଛି । ଏହା ବିସ୍ତୃତ ଜ୍ଞାନସମ୍ପନ୍ନ ଏବଂ ଏଥିରେ ଅର୍ଥଶାସ୍ତ୍ରର ଉପାଦାନ ଏହିଭଳି ବର୍ଣ୍ଣିତ ଅଛି ଯେ ତାହା ସହଜ ଓ ସରଳ ଭାବରେ ସମସ୍ତେ ବୁଝି ପାରିବେ ଏବଂ ଏଥିରେ କୌଣସି ସନ୍ଦେହର ଅବକାଶ ନାହିଁ ।

ବିଦ୍ୟାଗୁଡ଼ିକ ଚରି ପ୍ରକାରର ହୁଏ – ଆନ୍ୱୀକ୍ଷିକୀ ଅର୍ଥାତ୍ ଆଧ୍ୟାମ୍ ସମ୍ପର୍କିତ, ତ୍ରୀ ଅର୍ଥାତ୍ କୃଷକ, ଯଜୁଃ ଏବଂ ସାମ, ବାର୍ତ୍ତା ଅର୍ଥାତ୍ କୃଷି, ବାଣିଜ୍ୟ ଇତ୍ୟାଦି ତଥା ଚତୁର୍ଥଟି ହେଉଛି ଦଣ୍ଡନୀତି ଅର୍ଥାତ ରାଜବିଦ୍ୟା ।

ଆଚାର୍ଯ୍ୟ ଚଣକ୍ୟଙ୍କ ମତରେ ସଂଖ୍ୟାଶାସ୍ତ, ଶାସ୍ତ ତଥା ଲୋକାୟତ ଶାସ୍ତ ଆନ୍ୱୀକ୍ଷିକୀ ବିଦ୍ୟାର ଅନ୍ତର୍ଭୁକ୍ତ । ତ୍ରୀ ବିଦ୍ୟାରେ ଧର୍ମ ଏବଂ ଅଧର୍ମ, ବାର୍ତ ବିଦ୍ୟାରେ ଅର୍ଥ ତଥା ଅନର୍ଥ ଏବଂ ଦଣ୍ଡନୀତିରେ ନ୍ୟାୟ ଓ ଅନ୍ୟାୟର ମୀମାଂସା କରା ଯାଇଥାଏ ।

ରଗ୍‌ବେଦ, ଯର୍ଜୁବେଦ ଏବଂ ସାମ୍‌ବେଦକୁ ତ୍ରୀ କୁହାଯାଏ । ଅଥର୍ବବେଦ ଏବଂ ଇତିହାସ ଇତ୍ୟାଦିକୁ ମଧ ବେଦ କୁହାଯାଏ । ଶିକ୍ଷା, କଳ୍ପ, ବ୍ୟାକରଣ, ନିରୁକ୍ତ, ଛନ୍ଦୋବିଚିତି ତଥା ଜ୍ୟୋତିଷଶାସ୍ତ ଏହି ଛଅଗୋଟିକୁ ବେଦାଂ ହିସାବରେ ଗଣ୍ୟ କରା ଯାଇଛି । ତ୍ରୀରେ ବର୍ଣ୍ଣିତ ଧର୍ମ ଚରିଟି ବର୍ଣ୍ଣ ତଥା ଚରିଟି ଆଶ୍ରମଗୁଡ଼ିକୁ ନିଜ ନିଜର ଧର୍ମରେ ନିୟନ୍ତ୍ରିତ ରଖି ଜଗତର କଲ୍ୟାଣ କରିଥାଏ ।

ଚରିଟି ବର୍ଣ୍ଣରେ ବ୍ରାହ୍ମଣମାନଙ୍କର ଧର୍ମ ହେଉଛି – ଅଧ୍ୟୟନ, ଅଧ୍ୟାୟନ, ଯଜନ, ଦାନ କରିବା ଏବଂ ଦାନ ଗ୍ରହଣ କରିବା । କ୍ଷତ୍ରିୟମାନଙ୍କ ଧର୍ମ ହେଉଛି – ଅଧ୍ୟୟନ ଯଜ୍ଞ, ଅସ୍ତ ଦ୍ୱାରା ଜୀବିକା ଉପାର୍ଜନ ଏବଂ ସମସ୍ତ ଜୀବକୁ ରକ୍ଷା କରିବା । ବୈଶ୍ୟମାନଙ୍କର ଧର୍ମ ହେଉଛି – ଅଧ୍ୟୟନ, ଯଜ୍ଞ,

ଦାନ, କୃଷି, ପଶୁପାଳନ ତଥା ବାଣିଜ୍ୟ ଏବଂ ଶୂଦ୍ରମାନଙ୍କର ଧର୍ମ ହେଉଛି – ଦ୍ୱିଜାତିର ଶ୍ରେୟ କରିବା, ବାର୍ତ୍ତା, କାରିଗରୀ ତଥା ନାଚ–ଗୀତ ଇତ୍ୟାଦି ।

ଏହିଭଳି ଗାରସ୍ଥ୍ୟର ଧର୍ମ ହେଉଛି – ନିଜ ଧର୍ମର ଅନୁରୂପ ଜୀବିକା ନିର୍ବାହ, ସମାନ ଗୋତ୍ରରେ ବିବାହ ଏବଂ ସନ୍ତାନୋତ୍ପତ୍ତି । ଅତିଥି ଏବଂ ରକ୍ଷକରମାନଙ୍କୁ ଦାନ କରିବା, ଅବଶିଷ୍ଟ ରହିଥିବା ଖାଦ୍ୟ ଭୋଜନ କରିବା ଇତ୍ୟାଦି ।

ବ୍ରହ୍ମଚାରୀଙ୍କ ଧର୍ମ ହେଉଛି – ସ୍ୱାଧ୍ୟାୟ, ଅଗ୍ନିହୋତ୍ର, ସ୍ନାନ ତଥା ଭିକ୍ଷାବୃତ୍ତି, ଆଚାର୍ଯ୍ୟ ଏବଂ ଗୁରୁମାନଙ୍କର ସେବା କରିବା ।

ବାନପ୍ରସ୍ଥମାନଙ୍କର ଧର୍ମ ହେଉଛି – ବ୍ରହ୍ମଚର୍ଯ୍ୟ ପାଳନ କରିବା, ଭୂମିରେ ଶୟନ, ଜଟ ଏବଂ ମୃଗଚର୍ମ ଧାରଣ, ଅଗ୍ନିହୋତ୍ର, ତିନିଥର ସ୍ନାନ କରିବା, ଦେବ–ପିତର ଅତିଥିମାନଙ୍କର ପୂଜା ତଥା ବଣ୍ୟ ଫଳମୂଳ ପ୍ରଭୃତିର ଆହାର କରିବା ସହିତ ଜୀବନ ଯାପନ କରିବା ।

ସନ୍ୟାସମାନଙ୍କର ଧର୍ମ ହେଉଛି – ଇନ୍ଦ୍ରିୟ ସଂଯମ, କର୍ମଫଳର ତ୍ୟାଗ, ଅକିଂଚନତ୍ୱ, ସଙ୍ଗତ୍ୟାଗ, ଭିକ୍ଷାବୃତ୍ତି, ବଣରେ ପ୍ରବାସ, ମନ–ବଚନ–କର୍ମରେ ବାହ୍ୟ ଆଭ୍ୟନ୍ତରୀଣ ଶୁଦ୍ଧି ।

ସମସ୍ତ ବର୍ଷ ତଥା ସମସ୍ତ ଆଶ୍ରମର ସାଧାରଣ ଧର୍ମ ହେଉଛି – ଅହିଂସା, ସତ୍ୟ, ପବିତ୍ରତା, ଅନ୍ୟର ଦୋଷ ନଦେଖିବା, କରୁଣା ଏବଂ କ୍ଷମା ।

ଯିଏ ସ୍ୱଧର୍ମର ପାଳନ କରିଥାଏ ସିଏ ସ୍ୱର୍ଗ ଏବଂ ଅନନ୍ତ ସୁଖ ପ୍ରାପ୍ତି କରିଥାଏ । କିନ୍ତୁ ଯିଏ ଏଗୁଡ଼ିକୁ ଅତିକ୍ରମ କରିଥାଏ ସିଏ କର୍ମସଂକର ଏବଂ ବର୍ଷସଂକର ହୋଇ ସର୍ବଦା ନଷ୍ଟ ହୋଇଯାଏ ।

ତେଣୁ ରାଜାର କର୍ତ୍ତବ୍ୟ ହେଉଛି ଯେ ସିଏ ସମସ୍ତ ଜୀବକୁ ସ୍ୱଧର୍ମରୁ ବିଚଳିତ ହେବାକୁ ଦେବ ନାହିଁ । ଯେଉଁ ରାଜାର ପ୍ରଜା ନିଜର ଧର୍ମରେ ଦୃଢ଼ ରହିବ ତାହାର ରାଜ୍ୟ ଚିରକାଳ ସ୍ଥାୟୀ ହେବ ।

ଆନବୀକ୍ଷିକୀ, ତ୍ରୟୀ ଏବଂ ବାର୍ତ୍ତା ଏହି ତିନିଟି ବିଷୟକୁ କେବଳମାତ୍ର ଦଣ୍ଡ ହିଁ ଭଲଭାବରେ ପରିଚାଳନା କରିପାରେ । ଏହି ଦଣ୍ଡନୀତି ଅପ୍ରାପ୍ୟ ଦଣ୍ଡଟି ମଧ ଲଭ କରାଇଥାଏ । ଯାହା ପ୍ରାପ୍ତ ହୋଇ ତା'କୁ ରକ୍ଷା କରି, ରକ୍ଷିତର ବୃଦ୍ଧି ଘଟାଇଥାଏ ଏବଂ ବୃଦ୍ଧି ହେବା ବସ୍ତୁଟିକୁ ଉପଯୁକ୍ତ ପାତ୍ରରେ ବ୍ୟବହାର କରିବା । ସୁତରାଂ ରାଜାଙ୍କ ଉଚିତ ସିଏ ସର୍ବଦା ଦଣ୍ଡନୀତିର ବ୍ୟବହାର କରିବା ପାଇଁ ସର୍ବଦା ତତ୍ପର ରହିବେ ।

କଠୋର ଦଣ୍ଡରେ ପ୍ରଜାମାନେ ଉଦ୍‌ବେଳିତ ହୋଇଯାଆନ୍ତି, ଅଛ ଦଣ୍ଡ ପ୍ରଦାନକାରୀ ରାଜା ପ୍ରଜାଙ୍କ ଦ୍ୱାରା ନିତ୍‌ପେଷିତ ହୁଅନ୍ତି । କିନ୍ତୁ ଯେଉଁ ରାଜା ଯଥାର୍ଥ୍ୟ ଦଣ୍ଡ ପ୍ରଦାନ କରିଥାଆନ୍ତି ସିଏ ପୂଜନୀୟ ହୋଇ ଯାଆନ୍ତି ।

ବିନୟ ଦୁଇ ପ୍ରକାରର ହୁଏ – ପରିଶ୍ରମରେ ପ୍ରାପ୍ତ ଏବଂ ସ୍ୱାଭାବିକ । ବିଭିନ୍ନ ବିଦ୍ୟାର ସ୍ୱରୂପ ଆଚାର୍ଯ୍ୟମାନଙ୍କ ଦ୍ୱାରା ନିର୍ଦ୍ଧାରିତ ହୋଇଥାଏ, ସୁତରାଂ ନିଜ ନିଜ ଆଚାର୍ଯ୍ୟମାନଙ୍କ ଦ୍ୱାରା ନିର୍ଦିଷ୍ଟ ନିୟମଗୁଡ଼ିକର ପାଳନ କରିବା ନିହାତି ଆବଶ୍ୟକ ।

ବିଦ୍ୟା ଦ୍ୱାରା ବିନୀତ ରାଜାହିଁ ପ୍ରଜାମାନଙ୍କୁ ବିନୟମୁକ୍ତ କରି ପାରନ୍ତି । ଏହିଭଳି ସମସ୍ତ ପ୍ରାଣୀମାନଙ୍କର ସ୍ୱାର୍ଥମଙ୍ଗଳରେ ଲିପ୍ତ ରାଜାମାନେ ଏହି ସୁନ୍ଦର ପୃଥିବୀକୁ ଉପଭୋଗ କରି ପାରନ୍ତି ।

ଇନ୍ଦ୍ରିୟକୁ ଜୟ କରିବା ହିଁ ବିଦ୍ୟା ଏବଂ ବିନୟର ହେତୁ ହୁଏ । ଶାସ୍ତ୍ର ବିରୁଦ୍ଧ ଆଚରଣକାରୀ ଏବଂ ଇନ୍ଦ୍ରିୟକୁ ଆୟତ୍ତରେ ନ ରଖିଥିବା ରାଜା ହୁଅନ୍ତୁ କିମ୍ୱା ସମ୍ରାଟ, ଶୀଘ୍ରହିଁ ସିଏ ନଷ୍ଟ ହୋଇଯାଏ ।

ଯେଉଁ ସବୁ ରାଜାମାନେ ଇନ୍ଦ୍ରିୟ ସଂଯମ କରିନାହାଁନ୍ତି ସିଏ ବନ୍ଧୁବାନ୍ଧବ ସହିତ ରାଜ୍ୟ ପାଟ ହରାଇଛି ।

ରାଜାଙ୍କ ଉଚିତ ଏହା ମର୍ଯ୍ୟାଦାର ଅଧୀନରେ ରହି ଆଚାର୍ଯ୍ୟ ତଥା ମନ୍ତ୍ରୀମାନଙ୍କୁ ନିଯୁକ୍ତି ପ୍ରଦାନ କରନ୍ତୁ । ସେଥିରେ ସେହି ସମସ୍ତ ଆଚାର୍ଯ୍ୟ ଏବଂ ମନ୍ତ୍ରୀଗଣ ରାଜାଙ୍କୁ ବିପଥଗାମୀ ହାତରୁ ରକ୍ଷା କରିଥାଆନ୍ତି । ରାଜାର କବାଜ ସହାୟକମାନଙ୍କ ଦ୍ୱାରା ପରିଚାଳିତ ହୋଇଥାଏ, ସୁତରାଂ ରାଜାଙ୍କ ଉଚିତ୍ ଯେ ସିଏ ସଚିବମାନଙ୍କୁ ଅବଶ୍ୟହିଁ ନିଯୁକ୍ତ କରନ୍ତୁ ଏବଂ ସେମାନଙ୍କର କଥାଗୁଡ଼ିକୁ ଧ୍ୟାନ ଦିଅନ୍ତୁ ।

ଆଚାର୍ଯ୍ୟ ଭରଦ୍ୱାଜଙ୍କ ମତରେ ରାଜା ନିଜର ସହପାଠୀମାନଙ୍କ ମଧ୍ୟରେ ରହି ତାଙ୍କ ମଧ୍ୟରୁ ବାଛି ନିଜର ସଚିବ ନିଯୁକ୍ତ କରନ୍ତୁ । ସୁତରାଂ ରାଜାଙ୍କ ପକ୍ଷରେ ସମାନ ଧର୍ମ ଏବଂ ଗୁଣ-ସମ୍ପନ୍ନ ଲୋକମାନଙ୍କୁ ସଚିବ ପଦରେ ନିଯୁକ୍ତି ଦେବା ଉଚିତ୍ । ଆଚାର୍ଯ୍ୟ ପରାଶରଙ୍କ ମତରେ ରାଜାଙ୍କ ପ୍ରତି ନିଷ୍ଠାବାନ ରହିଥିବା ବ୍ୟକ୍ତିମାନଙ୍କୁ ସଚିବ ପଦରେ ନିଯୁକ୍ତି ଦେବା ଉଚିତ୍ ।

ଚାଣକ୍ୟ କହିଥିଲେ ଯେ, ରାଜା ଯାହାଙ୍କୁ ଦକ୍ଷ, କୁଶଳ ଏବଂ ଉପଯୁକ୍ତ ବୋଲି ମନେ କରିବେ, ତାହାଙ୍କୁ ହିଁ ସଚିବ ପଦରେ ନିଯୁକ୍ତି ଦେବା ଉଚିତ । ମନ୍ତ୍ରୀର ଗୁଣାବଳୀର ବିବେଚନା – ସେହି ରାଜାହିଁ ଦେଶରେ ଜନ୍ମିଥିବା ଆବଶ୍ୟକ, କୁଲୀନ, ଆଶକ୍ତିରୁ ଦୂରରେ ରହିବା ଶିକ୍ଷକର୍ମରେ ନିପୁଣ, ପ୍ରଖର ଦୃଷ୍ଟିସମ୍ପନ୍ନ, ପ୍ରଖର ବୁଦ୍ଧିମାନ, ପ୍ରଖର ସ୍ମରଣଶକ୍ତି ସମ୍ପନ୍ନ, ଶୀଘ୍ର କାର୍ଯ୍ୟ ସମ୍ପନ୍ନ କରିବାକୁ ସମର୍ଥ୍ୟ, ବାକ୍‌ଚତୁର, ବିଷୟଗୁଡ଼ିକୁ ବ୍ୟକ୍ତ କରିବାରେ ଦକ୍ଷ, ତର୍କ ଏବଂ ଯୁକ୍ତି ସମ୍ପନ୍ନ, ଉତ୍ସାହୀ, ପ୍ରଭାବଶାଳୀ, କଷ୍ଟ ସହିଷ୍ଣୁ, ପବିତ୍ର, ସ୍ନେହପରାୟଣ, ଭକ୍ତିମାନ, ଶୀଲବାନ, ବଳବାନ, ଆରୋଗ୍ୟବା, ଧୈର୍ଯ୍ୟବାନ, ଗର୍ବହୀନ, ଚପଳତାଶୂନ୍ୟ, ସୌମ୍ୟ ଆକୃତି ଏବଂ ଶତ୍ରୁହୀନ ହୁଅନ୍ତି ।

ପୁରୋହିତମାନଙ୍କର ନିଯୁକ୍ତି ବିଷୟରେ ମଧ୍ୟ ଏହାହିଁ କୁହା ଯାଇଛି ଯେ, ସିଏ କୁଲୀନ, ଶୀଳ ଭଦ୍ରସମ୍ପନ୍ନ, ବେଦ-ବେଦାଙ୍ଗର ଜ୍ଞାତା, ଦଣ୍ଡନୀତି ଶାସ୍ତ୍ରରେ ନିପୁଣ ଏବଂ ଦୈବୀୟ ତଥା ମାନବୀ ବିପଦ-ଆପଦକୁ ଅର୍ଥବ-ବେଦୋକ୍ତ ମନ୍ତ୍ର ଦ୍ୱାରା ଦୂରୀଭୂତ କରିବାକୁ ସକ୍ଷମ ହୁଅନ୍ତି ।

ମନ୍ତ୍ରୀ ଏବଂ ସଚିବମାନଙ୍କ ନିଯୁକ୍ତି ପ୍ରଥମେ କୌଣସି ସାଧାରଣ ପଦରେ କରିଥିବା ଆବଶ୍ୟକ ଏବଂ ତାଙ୍କର ପରୀକ୍ଷା ନେବା ସମ୍ପନ୍ନ ହେବା ପରେ ତାଙ୍କୁ ଉଚ୍ଚପଦରେ ନିଯୁକ୍ତି ଦେବା ଉଚିତ୍ । ଏହି କାମରେ ପୁରୋହିତ ତାଙ୍କୁ ସାହାଯ୍ୟ କରି ପାରନ୍ତି । ଭଲ ଭାବରେ ପରୀକ୍ଷା କରିବା ପରେହିଁ ସେନାପତି, ଅମାତ୍ୟ, ମନ୍ତ୍ରୀ ଅଥବା ସଚବିମାନଙ୍କୁ ନିଯୁକ୍ତି ଦେବା ଉଚିତ୍ ।

ଗୁପ୍ତଚରମାନଙ୍କ ଶ୍ରେଣୀରେ – କପଟ ବୃତ୍ତି ଛାତ୍ର, ଉଦାସୀନ ସନ୍ୟାସୀ, ଗାର୍ହସ୍ଥ୍ୟ ବଣିକ ତପସ୍ୱୀ, ବିଚିତ୍ର ଶାସ୍ତ୍ର ପଠନକାରୀ, ସାହସୀ, ବିଷ ପ୍ରଦାନକାରୀ ଏବଂ ଭିକ୍ଷୁକମାନେ ଆସନ୍ତି ।

ଗୁପ୍ତଚରମାନଙ୍କର ନିଯୁକ୍ତି କେବଳ ପ୍ରଜାମାନଙ୍କ ପାଇଁ ନୁହେଁ, ବରଂ ମହାମାତ୍ୟ, ରାଜପୁରୋହିତ ସେନାପତି, ଯୁବରାଜ, ଦୌବୋରିକ ଅନ୍ତଃପୁର ଅଧିକାରୀ, କାରାଗାର ଅଧିକାରୀ, ମୁଖ୍ୟ ନ୍ୟାୟାଧୀଶ, ନାୟକ, ନଗର ନ୍ୟାୟାଳୟର ପ୍ରମୁଖ ବିଚରକ, ଯନ୍ତ୍ରାଳୟର ମୁଖ୍ୟ ନିରୀକ୍ଷକ, ମନ୍ତ୍ରୀ ପରିଷଦର ଅଧ୍ୟକ୍ଷ, ଦଣ୍ଡପାଲ, ଦୁର୍ଗପାଲ, ସୀମା ରକ୍ଷକ ଏବଂ ବଣରକ୍ଷକ ଏହି ଅଠରଜଣ ଲୋକମାନଙ୍କ ପାଇଁ କରିବା ଉଚିତ୍ ।

ଏଥିପାଇଁ ରାନ୍ଧୁଣୀ, ମାଂସ ପ୍ରସ୍ତୁତ କରିବା ଲୋକ, ସ୍ନାନ କରାଇବାର ଲୋକ, ଦେହକୁ ମାଲିଶ କରିବାବାଲା ଲୋକ, ବିଛଣାକୁ ସଜାଡ଼ି ରଖିବା, ନାପିତ, ଶୃଙ୍ଗାରକାରୀ, ପାଣି ଭରିବା ଲୋକ, ବଙ୍କା, ବାମନ, କଳା, ମୂର୍ଖ, ଅନ୍ଧ, ନର୍ତ୍କୀ, ଗାୟକ, କଥାକାର ପ୍ରଭୃତି ରୂପରେ ରଖା ଯାଇପାରେ ।

ଏହି ଧରଣର ଗୁପ୍ତଚରମାନଙ୍କ ପକ୍ଷରେ କିଂବଦନ୍ତୀର ବିଷୟଟି ସମ୍ପର୍କରେ ଜ୍ଞାନ ରହିବା ଉଚିତ୍ । ରାଜାଙ୍କ ଉଚିତ୍ ଯେ ସନ୍ତୁଷ୍ଟ ପ୍ରଜାମାନଙ୍କୁ ଅର୍ଥ-ସମ୍ମାନ ତଥା ଅସନ୍ତୁଷ୍ଟମାନଙ୍କ ପାଇଁ ସାମ-ଦାମ ପ୍ରଭୃତି ଦ୍ୱାରା ବଶରେ ରଖିବା ।

ପରାମର୍ଶ ଏଭଳି ଜାଗାରେ କରିବା ଉଚିତ୍, ଯେଉଁଠାରେ ଗୋଟିଏ ଶବ୍ଦ ଯେମିତି ବାହାରକୁ ନଆସେ, କୌଣସି ପଶୁ-ପକ୍ଷୀ, କୁକୁର ପ୍ରଭୃତି ପଶୁ ମଧ୍ୟ କଥାବାର୍ତ୍ତାର ରହସ୍ୟ ଜଣାଇ ଦେଇଥାଏ ।

ଚାଣକ୍ୟଙ୍କ ମତରେ ଜଣେ ମନ୍ତ୍ରୀଙ୍କ ସହିତ ଅଲଗା ଅଲଗା ମନ୍ତ୍ରଣା ନକରି ତିନି-ଚାରିଜଣ ମନ୍ତ୍ରୀମାନଙ୍କୁ ସାଥିରେ ବସାଇ ପରାମର୍ଶ କରିବା ଲାଭଜନକ କିନ୍ତୁ ଏହାଠୁ ଅଧିକ ଲୋକ ନୁହେଁ । ଦେଶ, କାଳ ଏବଂ କାର୍ଯ୍ୟ ଅନୁସାରେ ରାଜା ଜଣେ କିମ୍ଭା ଦୁଇଜଣ ମନ୍ତ୍ରୀଙ୍କ ସହିତ ପରାମର୍ଶ କରନ୍ତୁ କିମ୍ଭା ପ୍ରୟୋଜନ ହେଲେ ନିଜେ ସିଦ୍ଧାନ୍ତ ଗ୍ରହଣ କରନ୍ତୁ ।

ଯେଉଁସମସ୍ତ ମନ୍ତ୍ରୀମାନଙ୍କର ରାଜନୀତି ଶାସ୍ତ୍ରମର୍ମ ଜଣାନାହିଁ ତାଙ୍କୁ ମନ୍ତ୍ରୀ ପରିଷଦରେ ରଖିବା ଅନୁଚିତ ।

ତିନି ଧରଣର ଦୂତ ହୋଇଥାଏ – ନିଃସ୍ୱାର୍ଥ ଅର୍ଥାତ ଯାହାଙ୍କ ମଧ୍ୟରେ ଆମାତ୍ୟଙ୍କ ସମସ୍ତ ଗୁଣ ସମ୍ପନ୍ନ ଥାଏ, ପରିମିତାର୍ଥ – ଯାହାଙ୍କ ମଧ୍ୟରେ ଆମାତ୍ୟଙ୍କ ଗୁଣର ଏକ ଚତୁର୍ଥାଂଶ ଥାଏ ଏବଂ ଶାସନହାର – ଯାହାଙ୍କ ମଧ୍ୟରେ ଆମାତ୍ୟଙ୍କ ଅଧା ଗୁଣ ରହିଥାଏ ।

ଦୂତର କର୍ତ୍ତବ୍ୟ

ନିଜ ସ୍ୱାମୀର ବାର୍ତ୍ତା ଶତ୍ରୁଙ୍କ ପାଖରେ ପହଞ୍ଚଦେବା ଏବଂ ଏହାର ଉତ୍ତର ନିଜ ପ୍ରଭୁଙ୍କ ପାଖରେ ପଠାଇଦେବା । ପୂର୍ବରୁ ନିର୍ଧାରିତ ସନ୍ଧିଗୁଡ଼ିକର ପାଳନ କରିବା, ସୁଯୋଗ ପାଇଲେ ନିଜ ରାଜାର ପରାକ୍ରମକୁ ପ୍ରଦର୍ଶନ କରିବା, ମିତ୍ରଙ୍କ ଆଧିକାରିକ ସଂଗ୍ରହ, ଯାହାକୁ ଭାଙ୍ଗିବା ସମ୍ଭବ

ତା'କୁ ଭାଙ୍ଗିଦେବା, ଶତ୍ରୁ-ମିତ୍ରମାନଙ୍କ ମଧ୍ୟରେ ଦ୍ୱନ୍ଦ୍ୱ ସୃଷ୍ଟି କରିବା, ଗୁପ୍ତଚରମାନଙ୍କୁ ନିଜ ରାଜ୍ୟରୁ ବାହାର କରିଦେବା, ଶତ୍ରୁଙ୍କ ବନ୍ଧୁ-ବାନ୍ଧବ ତଥା ରତ୍ନକୁ ଅପହରଣ କରିବା, ଗୁପ୍ତଚରମାନଙ୍କର ଖରାପ ଖବରର ସମୁଚିତ ସଂଗ୍ରହ, ଶତ୍ରୁର ଦୁର୍ବଳତା ଦେଖିବା ମାତ୍ରେ ପରାକ୍ରମର ପ୍ରଦର୍ଶନ କରିବା, ସନ୍ଧି ଅନୁଯାୟୀ ବନ୍ଦୀମାନଙ୍କୁ ମୁକ୍ତ କରିବା ତଥା ଶତ୍ରୁପକ୍ଷ ଉପରେ ଅଭିଚାରାଦିର ପ୍ରୟୋଗ କରିବା ।

ସ୍ୱଜନମାନଙ୍କ ଠାରୁ ରାଜାଙ୍କ ସୁରକ୍ଷା

ରାଜାଙ୍କ ପକ୍ଷରେ ନିଜର ସ୍ୱଜନମାନଙ୍କୁ ହାତରୁ ସର୍ବଦା ସୁରକ୍ଷିତ ରହିବା ଉଚିତ - ତେବେ ସେହି ରାଜା ହିଁ ରାଜତ୍ୱ କରି ପାରିବ । ସର୍ବପ୍ରଥମେ ରାଜା ନିଜର ସ୍ତ୍ରୀ-ପୁତ୍ରଙ୍କ ହାତରୁ ନିଜର ନିରାପଦାର ବ୍ୟବସ୍ଥା କରନ୍ତୁ ।

ଆଚାର୍ଯ୍ୟ ପରାଶରଙ୍କ ମତରେ ରାଜପୁତ୍ରମାନଙ୍କୁ ନିଜ ପାଖରେ ରଖିବା ସାପ ପୋଷିବା ଭଳି ଭୟଙ୍କର କାମ । କିନ୍ତୁ ଆଚାର୍ଯ୍ୟ ପିଶୁନ ଏହାର ବିପରୀତ ମତ ପୋଷଣ କରନ୍ତି । ଆଚାର୍ଯ୍ୟ କୌଣପଦତଙ୍କ ମତ ଏ ସମସ୍ତଠାରୁ ଅଲଗା, ତାଙ୍କ ମତରେ ରାଜପୁତ୍ରମାନଙ୍କୁ ସେମାନଙ୍କ ମାମୁଁଘରେ ରଖିବା ଉଚିତ । ଆଚାର୍ଯ୍ୟ ବାତବ୍ୟାଧ୍ୟ ରାଜପୁତ୍ରକୁ ନାରୀମାନଙ୍କ ସହିତ ରଖିବାକୁ ପରାମର୍ଶ ଦେଇଛନ୍ତି ।

ଆଚାର୍ଯ୍ୟ ଋଣକ୍ୟଙ୍କ ମତରେ ଯେତେବେଳେ ରାଣୀଙ୍କ ଋତୁସ୍ରାବ ହୋଇଥାଏ, ସେତେବେଳଠାରୁ ଶୋଡ଼ଶ ସଂସ୍କାରଗୁଡ଼ିକ ମଧ୍ୟରେ ସମସ୍ତ ଧରଣର ପ୍ରାରମ୍ଭିକ ସଂସ୍କାର କରାଇ ପୁତ୍ରଜାଲରେ ତାହାର ଜାତକର୍ମ ପ୍ରଭୃତି ସଂସ୍କାର କରାଇ ଟିକିଏ ବଡ଼ ହେଲା ପରେ ତା'କୁ ରାଜପୁରୋହିତମାନଙ୍କ ପରାମର୍ଶରେ ଅଭିଜ୍ଞ ବିଦ୍ୱାନ୍‌ମାନଙ୍କ ଅଧୀନରେ ରଖିବା ଉଚିତ୍ । ପିଲାମାନେ ଯେମିତି ପିତୃବିଦ୍ରୋହର ଶିକ୍ଷା ନପାଆନ୍ତି । ତା' ମଧ୍ୟରେ ଯେଉଁ ପୁତ୍ରଟି ଉପଯୁକ୍ତ ତଥା ଆମ୍ୟଗୁଣସମ୍ପନ୍ନ ହୋଇଥାଏ, ତା'କୁ ରାଜା ନିଜର ସେନାପତି କିମ୍ବା ଯୁବରାଜ କରି ପାରନ୍ତି ।

ତିନି ଧରଣର ରାଜପୁତ୍ର ହୋଇଥାଆନ୍ତି - ବୁଦ୍ଧିମାନ, ଆହାର୍ଥ ବୁଦ୍ଧି ଏବଂ ଦୁର୍ବୁଦ୍ଧି । ଯେଉଁ ପୁତ୍ରଟି ସୁଶିକ୍ଷିତ ଏବଂ ଧର୍ମପରାୟଣ ସମ୍ପନ୍ନ ତା'କୁ ବୁଦ୍ଧିମାନ କୁହାଯାଏ । ଯେଉଁ ପୁତ୍ରଟି ଧର୍ମ ଏବଂ ଅର୍ଥର ଉପଲବ୍ଧି କଲେ ମଧ୍ୟ ଆଚରଣରେ ଉତ୍ତମ ନୁହେଁ, ତା'କୁ ଆହାର୍ଥ-ବୁଦ୍ଧି କୁହାଯାଏ । ଯେଉଁ ପୁତ୍ରଟି ଧର୍ମ ଏବଂ ଅର୍ଥର ଦ୍ୱେଷ କରିଥାଏ ତା'କୁ ଦୁର୍ବୁଦ୍ଧି କୁହାଯାଏ । ଅଶିକ୍ଷିତ ଏବଂ ଦୁଷ୍ଟ ପୁତ୍ରଙ୍କୁ ରାଜ୍ୟର ଅଧିକାରୀ ପଦ ଦେବା ରାଜାଙ୍କ ପକ୍ଷରେ କଦାପି ଉଚିତ୍ ନୁହେଁ ।

ରାଜାଙ୍କ ଉଚିତ୍ ଯେ, ସିଏ ନିଜ କର୍ତ୍ତବ୍ୟ ପ୍ରତି ସର୍ବଦା ସଚେତନ ରହିବେ । ରାଜାଙ୍କ ନିଜର ଦିନନିଦିନ କାମକୁ ଆଠଟି ଭାଗରେ ବିଭକ୍ତ କରିବା ଉଚିତ୍ । ପ୍ରଥମ ଭାଗରେ ବିଗତ ଦିନର ବିବରଣୀ ଶୁଣାଇବା, ଦ୍ୱିତୀୟ ଭାଗରେ ପୁରବାସୀ ଏବଂ ଜନପଦବାସୀଙ୍କ କଥା ଶୁଣିବା, ତୃତୀୟ ଭାଗରେ ସ୍ନାନ, ଆହାର, ସ୍ୱାଧ୍ୟାୟ ପ୍ରଭୃତି କରିବା, ଚତୁର୍ଥ ଭାଗରେ ଦେଣା-ପାଉଣା, ପଞ୍ଚମ ଭାଗରେ ସେନାପତିକୁ ସାଥିରେ ନେଇ ଯୁଦ୍ଧାଦି ପରାକ୍ରମ ବିଷୟରେ ବିଚାର-ବିବେଚନା କରିବା ଏବଂ ତା'ପରେ ସନ୍ଧ୍ୟାକାଳୀନ ଉପାସନାରେ ଲିପ୍ତ ରହିବା ଉଚିତ୍ ।

ଏହିଭଳି ରାତ୍ରିର ପ୍ରଥମ ଭାଗରେ ଗୁପ୍ତଚରମାନଙ୍କ ସହିତ ସାକ୍ଷାତ୍ କରିବା, ଦ୍ୱିତୀୟ ଭାଗରେ ସ୍ନାନ, ଆହାର, ତଥା ଅଧ୍ୟୟନ, ତୃତୀୟ ଭାଗରେ ମନୋ-ବିନୋଦ, ଚତୁର୍ଥ ତଥା ପଞ୍ଚମ ଭାଗରେ ଶୟନ, ଷଷ୍ଠ ଭାଗରେ ଶାସ୍ତ୍ରାଧ୍ୟୟନ କରିବା ଏବଂ ଦିନର କାମ ବିଷୟରେ ଚିନ୍ତା କରିବା, ସପ୍ତମ ଭାଗରେ ମନ୍ତ୍ରଣା କରି ଗୁପ୍ତଚରମାନଙ୍କୁ ନିଜ କାମରେ ନିୟୁକ୍ତ କରିବା ତଥା ଅଷ୍ଟମ ଭାଗରେ ରତ୍ବିକ ଆଚାର୍ଯ୍ୟ ତଥା ପୁରୋହିତମାନଙ୍କୁ ପାଖରୁ ସ୍ୱସ୍ତିବାଚକ ପୂର୍ବକ ଆଶୀର୍ବାଦ ଗ୍ରହଣ କରିବା ଏବଂ ତା'ପରେ ବୈଦ୍ୟ, ପାକଶାଳାର ଅଧିକାରୀ ପ୍ରଭୃତିଙ୍କ ସହିତ ସାକ୍ଷାତ୍ କରି ଗାଈ ତଥା ଗୋରୁ ପରିକ୍ରମା କରି ରାଜସଭାରେ ଉପସ୍ଥିତ ହେବା ଉଚିତ୍।

ରାଜଭବନ ନିର୍ମାଣ ବିଷୟ

ରାଜାଙ୍କ ଉଚିତ୍ ଯେ, ଯେଉଁମାନେ ବାସ୍ତୁ ବିଦ୍ୟାରେ ପାରଦର୍ଶୀ ସେମାନଙ୍କ ପରାମର୍ଶରେ ଯେଉଁ ସ୍ଥାନକୁ ଉଚିତ୍ ବୋଲି ମନେ କରାଯିବ ସେହି ସ୍ଥାନରେ ଦ୍ୱାର, ବହୁତ ଗୁଡ଼ିଏ କକ୍ଷ, ମହଲ ଏବଂ ଅନ୍ତଃପୁରର ନିର୍ମାଣ କରନ୍ତୁ। ଏହିଭଳି ନିର୍ଦିଷ୍ଟ ସ୍ଥାନରେ ମଧ କୋଷାଗାରର ନିର୍ମାଣ ହେବା ଆବଶ୍ୟକ। ଅନ୍ତଃପୁରର ମଝିରେ ନିଜ ପାଇଁ ବାସସ୍ଥାନ ଗଢ଼ି ତୋଳନ୍ତୁ। ନିଜର ବାସସ୍ଥାନର ପଥକୁ ଯଦି ସିଏ ଗୋପନରେ ରଖିବାକୁ ରୁହାଁନ୍ତି ତା'ହେଲେ ଆହୁରି ଉତ୍ତମ। ପ୍ରାସାଦ ନିର୍ମାଣ ବିଷୟରେ ବିଭିନ୍ନ ଦିଗଗୁଡ଼ିକର ବିଷୟରେ ଧ୍ୟାନ ଦେଇ ବିଚାର-ବିବେଚନା କରିବା ପରେ ନିଜର ଯୋଗ୍ୟ ଭବନର ନିର୍ମାଣ କରି ପାରନ୍ତେ ଅଥବା ନିଜର ମନରେ ଏହି ସମ୍ପର୍କରେ ଯଦି କିଛି ପରିକଳ୍ପନା ରହିଥାଏ ତେବେ ତାହାରି ଭିତ୍ତିରେ ଭବନ ନିର୍ମାଣ କରି ପାରନ୍ତି। ସେଥିରେ ଭୂମି ଗୃହର ବ୍ୟବସ୍ଥ ରହିବା ଦରକାର।

ରାଜଭବନନ ପଶ୍ଚାଦ ଅଂଶରେ ଆତୁରାଳୟ ଏବଂ ଚିକିତ୍ସାଳୟର ବ୍ୟବସ୍ଥା ରହିବା ଆବଶ୍ୟକ। ଏହା ପାଖରେ ସୁନ୍ଦର ବଗିଚ ମଧ ଗଢ଼ି ତୋଳିବା ଦରକାର। ବାହାରେ ରାଜକନ୍ୟା ଏବଂ ରାଜକୁମାରୀମାନଙ୍କର ନିବାସସ୍ଥଳୀ ମଧ ରହିବା ଦରକାର। ଅନ୍ତଃପୁର ପାଖରେ ବହୁମୂଲ୍ୟ ଆଭୂଷଣ ପ୍ରଭୃତି ରଖିବାର ବ୍ୟବସ୍ଥା ସୁଦୃଢ଼ ଏବଂ ନିରାପଦ ପ୍ରକୋଷ୍ଠର ନିର୍ମାଣ କରାଇବାର ମନ୍ତ୍ରଣା ଭବନ, ସଭାଭବନ, ରାଜପୁତ୍ରମାନଙ୍କର ମୁଖ୍ୟ ଭବନ, ଅନ୍ତଃପୁରର ବିଭିନ୍ନ ଅଧିକାରୀର ପ୍ରମୁଖ ଏବଂ ପ୍ରତିରକ୍ଷା ବିଭାଗରେ ନିୟୁକ୍ତ ସୈନିକମାନଙ୍କ ପାଇଁ କକ୍ଷ ସେହି ରାଜଭବନରେ ରହିବା ଆବଶ୍ୟକ।

ବିଷ ପ୍ରତିକାର ଉପାୟ

ଗିଲୋୟ, ଶଙ୍ଖପୁଷ୍ପୀ, କୃତପାଞ୍ଚରୀ ଏବଂ କରଧା ଗଛରେ ଉପୁନ୍ନ ବାହାର ମାଳ ରଖିଦେଲେ କିମ୍ଵା ସଜନାଗଛରେ ଉପୁନ୍ନ ବର୍ଷର ଜଟ ବାନ୍ଧିଦେଲେ ରାଗୃହରେ ସାପ କିମ୍ଵା କୌଣସି ପ୍ରକାରର ବିଷର ପ୍ରୟୋଗ ସଫଳ ହୁଏନାହିଁ। ରାଜାଙ୍କ ଉଚିତ୍ ଯେ, ଅଗ୍ନି, ବିଷ ଅଥବା ସାପ ଠାରୁ ନିଜକୁ ରକ୍ଷା କରିବାର ଉପାୟ ସିଏ ନିଜ ପ୍ରାସାଦରେ ଅବଶ୍ୟ କରି ରଖିବେ।

ରାଜାଙ୍କ ପକ୍ଷରେ କେବେବି ନିଜର ମହାରାଣୀଙ୍କ କକ୍ଷରେ ଏକୁଟିଆ ଯିବା ଉଚିତ ନୁହେଁ। ଏଥିପାଇଁ ବୃଦ୍ଧା କିମ୍ବା ଅଭିଜ୍ଞ ପରିଚରିକାଙ୍କୁ ନିଯୁକ୍ତି ଦେଇ ତାଙ୍କ ସାଥିରେ ସେଠାକୁ ଯିବା ଉଚିତ୍।

ସନ୍ୟାସୀ, ଜଟାଧାରୀ, ଜାଦୁମନ୍ତ୍ର ଜାଣିଥିବା ମାୟାବୀମାନଙ୍କ ସହିତ ରାଣୀର ସମ୍ପର୍କ କୌଣସି ପ୍ରକାରେ ହେବାକୁ ଦିଆ ଯିବନାହିଁ। ରାଣୀଙ୍କର ବନ୍ଧୁ-ବାନ୍ଧବୀମାନଙ୍କୁ ପ୍ରସୂତି ଗୃହ ତଥା ରୋଗୀମାନଙ୍କ ଗୃହରେ ଅତିରିକ୍ତ ଜାଗାରେ ସାକ୍ଷାତ୍ କରିବାକୁ ଦିଆ ଯିବନାହିଁ। ରାଣୀ ମହଲରେ କେବଳମାତ୍ର ୮୦ ବର୍ଷରୁ ଊର୍ଦ୍ଧ୍ୱ ପୁରୁଷ ତଥା ୫୦ ବର୍ଷରୁ ଊର୍ଦ୍ଧ୍ୱ ବୟସ୍କା ମହିଲାମାନେ ପ୍ରବେଶ କରିବାର ଅନୁମତି ପାଇବେ। ବାହାରୁ ଭିତରକୁ କିମ୍ବା ଭିତରୁ ବାହାରକୁ ଯେଉଁସବୁ ବସ୍ତୁର ଆଦାନ-ପ୍ରଦାନ ହେଉଛି, ତାହା ଭଲ ଭାବରେ ପରୀକ୍ଷା କରି ତେବେ ଏହି କାମକୁ ଅନୁମତି ଦେବା ଦରକାର।

ଆତ୍ମରକ୍ଷାର ଉପାୟ

ସକାଳେ ରାଜାଙ୍କ ନିଦ ଭାଙ୍ଗିବା ସମୟରେ ଅସ୍ତ୍ରରେ ସଜ୍ଜିତା ନାରୀମାନେ ତାଙ୍କ ଚାରିପଟରେ ରହିଥାଆନ୍ତୁ। ଶୟନ କକ୍ଷରୁ ଅନ୍ୟ କକ୍ଷକୁ ଯିବା ସମୟରେ ବସ୍ତ୍ର ଧାରଣ କରନ୍ତୁ ଏବଂ ଅସ୍ତ୍ର ସଜ୍ଜିତ ନିରାପତ୍ତା ରକ୍ଷୀମାନେ ତାଙ୍କ ସାଥିରେ ରୁହନ୍ତୁ। ଏହିଭଳି ପ୍ରତିଟି କକ୍ଷକୁ ଯିବା ସମୟରେ ରାଜାଙ୍କ ସବୁଦିଗରୁ ନିରାପତ୍ତା ହେବା ଦରକାର। ରାଜାଙ୍କୁ ଉଚିତ ଏଭଳି ଦେହରକ୍ଷୀଙ୍କୁ ସାଥିରେ ରଖିବା, ଯିଏ ବଂଶପରମ୍ପରାରେ ପରିଚିତ ଏବଂ ଭଲ ଭାବରେ ଯାଞ୍ଚ କରା ହୋଇଥିବ। ରାଜାଙ୍କ ଭୋଜନ ମଧ୍ୟ କୌଣସି ଗୋପନ ଜାଗାରେ ଯାଞ୍ଚ କରା ଯାଇଥିବା ବିଶେଷଜ୍ଞ ରାନ୍ଧୁଣୀଙ୍କ ଦ୍ୱାରା ପର୍ଯ୍ୟବେକ୍ଷଣ ପ୍ରସ୍ତୁତି ହେବା ଦରକାର। ଭୋଜନ କରିବା ପୂର୍ବେ ରାଜା ଅଗ୍ନି ତଥା ପଶୁପକ୍ଷୀଙ୍କୁ ଖୁଆଇ ତା'ପରେ ସ୍ୱୟଂ ଭୋଜନ କରିବେ। ଏଥିରେ ଭୋଜନଦ୍ରବ୍ୟରେ ବିଷ ପ୍ରଭୃତି ରହିବାର ସମ୍ଭାବନାକୁ ମଧ୍ୟ ଜଣାଯାଏ।

ରାଜାଙ୍କର ସବୁ ଧରଣର ବ୍ୟକ୍ତିଗତ ସେବକ ଯଥା ନାପିତ, ଧୋବା, ଦାସ-ଦାସୀ ପ୍ରଭୃତିଙ୍କୁ ପରୀକ୍ଷା-ନିରୀକ୍ଷା ଦ୍ୱାରା ଯାଞ୍ଚ କରି ନେବା ଦରକାର। ଯେଉଁ ନଟ-ନଟୀମାନେ ରାଜାଙ୍କୁ ସବୁ ଧରଣର ଖେଳ ଦେଖାଇଥାଆନ୍ତି ସେମାନେ ଯେମିତି ଅଗ୍ନି କିମ୍ବା ବିଷ ବ୍ୟବହାରଯୋଗ୍ୟ ଖେଳ ନ ଦେଖାନ୍ତି। ଦୂରଯାତ୍ରା କିମ୍ବା ସାମାଜିକ ଉତ୍ସବରେ ନିଜର ବୀର ସୈନିକମାନଙ୍କୁ ସାଥିରେ ନେଇ ଯିବା ଦରକାର।

ରାଜାଙ୍କ ପକ୍ଷରେ ଉଚିତ ହେବ ଯେମିତି ସିଏ ସ୍ୱୟଂ ନିଜର କପଟ ବେଶଧାରୀ ଗୁପ୍ତଚରମାନଙ୍କ ମାଧ୍ୟମରେ ଅନ୍ୟ ରାଜ୍ୟର ରାଜକର୍ମରେ ବାଧାବିଘ୍ନ ଆଣିବା, ସେମିତି ଭାବରେ ଅନ୍ୟାନ୍ୟ ରାଜାମାନଙ୍କ ଦ୍ୱାରା ସୃଷ୍ଟି କରିଥିବା ଉପଦ୍ରବଗୁଡ଼ିକ ଠାରୁ ନିଜକୁ ନିରାପଦରେ ରଖିବାର ବ୍ୟବସ୍ଥା କରିବା।

ରାଜକୀୟ ପଦ ବିଧାନ

ଜନପଦ ସ୍ଥାପନ

ଜନପଦ ସ୍ଥାପନ ସମୟରେ ରିତ୍ୱିକ, ଆଚାର୍ଯ୍ୟ ପୁରୋହିତ ଏବଂ ବେଦଜ୍ଞ ବ୍ରାହ୍ମଣମାନଙ୍କ ଓ ସେମାନଙ୍କ ଉତ୍ତରାଧିକାରୀମାନଙ୍କୁ ସମସ୍ତ ଧରଣର ଖଜଣାରୁ ମୁକ୍ତିର ସୁବିଧା ଦେଇ ବ୍ରହ୍ମଦେୟ ନାମକ ଭୂଦାନ କରିବା ଉଚିତ୍। ଅସହାୟ ଅବସ୍ଥାରେ ପଡ଼ି ରହିଥିବା କୃଷକମାନଙ୍କୁ ସବ‌ଜି, ଶସ୍ୟଦାନା ତଥା ଅର୍ଥ ଦେଇ ସାହାଯ୍ୟ କରିବା ଉଚିତ୍। ରାଜାଙ୍କ ଉଚିତ୍ ଯେ ସିଏ ଖନିଜ, କାରଖାନା, ମୂହମୂଲ୍ୟ ବୃକ୍ଷର ବଳ, ହସ୍ତୀବଳ, ପଶୁଶାଳା, ଆମଦାନୀ-ରପ୍ତାନୀ ପାଇଁ ବାଣିଜ୍ୟ ପଦ, ଜଳମାର୍ଗ-ସ୍ଥଳମାର୍ଗ, କ୍ରୟ-ବିକ୍ରୟ ପାଇଁ ବଜାର ଇତ୍ୟାଦି ଗଢ଼ି ତୋଲନ୍ତୁ। ଏହିଭଳି କୃଷିର ସୁବିଧା ପାଇଁ ଜଳାଶୟ ଇତ୍ୟାଦିର ବ୍ୟବସ୍ଥା କରିବା। ଯେଉଁମାନେ ଦେବାଳୟ, ଧର୍ମଶାଳା ପ୍ରଭୃତି ପୁଣ୍ୟସ୍ଥଳର ନିର୍ମାଣ କରିଥାଆନ୍ତି, ରାଜାଙ୍କର ଉଚିତ ହେବ ସେମାନଙ୍କୁ ସାହାଯ୍ୟ କରିବା।

ଭୂମି ବିଧାନ

ଯେଉଁ ଜମି ଋଷବାସ ପାଇଁ ଉପଯୁକ୍ତ ନୁହେଁ ତାହାକୁ ଋଚରଣ ଭୂମିରେ ପରିଣତ କରି ଦେବା ଉଚିତ୍। ଏହିଭଳି କୃଷିର ଯୋଗ୍ୟ ଭୂମିକୁ ବ୍ରାହ୍ମଣ ତଥା ତପସ୍ୟୀମାନଙ୍କୁ ପ୍ରଦାନ କରିବା, ମୃଗୟା ବଣର ନିର୍ମାଣ କରିବା, ଅଭୟାରଣ୍ୟର ବ୍ୟବସ୍ଥା କରିବା, ହସ୍ତୀବଣ ଇତ୍ୟାଦି ବନରକ୍ଷୀମାନଙ୍କର ନିଜ କାମରେ ଦକ୍ଷ ହେବା ଦରକାର। ବନରକ୍ଷୀମାନଙ୍କ ପକ୍ଷରେ ସେହି ସବୁ ବିଦ୍ୟା ଜାଣିବା ଉଚିତ୍ ଯାହା ବଣକୁ ରକ୍ଷାକାର୍ଯ୍ୟରେ ପ୍ରୟୋଜନ ଅଟେ।

ରାଜାଙ୍କୁ ଉଚିତ୍ ଯେ ନିଜ ଦେଶର ଋରିଆଡ଼େ ଏବଂ ଯୁଦ୍ଧପୋଯୋଗୀ ଏବଂ ଦେବ ନିର୍ମିତ ପ୍ରଭୃତି ବିକଟ ଜାଗାଗୁଡ଼ିକୁ ଦୁର୍ଗ ରୂପରେ ଗଢ଼ି ତୋଲିବା। ପାଣିରେ ଘେରି ରହିଥିବା କୌଣସି ସ୍ୱାଭାବିକ ଦ୍ୱୀପକୁ ଦୁର୍ଗ ହିସାବରେ ଗଣ୍ୟ କରାଯାଏ, ଏହିଭଳି ପାହାଡ଼, ଦୁର୍ଗ, ମରୁଦ୍ୟାନ ଦୁର୍ଗ, ବଣଦୁର୍ଗ ହୋଇଥାଏ।

ଦୁର୍ଗରୁ ପୂର୍ବ, ପଶ୍ଚିମ ଏବଂ ଉତ୍ତର ଦିଗରେ ତିନି ତିନୋଟି ରାଜମାର୍ଗ ରହିବା ଆବଶ୍ୟକ । ସେହିସବୁ ଦୁର୍ଗରେ ସମୁଦାୟ ୧୨ଗୋଟି ଦ୍ୱାର ରହିବା ଉଚିତ୍ । ରାଜାଙ୍କ ରହିବା ନିମିତ୍ତ ଯେଉଁଠାରେ ପ୍ରାସାଦ ନିର୍ମାଣ ହୋଇଛି ସେଠାରେ ବ୍ରାହ୍ମଣ, କ୍ଷତ୍ରିୟ, ବୈଶ୍ୟ ଏବଂ ଶୂଦ୍ର – ଏହି ରୁରିତ ବର୍ଷମାନଙ୍କ ବସବାସ ପାଇଁ ଉପଯୁକ୍ତ ଜମି ରହିବା ଦରକାର ।

ନଗରର ଉତ୍ତର କିମ୍ବା ପୂର୍ବ ଦିଗରେ ମଶାଣି ପ୍ରସ୍ତୁତ କରାଯାଏ । ନଗରର ଦକ୍ଷିଣରେ ନିମ୍ନବର୍ଗର ଜାତି ପାଇଁ ମଶାଣି ରଖାଯାଏ ।

କାରଖାନା ମଝିରେ ଫୁଲର ବଗିଚା, ଫଳର ବଗିଚା, ପଦ୍ମଫୁଲ ଏବଂ ବିଭିନ୍ନ ଫଳର ରୁକ୍ଷର ବ୍ୟବସ୍ଥା ରହିବା ଦରକାର ।

ଏହିଭଳି ରୁକ୍ଷ ଜମିରେ ସେଚର ବ୍ୟବସ୍ଥା ମଧ୍ୟ ରାଜାଙ୍କ କରିବା ଉଚିତ୍ । ବହୁ ବର୍ଷ ଧରି ଉପଭୋଗ କରିବା ପାଇଁ ତେଲ, ଧାନ, କ୍ଷାର, ଲୁଣ, ଔଷଧଯୁକ୍ତ ଘାସ, ଶାଗ ପ୍ରଭୃତି, ଶୁଖିଲା ମାଂସ, ତୃଣ, ଶୁଖିଲା କାଠ, ଲୁହା, ଚର୍ମ, କୁଇଲା, ସ୍ନାୟୁ, ବିଷ, ବିଶାନ-ଶିଂ, ବାଉଁଶ, ବକଳ, ଆରଦାର, ଅସ୍ତ୍ରାଦି ଏବଂ ପ୍ରସ୍ତର ସମୂହ ନଗରର ମଝିସ୍ଥାନରେ ମହଜୁତ କରି ରଖିବା ଦରକାର । ଏହିସବୁ ଜିନିଷଗୁଡ଼ିକର ଭଣ୍ଡାର ସର୍ବଦା ଯେମିତି ପରିପୂର୍ଣ୍ଣ ରହିଥାଏ । ଏହିଭଳି ନଗରର ମଝାମଝି ଜାଗାରେ ଅଶ୍ୱ, ରଥ ତଥା ସୈନ୍ୟକୁ ପ୍ରଭୃତି କାରଣରୁ ପର୍ଯ୍ୟବେକ୍ଷଣରେ ରଖିବା ଉଚିତ୍ ।

କୋଷାଧ୍ୟକ୍ଷ

କୋଷାଗାର, ବିକ୍ରୟ ଭଣ୍ଡାର, ଖାଦାନ୍ନ ଭଣ୍ଡାର, ଅସ୍ତ୍ରାଗାର, କାରାଗାର ପ୍ରଭୃତର ନିର୍ମାଣ କରିବା ଉଚିତ୍ । କୋଷାଗାର ନିର୍ମାଣ କରିବା ସମୟରେ ନିହାତି ଧାନ ଦେବା ଜରୁରୀ ଯେ ସେହି ଜାଗାଟି ଯେମିତି ଓଦା ନଥାଏ । କୋଷାଗାରଟି ସବୁଦିଗରୁ ସୁଦୃଢ଼ ଏବଂ ସୁରକ୍ଷିତ ହେବା ଉଚିତ୍ ।

କୋଷାଗାର ଛଡ଼ା ଗୋଟିଏ ଗୁପ୍ତ କୋଷାଗାରର ନିର୍ମାଣ ମଧ୍ୟ କରିବା ଉଚିତ, ଯେମିତି ଜରୁରୀ ଅବସ୍ଥାରେ ଏହାକୁ ସୁରକ୍ଷିତ ଭାବରେ ରଖା ଯାଇପାରେ ।

ବାହାରେ ଏବଂ ଭିତରର ଆୟର ସମସ୍ତ ଖବର କୋଷାଧ୍ୟକ୍ଷଙ୍କ ନଜରରେ ରହିବା ଜରୁରୀ । ପ୍ରତିଦିନ ଆୟ-ବ୍ୟୟର ହିସାବ ରଖ ଯାହା ବଳକା ଥାଏ ତାହାକୁ ସୁରକ୍ଷିତ ରଖିବା ଦରକାର, ଯେଉଁଥିରେ ରାଜା ଏ ବିଷୟରେ ଯାଞ୍ଚ କରିବାକୁ ରୁହିଁଲେ ତାଙ୍କୁ ଅତି ସ୍ୱତ୍ୱର ଏହାକୁ ଦର୍ଶାଇ ଦିଆ ଯାଇପାରେ ।

ଚବିଶ ପ୍ରକାରର ବ୍ୟୟ ଦେଖାଇ ଦିଆଯାଇଛି – ଦେବପୂଜା, ପିତୃପୂଜା, ଦାନ, ସ୍ୱସ୍ତିବାଚନ, ଅନ୍ତଃପୁର, ପାକଶାଳା, ବିଦେଶୀମାନଙ୍କର ଦୂତାବାସ, ଅସ୍ତ୍ରାଗାର, ପଣ୍ୟାଗାର, କୃପ୍ୟାଗାର, କର୍ମାଗାର, ବିଶିଷ୍ଟ, ପଦାତିକ, ଅଶ୍ୱ, ରଥ, ହାତି, ଗବାଦି ବସ୍ତୁ, ପଶୁଶାଳା, ପକ୍ଷୀବଣ, ସର୍ବସିଂହ, କାଷ୍ଠବଳ ଏବଂ ତୃଣଭୂମି । ଏହିସବୁ ବ୍ୟୟକୁ 'ବ୍ୟୟ ଶରୀର' ବୋଲି କୁହାଯାଏ ।

ଆୟ ତିନି ପ୍ରକାରର ହୁଏ । ବର୍ତ୍ତମାନ, ପର୍ଯ୍ୟୁଷିତ ତଥା ଅନ୍ୟ ଜାତ । ପ୍ରତିଦିନ ହେଉଥିବା ବ୍ୟୟ ବର୍ତ୍ତମାନ, ବିଗତ ବର୍ଷରେ ସମ୍ଭାବିତ ଆୟ ଅଥବା ଶତ୍ରୁଦେଶରୁ ପ୍ରାପ୍ତି କରିଥିବା ଅର୍ଥ ହେଉ ପର୍ଯ୍ୟୁଷିତ ଆୟ । ବିସ୍ମୃତ ଆୟର ସ୍ମରଣ ରହିଥିବା ଅଥବା ଆର୍ଥିକ ଜୋରିମାନାରୁ ପ୍ରାପ୍ତ, କିମ୍ବା ଅନ୍ୟମାର୍ଗରେ ନିଜର ପ୍ରଭାବ ଦର୍ଶାଇ ହୋଇଥିବା ଆୟକୁ 'ପର୍ବ' ଅଥବା ଅନ୍ୟ ଜାତି କୁହାଯାଏ ।

ଏହା ଛଡ଼ା ମଧ୍ୟ ଆହୁରି ପାଞ୍ଚ ଧରଣର ଆୟର କଥା କୁହାଯାଇଛି – କିଣିଥିବା ଜିନିଷର ବୃଦ୍ଧି ପାଇଥିବା ମୂଲ୍ୟରୁ ଆୟ, ପ୍ରତିଦିନ ଜିନିଷପତ୍ରଗୁଡ଼ିକର ବିକ୍ରିରୁ ଆୟ, କୌଣସି ଜିନିଷର ଶତକଡ଼ା ପାଞ୍ଚ ଭାଗ ବୃଦ୍ଧି ଦ୍ୱାରା ପ୍ରାପ୍ତ ଆୟ ଏବଂ ବିକ୍ରୟ ସମୟରେ ପାରସ୍ପରିକ ପ୍ରତିଦ୍ୱନ୍ଦିତାର ବୃଦ୍ଧି ହେବାର ମୂଲ୍ୟରୁ ପ୍ରାପ୍ତ କରିଥିବା ଆୟ ।

ଝରି ଧରଣର ବ୍ୟୟର କଥା କୁହାଯାଇଛି – ପ୍ରତିଦିନ ହୋଇଥିବା ବ୍ୟୟ ହେଉଛି ନିତ୍ୟ ବ୍ୟୟ ଏବଂ ଯାହା ପାକ୍ଷିକ, ମାସିକ କିମ୍ବା ବାର୍ଷିକ ଲାଭ ପାଇଁ ହୁଏ ତା'କୁ ବ୍ୟୟ କୁହାଯାଏ ।

ତିନି ଶହ ଚଉବନ ଦିନ–ରାତ୍ରି ଧରି ରାଜ୍ୟ ସରକାରଙ୍କ ଗୋଟିଏ କର୍ମ ବର୍ଷ ହୁଏ । ତାହା ଆଷାଢ଼ ମାସର ପୂର୍ଣ୍ଣମୀରେ ସମାପ୍ତ ହୋଇଯାଏ । ଏହିଭଳି କାର୍ଯ୍ୟକାଳର ଗଣନା କରି ଯେଉଁସବୁ କର୍ମଚାରୀମାନଙ୍କ ଯାହା ବେତନ ତାହା ପ୍ରଦାନ କରାଯାଏ ।

ପ୍ରତିଟି କାମ ପାଇଁ ରାଜା ଅଧ୍ୟକ୍ଷକୁ ନିଯୁକ୍ତି ଦେବେ । ଯଦି ସେମାନଙ୍କ ମଧ୍ୟରେ କେହି ଅପରାଧ କରିଥାଆନ୍ତି, ସିଏ ରାଜାଙ୍କର ଆତ୍ମୀୟ ହୋଇଥିଲେ ମଧ୍ୟ, ରାଜା ତାଙ୍କୁ ଦଣ୍ଡ ଦେବେ । ଗଣନାଧ୍ୟକ୍ଷକର ଅଜ୍ଞାନ, ଆଳସ୍ୟ, ପ୍ରସାଦ, ଭୟ, କାମ, କ୍ରୋଧ, ଦର୍ପ ଏବଂ ଲାଭ ପ୍ରଭୃତି ଆଠଟି ଦୋଷ ସରକାରୀ ଆୟର କ୍ଷତି ସାଧନ କରିଥାଏ । ଏହି ବିଷୟରେ ବିଭିନ୍ନ ଆଚାର୍ଯ୍ୟଗଣ ଦଣ୍ଡ ଦେବା ସମ୍ପର୍କରେ ବିଭିନ୍ନ ମତ ବ୍ୟକ୍ତ କରିଥାଆନ୍ତି । ଆଚାର୍ଯ୍ୟ ଋଣକ୍ୟଙ୍କ ମତରେ ଅପରାଧର ପର୍ଯ୍ୟାଲୋଚନା କରିବା ପରେ ହିଁ କାହାରିକୁ ଦଣ୍ଡ ଦେବା ଉଚିତ୍ ।

ରାଜାଙ୍କ ମହାମନ୍ତ୍ରୀଗଣ ସମସ୍ତ କାର୍ଯ୍ୟାଧ୍ୟକ୍ଷଙ୍କ ବିଭାଗରେ ସବୁ ହିସାବପତ୍ର ଦେଖି ତାହା ସଠିକ୍ ବୋଲି ପ୍ରମାଣିତ ହେଲେ ଏହାକୁ ଜନସାଧାରଣଙ୍କୁ ଜଣାଇ ଦେବା ଉଚିତ୍ । ଯଦି କୌଣସି ମିଛ ବୋଲି ପ୍ରମାଣିତ ହୁଏ ତାହେଲେ ମହାମନ୍ତ୍ରୀଗଣ ଅପରାଧୀକୁ ଦଣ୍ଡିତ କରି ପାରନ୍ତି ।

ଆୟର ହିସାବ କରିବା ସମୟରେ ବ୍ୟଷ୍ଟ, ଦେଶୀ, କାଳ, ମୁଖ, ଉପଧି, ଅନୁବୃଦ୍ଧି, ପ୍ରମାଣ, ଦାୟକ, ନିବନ୍ଧକ ଏବଂ ଖଜଣା ଆଦାୟ କରିବା କର୍ମଚାରୀମାନେ ଏଗୁଡ଼ିକର ହିସାବ–ନିକାଶ ସଠିକ୍ ଭାବରେ ଉଲ୍ଲେଖ କରାନ୍ତୁ ।

ସମସ୍ତ ରାଜକାର୍ଯ୍ୟ ଉପରେ ଭିତ୍ତି କରି ଅର୍ଥକୋଷ ହୋଇଥାଏ, ଏତେବ ରାଜାଙ୍କୁ ସର୍ବପ୍ରଥମେ ରାଜକୋଷ ଉପରେ ଦୃଷ୍ଟି ଦେବା ଉଚିତ୍ । ରାଜ୍ୟର ସମ୍ପଦ ବୃଦ୍ଧି, ତାହାର ଆୟର–ବ୍ୟବହାର ଦିଗରେ ଦୃଷ୍ଟି ଦେବା, ଝେରମାନଙ୍କୁ ଧରିବା, ଦୁର୍ନୀତିଗ୍ରସ୍ତ ରାଜ କର୍ମଚାରୀମାନଙ୍କ କବଳରୁ ପ୍ରଜାଙ୍କୁ ରକ୍ଷା କରିବା, ଫସଲ ଉତ୍ପାଦନ ତଥା ଜଳ–ସ୍ଥଳରେ ଉତ୍ପାଦିତ ହେଉଥିବା ପ୍ରୟୋଜନୀୟ ଜିନିଷପତ୍ର ବୃଦ୍ଧି, ରାଜ୍ୟରେ ହଠାତ ନିଆଁ ଲାଗିଯିବା, ବନ୍ୟା, ଅନାବୃଷ୍ଟି ପ୍ରଭୃତିର କବଳରୁ ରାଷ୍ଟ୍ରକୁ ରକ୍ଷା କରିବା, ପରିହାର ଆଦାୟ ଏବଂ ସ୍ୱର୍ଣ୍ଣ ଆଦିର ଉପଢୌକନ ଜମା କରିବା ଏଗୁଡ଼ିକ ହେଉଛି କୋଷ ବୃଦ୍ଧିର ଉପାୟ ।

ଅର୍ଥକ୍ଷୟର କାରଣଗୁଡ଼ିକ ହେଉଛି – ପ୍ରତିବନ୍ଧ, ପ୍ରୟୋଗ, ବ୍ୟବହାର ଅବିସ୍ତାର, ପରିହାରଣ ଉପଭୋଗ, ପରିବର୍ତ୍ତନ ଏବଂ ଅପହାର। ଏଗୁଡ଼ିକ ହେଉଛି ଅର୍ଥହାନିକାରକମାନଙ୍କୁ ଉଚିତ୍ ଦଣ୍ଡ ଦେବାର ବ୍ୟବସ୍ଥା। ମନ୍ତ୍ରୀ, ଆର୍ଥିକ ଦିଗରୁ ସ୍ୱଚ୍ଛଳ ଅଧ୍ୟକ୍ଷମାନଙ୍କୁ ଅର୍ଥାତ ଯୁକ୍ତ ଏବଂ ଉପଯୁକ୍ତ ନାମର ଅଧିକାରୀମାନଙ୍କୁ ସେମାନଙ୍କର କର୍ମଶକ୍ତି ବୁଝାଇ ଦେଇ ରାଜା ସେମାନଙ୍କୁ ବିଭିନ୍ନ କାମରେ ନିଯୁକ୍ତି କରାନ୍ତୁ। ମଣିଷର ମନ ସ୍ୱାଭାବିକ ଭାବରେ ଚଞ୍ଚଳ ହୋଇଥାଏ, ସୁତରାଂ ତା'କୁ ଅଶ୍ୱ-ନ୍ୟାୟ କୁହା ଯାଇଛି। ଯେ ରଥରେ ସଂଯୁକ୍ତ କରିବା ପରେ ଅଶ୍ୱ ମଧ୍ୟ ଚଞ୍ଚଳ ହୋଇ ଉଠେ, ସେହିଭଳି ମଣିଷ ମଧ୍ୟ ପଦ ଲାଭ କରି ଚଞ୍ଚଳ ହୋଇ ଉଠେ।

ଏହିସବୁ ଅଧ୍ୟକ୍ଷମାନଙ୍କ ସମ୍ପର୍କରେ କର୍ତ୍ତା, କାରଣ, ଦେଶ, କାଳ, କାର୍ଯ୍ୟ, ପ୍ରକ୍ଷେପ ଏବଂ ଉଦୟ ଅର୍ଥାତ୍ ଲାଭ ଇତ୍ୟାଦିଗୁଡ଼ିକ ବିଷୟରେ ରାଜାଙ୍କ ଜ୍ଞାନ ରହିବା ଉଚିତ୍। ଏହିସବୁ ଅଧ୍ୟକ୍ଷମାନଙ୍କ ମଧ୍ୟରେ ଯିଏ ଭୁଲ କରିବେ ତାଙ୍କୁ ଅର୍ଥଦଣ୍ଡ ଦେବା ଉଚିତ୍। ସେହି ଦଣ୍ଡ ତାହାର ଦୈନିକ ବେତନ ଏବଂ କ୍ଷତିରୁ ଦ୍ୱିଗୁଣ ହେବା ଉଚିତ୍।

ସମସ୍ତ ବିଭାଗର ଅଧ୍ୟକ୍ଷ ସଂଖ୍ୟାୟକ, ଲେଖକ, ରୂପଦର୍ଶକ, ନାରୀ-ଗ୍ରାହକ ଏବଂ ଉତ୍ତରାଧ୍ୟକ୍ଷ ପ୍ରମୁଖ ସମସ୍ତଙ୍କୁ ନେଇ ରାଜାଙ୍କୁ ଅର୍ଥ ସମ୍ବନ୍ଧୀୟ କାମ କରିବା ଉଚିତ୍। ଏହି ଧରଣର ଅଧିକାରୀମାନଙ୍କର ରାଜକାର୍ଯ୍ୟ ପାଇଁ ହୁଏତ ଅଶ୍ୱ କିମ୍ବା ରଥ ବ୍ୟବହାରର ଅଧିକାର ରହିଛି। ସମସ୍ତ ଅଧିକରଣଗୁଡ଼ିକର କାର୍ଯ୍ୟସ୍ଥାନ ଏହିଭଳି ଭାବରେ ସ୍ଥାପନ କରିବା ଉଚିତ୍, ଯେଉଁଥିରେ ବହୁତ ମୁଖ୍ୟ ଅଧିକାରୀ ଉପସ୍ଥିତ ରହିବ। କାହିଁକି ନା ବହୁତ ପରିମାଣରେ ଅଧିକାରୀ ରହିଲେ ପରସ୍ପରଙ୍କ ଭିତରେ ଭୟ କାରଣରୁ କର୍ମଚାରୀମାନେ ରାଜାଙ୍କ ଅର୍ଥର ଅପଚୟ କରି ପାରିବେ ନାହିଁ। ସେହିସବୁ କାର୍ଯ୍ୟାଳୟର ଅଧିକାରୀମାନେ ଅଧିକ ଦିନ ପର୍ଯ୍ୟନ୍ତ ଗୋଟିଏ ଜାଗାରେ ରହିଲେ ସିଏ ନିଜର ଦୋଷକୁ ଢାଙ୍କିବା ପାଇଁ ଉପାୟ ବାହାର କରିନେବ। ଏଥରେ ରାଜକୋଷର ଘାଟତି ହେବାର ସମ୍ଭାବନା ରହିବ।

ଆର୍ଥିକ କାମରେ ଲିପ୍ତ ରାଜକର୍ମଚାରୀମାନଙ୍କ ଦ୍ୱାରା କରିଥିବା ଅର୍ଥର ଦୁର୍ନୀତି କେହି ଜାଣି ପାରିବେ ନାହିଁ। ଏହି ଧରଣର ଆର୍ଥିକ ସ୍ୱଚ୍ଛଳତା ସମ୍ପନ୍ନ ଅଧିକାରୀମାନଙ୍କୁ ଦଣ୍ଡ ଦେବା ଉଚିତ୍। ଆର୍ଥିକ କାମରେ ଲିପ୍ତ ଯେଉଁ ସମସ୍ତ କର୍ମଚାରୀମାନେ ରାଜ୍ୟର ଅର୍ଥକୁ ଅପଚୟ ନକରି ବରଂ ତାହାର ବୃଦ୍ଧିରେ ଲାଗିଥାଆନ୍ତି, ଏଭଳି ରାଜ୍ୟସ୍ୱାର୍ଥରେ ଲିପ୍ତ ବ୍ୟକ୍ତିମାନଙ୍କୁ ସ୍ଥାୟୀ ପଦରେ ରଖି ନେବା ଉଚିତ୍।

ଶାସନାଧିକାର

ପତ୍ରରେ ଲେଖିଥିବା ବିଷୟଟିକୁ ଶାସନ କୁହାଯାଏ। ରାଜାମାନେ ଏହି ସବୁ ଶାସନ ଦ୍ୱାରାହିଁ ରାଜ୍ୟ ଶାସନ କରିଥାଆନ୍ତି। କାହିଁକି ନା ସନ୍ଧି, ବିଗ୍ରହ ବିଷୟଗୁଡ଼ିକ ସମସ୍ତ କାର୍ଯ୍ୟ ଶାସନମୂଳକ ହୋଇଥାଏ। କୌଣସି ରାଜାଙ୍କର କିମ୍ବା କୌଣସି ମନ୍ତ୍ରୀଙ୍କର ଲେଖା ପତ୍ର ବିଷୟରେ ଭଲ ଜ୍ଞାନ ରହିବା ଅତି ଆବଶ୍ୟକ ଅଟେ। ଯାହା ପାଇଁ ଶାସନ ଲେଖା ଯାଉଛି, ତାହାର ଜାତି, କୁଳ, ସ୍ଥାନ,

ଅବସ୍ଥା, ଶାସ୍ତ୍ରଜ୍ଞାନ, ବୟସ ବୃଦ୍ଧି, ଶୀଳ, ଦେଶ, କାଳ ଏବଂ ବିବାହ ସମ୍ପର୍କରେ ଭଲ ଭାବରେ ପର୍ଯ୍ୟାଲୋଚନା କରି ସେହି ପୁରୁଷଙ୍କ ଉତ୍ତମ, ମଧ୍ୟମ, ତଥା ଅଧମ ପଦର ଅନୁରୂପ ଲେଖ୍ୟବାର ରଚନା କରାଯାଉ ।

ସମସ୍ତ ଲେଖାରେ ଅର୍ଥକ୍ରମ, ସମ୍ପର୍କ, ପରିପୂର୍ଣ୍ଣତା, ମାଧୁର୍ଯ୍ୟ, ପ୍ରସାଦତା ଏବଂ ସ୍ୱସ୍ତତା ରହିବା ଅନିବାର୍ଯ୍ୟ ଅଟେ । ଲେଖାରେ କ୍ରମାନୁସାରେ ରୂପ ରହିବା ହିଁ ଅର୍ଥକ୍ରମ ହିସାବରେ ଜଣାଯାଏ । ପ୍ରସ୍ତୁତ ବିଷୟରେ କୌଣସି ପ୍ରକାର ବାଧା ନ ରହିବା ହେଉଛି 'ସମ୍ପର୍କ' । ଅର୍ଥ, ପଦ ଏବଂ ଅକ୍ଷରଗୁଡ଼ିକର ସାମଞ୍ଜସ୍ୟ ତଥା ହେତୁ ଉଦାହରଣ ଏବଂ ଦୃଷ୍ଟାନ୍ତ ଏବଂ ପଦର ବ୍ୟବହାରରେ ଶିଥିଳତା ନଆସିବା ହେଉଛି 'ପରିପୂର୍ଣ୍ଣତା' । ସୁନ୍ଦର ଏବଂ ସରଳ ଅର୍ଥାବଳୀ ଆକର୍ଷଣ ଶବ୍ଦଗୁଡ଼ିକର ପ୍ରୟୋଗ ହେଉଛି 'ମାଧୁର୍ଯ୍ୟ' । ଗାଉଁଲି ଶବ୍ଦର ପ୍ରୟୋଗ ନ ରହିବା ହିଁ ଉଦାରତା ଏବଂ ସୁପ୍ରଚଳିତ ଶବ୍ଦାବଳୀର ପ୍ରୟୋଗ ହେଉଛି 'ସ୍ୱସ୍ତତା' । ଅକାରାଦି ବର୍ଣ୍ଣର ସଂଖ୍ୟା ୬୩ ବୋଲି କୁହାଯାଇଛି । ଯେମିତି – ସ୍ୱରବର୍ଣ୍ଣ ୨୨, ବ୍ୟଞ୍ଜନ ସ୍ପର୍ଶ ବର୍ଣ୍ଣ ୨୬, ଅନ୍ତଃସ୍ଥ ବର୍ଣ୍ଣ ୪, ଯମବର୍ଣ୍ଣ ୪, ଉଷ୍ମବର୍ଣ୍ଣ ୪, ଅନୁସ୍ୱର ବିସର୍ଗ, ଜିହ୍ୱାମୂଳୀୟ ଏବଂ ଉପଧମାନୀୟ, ଏହିଭଳି ସର୍ବମୋଟ ୬୩ ବର୍ଣ୍ଣ ରହିଛି ।

ବର୍ଣ୍ଣ ସମୁଦାୟର ନାମ ହେଉଛି ପଦ । ପଦ ଚାରି ପ୍ରକାରର ହୁଏ – ନାମ ଆଖ୍ୟାତ, ଉପସର୍ଗ ଏବଂ ନିପାତ । ଜାତି–ଗୁଣ–ଦ୍ରବ୍ୟ ବାଚକ ପଦ 'ନାମ', କ୍ରିୟାବାଚକ ଏବଂ ସ୍ତ୍ରୀ-ପୁରୁଷାଦି ଲିଙ୍ଗ ରହିତ ପଦ ହେଉଛି 'ଆଖ୍ୟାତ', କ୍ରିୟା ବିଶେଷଣର ଅର୍ଥ ପ୍ରକଟ କରିବାର ପଦ ହେଉଛି 'ଉପସର୍ଗ' ଏବଂ ଅପବ୍ୟୟ ପଦଟିକୁ 'ନିପାତ' ବୋଲି କୁହାଯାଇଛି ।

ଲେଖନୀର ସୂଚନାର ବିଷୟ ହେଉଛି – ନିନ୍ଦା, ପ୍ରଶଂସା, ପୃଚ୍ଛା, ଆଖ୍ୟାନ, ଅଭ୍ୟର୍ଥନା, ପ୍ରତ୍ୟାଖ୍ୟାନ, ଉପାଲମ୍ଭ, ପ୍ରତିଷେଧ, ଭୋଗ, ଭର୍ସନା ଏବଂ ଅନୁନୟ ।

ଶାସନ ଅଥବା ରାଜଲେଖା ଆଠ ପ୍ରକାରର ହୁଏ । ପ୍ରଜ୍ଞାପନା, ଆଜ୍ଞା ପରିଦାନ, ପରିହାର, ନିସୃଷ୍ଟ, ପ୍ରାବୃତ୍ତିକ, ପ୍ରତିଲେଖା ଏବଂ ସର୍ବତ୍ରଜ୍ଞା ରାଜଲେଖାର ଲେଖକଙ୍କୁ ସମୁଦାୟ ଚାରିଟି ଉପାୟଗୁଡ଼ିକର ଭଲ ଜ୍ଞାନ ରହିବା ଉଚିତ୍ । ଏହି ଚାରି ପ୍ରକାରର ଉପାୟ ହେଉଛି ସାମ, ଉପପ୍ରଦାନ, ମଦ ଏବଂ ଦଣ୍ଡ ।

ଲେଖକର ପାଞ୍ଚଟି ଦୋଷ ହେଉଛି – ଅକାନ୍ତି, ବ୍ୟାଘାତ, ପୁନରୁକ୍ତ, ଅପଶବ୍ଦ ଏବଂ ସମ୍ପ୍ଲବ । ଅପରିଷ୍କାର କାଗଜରେ ଲେଖିବା, ଲେଖାଟି ସୁନ୍ଦର ନ ହେବା, ଅକ୍ଷର ସମାନ ନ ହେବା, ପତଳା କାଲି ହେବାକୁ ଅକାନ୍ତି ଦୋଷ ବୋଲି ଗଣ୍ୟ କରାଯାଏ । ଯେଉଁ ଲେଖାର ପୂର୍ବାପର ଅର୍ଥଦୋଷ ହୁଏ ତାହା ହେଉଛି ବ୍ୟାଘାତ । ପ୍ରୟୋଜନ ଛଡ଼ା କୌଣସି ଶବ୍ଦକୁ ପୁଣି ଥରେ ପ୍ରୟୋଗ କରିବା ହେଉଛି 'ପୁନରୁକ୍ତ' । ଲିଙ୍ଗ ବଚନ, କାଳ, କର୍ତ୍ତା, କର୍ମ ଇତ୍ୟାଦି କାରଗଗୁଡ଼ିକର ବିପରୀତ ପ୍ରୟୋଗକୁ 'ଅପଶବ୍ଦ' କୁହାଯାଏ । ବିରାମ ଜାଗାରେ ବିରାମ ଚିହ୍ନ ନଦେବା ତଥା ଅନ୍ୟ ଜାଗାରେ ବିରାମ ଚିହ୍ନ ଦେବା, ଲେଖାର କ୍ରମ ବିପରୀତ ରହିବା 'ସମ୍ପ୍ଲବ' ଦୋଷ ହିସାବରେ ଗଣ୍ୟ ହୁଏ ।

ରତ୍ନ ପରୀକ୍ଷା

କୋଷାଧ୍ୟକ୍ଷଙ୍କର ଉଚିତ୍ ରାଜକୋଷରେ ରଖିବା ଭଳି ମନିମୁକ୍ତା ଇତ୍ୟାଦି ରତ୍ନ, ଚନ୍ଦନ ପଦାର୍ଥ, ପଟ୍ଟ, ବସ୍ତ୍ର, ଯବ୍ତ୍ରାୟୁଧ ଇତ୍ୟାଦି କୃପ୍ୟ ପଦାର୍ଥଗୁଡ଼ିକୁ ଭଲ ପାରଦର୍ଶୀତାରେ ଏବଂ ତାହାର ବ୍ୟବହାରରେ ପୂର୍ଣ୍ଣ ପରିଚିତ ଲୋକମାନଙ୍କ ମତାମତରେ ଗ୍ରହଣ କରା ହେବ ।

ମନିର ଗୁଣ ଏହି ପ୍ରକାର – ଛଅ କୋଣିଆ, ଛରି କୋଣିଆ, ଗୋଲାକାର, ତୀବ୍ରରାଗ, ସ୍ଥାନଯୁକ୍ତ, ନିର୍ମଳ, ମସୃଣ, ଭାରୀ, ଦୀପ୍ତିଯୁକ୍ତ, ଅନ୍ତର୍ଗତପ୍ରଭ ଏବଂ ପ୍ରଭାନୁଲେପୀ ।

ମନିର ଦୋଷ ଏହିଭଳି – ମନ୍ଦରାଗ, ମନ୍ଦପ୍ରଭ, ସଶର୍କର, ପୁଷ୍ପଛିଦ୍ର, ଖଣ୍ଡ, ଦୁର୍ବନ୍ଧ ଏବଂ ଲେଖାକୀର୍ଣ୍ଣ ।

ଖଣି, ଜଳ-ପ୍ରବାହ ଏବଂ ହାତି ଦାନ୍ତର ମୂଳ ଅଂଶରୁ ମଧ୍ୟ ହୀରା ଉତ୍ପତ୍ତି ହୁଏ ।

ହୀରାର ରଙ୍ଗ – ମାର୍ଜ୍ଜାରାକ୍ଷକ, ଶିବିସ୍ଘ ପୁଷ୍ଟକ, ଗୋମୂତ୍ରକ, ଗୋମେଦକ, ଶୁଦ୍ଧ ସ୍ଫଟିକ୍, ମୂଲାଟି-ପୁଷ୍ପକ ବର୍ଣ୍ଣ ଏବଂ ଅନ୍ୟାନ୍ୟ ମନିଗୁଡ଼ିକ ଭଳି ଦୀପ୍ତିସମ୍ପନ୍ନ ।

ଉତ୍ତମ ଶ୍ରେଣୀର ହୀରା ସ୍ଥୂଳ, ସ୍ନିଗ୍ଧ, ଗୁରୁ ପ୍ରହାରସହ, ତର୍କୁଭ୍ରାମି ଏବଂ ଭ୍ରାଜିବନ୍ତୁ । ଏହିସବୁ ହୀରା ପ୍ରଶସ୍ତ ବୋଲି ଗଣ୍ୟ ହୁଏ ।

ସାର ଦ୍ରବ୍ୟ ପ୍ରକରଣ

ଚନ୍ଦନର ଉତ୍ପତ୍ତିସ୍ଥଳ ହେଉଛି ୧୬ଟି ଜାଗାରେ, ରଙ୍ଗ ହେଉଛି ନଅ ପ୍ରକାରର, ସୁଗନ୍ଧି ଛଅ ପ୍ରକାରର, ଗୁଣ ହେଉଛି ଏଗାର ପ୍ରକାରର ଅଟେ । କ୍ରମଶଃ ଜନ୍ମସ୍ଥାନ, ରଙ୍ଗ ଏବଂ ସୁଗନ୍ଧିଗୁଡ଼ିକ ହେଉଛି ଏହି ପ୍ରକାର ସାତନ ଲାଲ ସୌଧୀ, ଗୋଶୀର୍ଷ ନାଲିକଳା ମତ୍ସ୍ୟଗନ୍ଧ, ହରିଦେଶ ସବୁଜ ଆମ୍ରର ସୁଗନ୍ଧ, ତାର୍ଣ୍ସ, ଶୁକପକ୍ଷବର୍ଣ୍ଣ, ଆମ୍ର, ଗ୍ରାମର ମିଶ୍ରିତ, ଅଜମୂତ୍ର, ଦେବସଭା ନାଲି କଳମ ପୁଷ, ଜାବକ, ନାଲି କପିଳ ପୁଷ, ଜୋଂ ନାଲି କମଳପୁଷ୍ପ, ତରୁପ ନାଲି କମଳପୁଷ୍ପ, ମଲୟପର୍ବ୍ବତ, ନାଲି ଶ୍ୱେତ କମଳପୁଷ୍ପ, କେତନନ୍ଦ କଳା ଗୋମୂତ୍ର, କାଳପର୍ବ୍ବତ, ରୁଖା, ନାଗା-ରୁଖା, ସେବାରବର୍ଣ୍ଣ ଏବଂ ଶାକଳ ପ୍ରଦେଶରେ ଉତ୍ପନ୍ନ ହଳଦିଆ-ନାଲି ମିଶ୍ରିତ ରଙ୍ଗରେ ହୋଇଥାଏ ।

ଚନ୍ଦନର ଏଗାରଟି ଗୁଣ ହେଉଛି – ଲଘୁ, ସ୍ନିଗ୍ଧ, ଆସ୍ୟ୍ୟାନ, ସର୍ପିସେହ, ଲେପୀ, ଗନ୍ଧମୁଖ, ତ୍ୱଗୁଣସାରି, ଅନୁନବନ, ଅବିରାଗୀ, ଉଷ୍ଣସହ, ଦାହଗ୍ରାହି ଏବଂ ସୁଖସ୍ପର୍ଶ ।

ଅଗରୁର ବିଶ୍ଳେଷଣ

କାମରୂପର ଜୋଂଗକ ସ୍ଥାନରେ ଉତ୍ପନ୍ନ ଅଗରୁ କଳା କଳା ଚିତାକାବରା ଅଥବା ମଉଳ ଚିତ୍ରବର୍ଣ୍ଣର ହୁଏ । ସିଂହଳରେ ବହୁରଙ୍ଗୀ ତଥା ବିଶେଷ ଏବଂ ଚାମେଲୀ ଭଳି ସୁଗନ୍ଧ ଅଗରୁର ଗୁଣ ଭାରୀ, ସ୍ନିଗ୍ଧ, ମନୋହର, ସୁଗନ୍ଧିଯୁକ୍ତ, ନିହାରି, ଅଗ୍ନି-ସହ, ଅସିଅଲୁତଧୂମ, ସମଗନ୍ଧ ଏବଂ ବିସର୍ଦସହ ହୁଏ ।

ତୈଳପର୍ଣ୍ଣିକର ବିଶ୍ଳେଷଣ

ଆସାମରେ ଉତ୍ପନ୍ନ, ମାଂସ ବର୍ଣ୍ଣର ତଥା ପଦ୍ମ ଭଳି ସୁଗନ୍ଧ, ଜୋଙ୍ଗର ନାଲି-ହଳଦିଆ, କମଳଗନ୍ଧ, ଗ୍ରାମେରୁ ପ୍ରଦେଶର ସ୍ନିଗ୍ଧ, ଗୋମୂତ୍ର ଗନ୍ଧ, ସୁବର୍ଣ୍ଣକୁଡ୍ଯର ରକ୍ତହଳଦିଆ ବର୍ଣ୍ଣ, ଲେମ୍ବୁର ଗନ୍ଧ, ପୂର୍ନକ ଦ୍ୱୀପରେ ଉତ୍ପନ୍ନ ତୈଳପର୍ଣ୍ଣିକ କମଳ ଅଥବା ମାଖନ ଭଳି ସୁଗନ୍ଧମୟ ହୁଏ ।

ଭଦ୍ରଶୀୟ ଚନ୍ଦନ

କାମରୂପରେ ଲୌହିତ୍ୟ ନଦୀ ଇଲାକାରେ ଉତ୍ପନ୍ନ ଜୁହି ରଙ୍ଗର ଆନ୍ତରବର୍ତୀ ନଦୀତଟରେ ଖସ ରଙ୍ଗର ହୁଏ । ଏହି ଦୁଇଟିର ସୁଗନ୍ଧୀ କୃତ ନାମକ ଔଷଧର ସମାନ ହୁଏ ।

କାଲେୟକ ଚନ୍ଦନ ଦୁଇ ଧରଣର ହୁଏ – ବର୍ମାରେ ଉତ୍ପନ୍ନ ହୋଇଥିବା କାଲେୟକ ସ୍ନିଗ୍ଧ ଏବଂ ହଳଦିଆ ବର୍ଣ୍ଣର ହୁଏ । ହିମାଳୟରେ ଉତ୍ପନ୍ନ ଚନ୍ଦନଟି ରକ୍ତହଳଦି ବର୍ଣ୍ଣର ହୁଏ ।

ହିମାଳୟର ବାଲହବ ନାମକ ପ୍ରଦେଶରେ ଉତ୍ପନ୍ନ ଚର୍ମଟି ସାମୁନ, ଚିନସୀ ଏବଂ ସାମୁଲି ଭାବରେ ଖ୍ୟାତ । ସାମୁର ଛତିସ ଆଙ୍ଗୁଲି ପ୍ରସ୍ଥ, ଅଞ୍ଜନ ରଙ୍ଗର ଚିନ୍ସି ନାଲି-କଳା ଅଥବା ହଳଦିଆ-କଳା ହୁଏ ଏବଂ ସାମାନ୍ୟ ଗୌର ରଙ୍ଗର ହୁଏ । ଉଦ୍ର ଚମଡ଼ା ତିନି ପ୍ରକାରର ହୁଏ – ସାଟିନା, ନଳତୁଲା ଏବଂ ବୃତପୁଚ୍ଛ । ସାଟିନାଟି କଳା, ନଳତୁଲାଟି ଶ୍ୱେତ ଏବଂ ବୃତପୁଚ୍ଛଟି କପିଲ ବର୍ଣ୍ଣର ହୁଏ । ଯେଉଁ ଚର୍ମଟି ମୋଲାୟେମ, ଚିକ୍କଣ ଏବଂ ରୋମଯୁକ୍ତ ହୁଏ ତାହାହିଁ ଉତ୍ତମ ଚର୍ମ ରୂପରେ ଜଣାଯାଏ ।

କମ୍ବଳ ସାଧାରଣତଃ ଦଶ ପ୍ରକାରର ହୁଏ – କମ୍ବଳ, କୌଚପକ, କୂଲମିତିକା, ସୌ-ମିଟିକା, ତୁରଗାସ୍ତରନ, ବର୍ନକ, ତଲିଚ୍ଛକ, ବାରଗାନ, ପରିସ୍ତୋମ ଏବଂ ସମନ୍ତ ଭଦ୍ରକ ।

କମ୍ବଳ ଅଥବା ଉଲର ବସ୍ତ୍ର ଚିକ୍କଣ, ଓଦା ଓଦା ସ୍ୱର୍ଶଯୁକ୍ତ ସରୁ ଏବଂ ମୋଲାୟେମଟି ଉତ୍ତମ ବୋଲି ଗଣ୍ୟ କରାଯାଏ । ମଗିସି ଏବଂ ଅପସାରକ କମ୍ବଳ ନେପାଲରେ ତିଆରୀ ହୁଏ ।

ହରିଣର ଲୋମରୁ ତିଆରୀ ହୋଇଥିବା କପଡ଼ା ଛଅ ପ୍ରକାରର ହୁଏ – ସମ୍ଫୁଟିକା, ଚତୁରସ୍ତିକା, କମ୍ବରା, କଟ୍ବାନକ, ପ୍ରାବରକ ଏବଂ ସଉଲିକା ।

ଖଣିର ପରିଘଳନା

ଏଥର ଖଣି ବିଷୟରେ କୁହଛି । ଖଣିର ଅଧ୍ୟକ୍ଷକୁ ଶୁଲ୍କଶାସ୍ତ, ଧାତୁଶାସ୍ତ, ରସ, ପାକ ଏବଂ ମନିରାଗ ଇତ୍ୟାଦି ସମ୍ପର୍କିତ ସମସ୍ତ ଜ୍ଞାନରେ ପାରଦର୍ଶୀ ହେବା ଉଚିତ୍ । ଏଥିପାଇଁ ତା'ଙ୍କୁ କାର୍ମରେ ଦକ୍ଷ କର୍ମଚାରୀଙ୍କୁ ଏବଂ ସେମାନଙ୍କ ଦ୍ୱାରା ପ୍ରଯୁକ୍ତ ଉପକରଣଗୁଡ଼ିକୁ ନିଜେ ପରଖ ନେଇ ଅଭିଜ୍ଞତା ସଞ୍ଚୟ କରିବା ଉଚିତ୍ ।

ଭଟ୍ଟିଦ୍ରୋ, ଗୁହା, ତରୋଇର ଲୟନ, ତଥା ଜାମକୋଲି, ଆମ, ତାଲ, ହଳଦି, ହରିତାଲ, ହିଂଗୁ, ଶ୍ୱେତଫଲ, ଶୁଆ ଏବଂ ମୟୂରର ପଙ୍ଖାଯୁକ୍ତ କାଚନିକ ଅର୍ଥାତ୍ ସୁବର୍ଣ୍ଣୋତ୍ପାଦକ ରସ

ହିସାବରେ ଗଣ୍ୟ ହୁଏ । ଏହି ରସଟିକୁ ପାଣିରେ ଦେଲେ ଯଦି ତେଲ ଭଳି ଚାରିଆଡ଼େ ବିସ୍ତାରିତ ହୁଏ ଏବଂ ପାଣିତଳେ କାଦୁଅ ଜମା ହୋଇରହେ, ତା'ହେଲେ ଏହି ରସଟି ଶହେ ପଲା ତାମ୍ର ତଥା ଶହେ ପଲା ରୂପା ଉପରେ ଏକ ପଲକର ପରିମାଣ ଦେଲା ପରେ ତା'କୁ ଯଦି ସୁନେଲୀ କରିବା ସମ୍ଭବ ହୁଏ ତା'ହେଲେ ସେଠାରେ ସ୍ୱର୍ଣ୍ଣଖଣି ହେବାର ସମ୍ଭାବନା ରହିଛି ।

ଯେଉଁ ଜାଗାରେ ଶୀଷାର ଖଣି ହେବାର ସମ୍ଭାବନା ରହିଛି ସେହି ଜାଗାଟିର ରଙ୍ଗ କାଉର ସମାନ କଳା ଅଥବା ଗୋବଚନ ଭଳି ହୁଏ ।

ଯେଉଁଠାରେ ରାଙ୍ଗା ପାଇବାର ସମ୍ଭାବନା ରହିଛି ସେଠାକାର ଜାଗାଟିର ରଙ୍ଗ ମାଟି ଭଳି କିମ୍ବା ପକ୍କା ଇଟା ଭଳି ହୁଏ ।

ଯେଉଁ ଜାଗାରେ ନରମ ପଥର ରହିଥାଏ, ସେଠାରେ ଢେର ଢେର ଲୌହ ଏବଂ ଇସ୍ପାତ ଧାତୁର ଉତ୍ପନ୍ନ ହେବାର ସମ୍ଭାବନା ରହିଛି । ଯେଉଁ ଜାଗାରେ ରଙ୍ଗ କାଉ ଅଣ୍ଡା ଭଳି ହୁଏ ଅଥବା ଭୋଜପତ୍ର ଭଳି ହୁଏ ସେଠାରେ ଇସ୍ପାତ ଲୁହା ଖଣି ହୋଇପାରେ । ଚକ୍‌ମକ୍ ଚିକ୍କଣ, ନିଆଁରେ ସଂସ୍ପର୍ଶରେ ଶବ୍ଦ ହେଲା ପରେ, ଅତିଶୟ ଶୀତଳ ଏବଂ କିଛି ରଙ୍ଗୀନ ଭୂଭାଗଟି ମଣି ଉତ୍ପତ୍ତିର ଜାଗା ହୋଇପାରେ ।

ଲବଣ ବିଭାଗର ମୁଖ୍ୟ ଅଧିକାରୀ ପ୍ରସ୍ତୁତି ହୋଇଥିବା ଅଥବା ବିକ୍ରିଯୋଗ୍ୟ ଲବଣର ଘାଟତି ପୂର୍ଣ୍ଣ କରିବା ପାଇଁ ପ୍ରାପ୍ତ ଅଂଶଟି ସଠିକ୍ ସମୟରେ ଏକତ୍ର କରି ନିଅନ୍ତୁ । ବିକ୍ରି ସମୟରେ ତା' ଉପରେ ନିର୍ଦ୍ଧାରିତ ରାଜ୍ୟ ଶୁଳ୍କ ଲଗାଇ ପାରନ୍ତି । ବିଦେଶରୁ ଆମଦାନୀ କରାଯାଇଥିବା ଲବଣର କିଛି ଅଂଶ ରାଜ୍ୟଶୁଳ୍କ ହିସାବରେ ନେବା ଦରକାର । ଲବଣରେ ଭେଜାଲ ମିଶାଇବା ଦଣ୍ଡନୀୟ ଅପରାଧ ଅଟେ ।

କୋଷ ଖଣିରୁ ଉତ୍ପନ୍ନ ହୁଏ ଏବଂ କୋଷ ଦ୍ୱାରା ଦଣ୍ଡ ଅର୍ଥାତ୍ ସୈନ୍ୟ ଜନ୍ମ ନିଏ । କୋଷ ଏବଂ ଦଣ୍ଡର ଜୋରରେ ପୃଥିବୀ ଦଖଲ ହୁଏ ।

ସୁବର୍ଣ୍ଣାଧ୍ୟକ୍ଷଙ୍କ କାରଖାନା ଚ଼ରିମହଲା ଉପରେ ହେବା ଉଚିତ୍ ଏବଂ ସେଥିରେ ଗୋଟିଏ ପ୍ରବେଶ ଦ୍ୱାରା ରହିବା ଉଚିତ୍ । ସୁବର୍ଣ୍ଣ ପାହାଟର ରଙ୍ଗ ପାଞ୍ଚ ପ୍ରକାରର ହୁଏ – ଜାମ୍ବୁନଦ, ସାତକୁମ୍ଭ, ହାଟକ, ବୈଷ୍ଣବ ଏବଂ ଶୃଙ୍ଗିଶୁକ୍ତିଜା । ଏହାର ତିନୋଟି ପ୍ରଭାରଭେଦ ହେଉଛି – ଜାତରୂପ, ରସସିଦ୍ଧ ଏବଂ ଆକରୋଦ୍ଗତ । ଗେରୁଆ ରଙ୍ଗ ସ୍ନିଗ୍ଧ, ଅନାଦି ଏବଂ ଚକ୍‌ମକ୍ ସୁନା ଉତ୍ତମ, ନାଲି-ହଳଦିଆ ରଙ୍ଗର ସୁନା ମଧମ ଏବଂ ବିଲକୁଲ ନାଲୀ ସୁବର୍ଣ୍ଣ ନିକୃଷ୍ଟ ବୋଲି ପ୍ରମାଣିତ ଅଟେ । ଶ୍ରେଷ୍ଠ ଶ୍ରେଣୀର ଯେଉଁ ସୁନା ହଳଦିଆ ତଥା ଶ୍ୱେତ ମିଶ୍ରିତ ରଙ୍ଗରେ ହୁଏ ତାହାକୁ 'ଅପ୍ରାପ୍ତକ' କୁହାଯାଏ । ସୁନା ପରଖିବାର ବହୁତଗୁଡ଼ିକ ବିଧି ରହିଛି ।

ରୂପା ଚରି ଧରଣର ହୁଏ – ତୁତ୍‌ଥୋଦ୍‌ଗତ, ଗୌଡିକ, ଚକ୍‌ବାକିଲ ଏବଂ କାମ୍ବୁକ । ଯେଉଁ ରୂପାଟି ଉଜ୍ଜ୍ୱଲ, ଚିକ୍କଣ ଏବଂ ନରମ ହୁଏ ସେଇଟା ଉତ୍ତମ ରୂପା । ଯେଉଁ ରୂପାରୁ ବୁଦ୍‌ବୁଦ୍ ଭଳି ବୁଦ ବାହାରିଥାଏ ତାହା ସ୍ୱଚ୍ଛ, ଚିକ୍କଣ ଦହି ରଙ୍ଗରେ ହୁଏ ସେଇଟା ଶୁଦ୍ଧ ରୂପା ବୋଲି ଜଣାଯାଏ । ସୋଲୋ ମାସା ଓଜନର ଶୁଦ୍ଧ, ହଳଦିଆ ପିଠା ଖଣ୍ଡିଆ ଭଳି ସୁନା ଦ୍ୱାରା ତିଆରୀ ମୁଦ୍ରାକୁ ଶୁଦ୍ଧ ବର୍ଣ୍ଣକ କୁହାଯାଏ । ଏହାଛଡ଼ା ସୋଲ ମିତ୍ରବର୍ଣ୍ଣକ ହୁଏ ।

ଯାହା ଉପରେ ସୁନା ପାଲିଶ କରାଯାଏ ତା'କୁ କବିଟ ପଥର କୁହାଯାଏ ।

ସ୍ୱର୍ଣକାରର କର୍ତ୍ତବ୍ୟ

ବାଜକୀୟ ଶିଳ୍ପକଳାରେ ନିଯୁକ୍ତ ସ୍ୱର୍ଣକାରିଗରୀମାନଙ୍କ ଦ୍ୱାରା ସୁନା ଗହଣା ତିଆରୀ କରିବା ଉଚିତ୍। ସମୟ ଏବଂ କାର୍ଯ୍ୟ ଅନୁସାରେ ନିର୍ଦ୍ଦିଷ୍ଟ ଦକ୍ଷ କାରିଗରୀମାନଙ୍କ ଦ୍ୱାରା କାମ କରାଇବା ଉଚିତ୍।

କାରିଗର ଏହିଭଳି ଉପାୟରେ ଜିନିଷ ଖେରି କରି ପାରେ – ତୁଲା ବିଷମ, ଅପସାରନ, ବିସ୍ରାବନ, ପେଟକ ଏବଂ ପିଂକ। ତୁଲାବିଷମ ଅର୍ଥାତ୍ ଖରାପ ଓଜନ ଯାହା ଆଠ ପ୍ରକାରର ହୋଇଥାଏ – ସନ୍ଦମିନୀ, ଉତ୍କର୍ଷିକା, ଭିନ୍ନମିସ୍ତିକା, ଉପକଣ୍ଠୀ, କୃଶିକଳ୍ୟା, ସକଟୁକ୍ଷ୍ୟା, ପାରିବେଲ୍ଲୁ ଏବଂ ଅୟହକାନ୍। ସାରହୀନ ବସ୍ତୁ ଦ୍ୱାରା ସାର ବାହାର କରି ନେବାଟା ହେଉଛି ଅପସାରନ। ତିଆରୀ କରିଥିବା ସାମଗ୍ରିକ ପରୀକ୍ଷଣ କରି ନେବା ପରେ ଅଧିକ ପରିମାଣର ଢଳେଇ ଶିଶାର ଗୁଣ୍ଡ ମିଶାଇ ସ୍ୱର୍ଣପତ୍ର ବାହାର କରି ନେବାକୁ ବିସ୍ରାବନ କୁହାଯାଏ। ମୋଟା ଅଥବା ସରୁ ପତ୍ର ଚଢ଼ାଇବା ଛୋଟ ଛୋଟ ସକଳ ଯୋଡ଼ିକୁ ପେଟକ କୁହାଯାଏ। ପିଂକ ପାଞ୍ଚ ଧରଣର ହୁଏ। ଦୃଢ଼ ଅଥବା ପୋଲା ଶକ୍ତ ଇତ୍ୟାଦି ଆଭୂଷଣରେ ସୁନାଖଣିର ମାଟି, ବଲି ତଥା ହିଙ୍ଗୁଳର କନକ ନିଆଁରେ ପୋଡ଼ି ଭରି ଦିଆହୁଏ, ଏହିଭଳି ସ୍ୱର୍ଣବାଲି ମିଶ୍ରିତ ଲାଖ ଭରି ଦିଆହୁଏ। ଦୃଢ଼ ଅଥବା ପୋଲାର ସୁନା-ରୂପା ଆଭୂଷଣରେ ମଣି ଅଥବା କାଚ ଲଗାଇ ମଧ୍ୟ ସୁନା-ରୂପା ଖେରି କରିବା ସମ୍ଭବ ହୁଏ। ସୁନା-ରୂପାର ଏହି ଅପହରଣ କ୍ରିୟାକୁ ପିଂକ କୁହାଯାଏ।

ତେଣୁ ସୌବର୍ନିକକୁ ହୀରା, ମଣି, ମୁକ୍ତା, ପ୍ରବାଳ ତଥା ରୂପା ଏହି ସବୁ ବସ୍ତୁଗୁଡ଼ିକ ଦ୍ୱାରା ତିଆରୀ ଆଭୂଷଣର ଲକ୍ଷଣ ବୁଝି ନେବା ଉଚିତ୍।

ସ୍ୱର୍ଣକାରଙ୍କ ଦ୍ୱାରା ଅପହରଣର ଉପାୟ ହେଉଛି – ଅବକ୍ଷେପ, ପ୍ରତିମାନ, ଅଗ୍ନି, ଗଣ୍ଡିକା, ଭଣ୍ଡିକା, ଅଧିକାରିଣୀ, ପିଚ୍ଛ, ସୂତ୍ର, ଟୈଲ୍ଲୁ, ବୋଲ୍ଲୁ, ସିର, ଉତ୍ସଂ ମନିଷା, ବାରମ୍ବାର ନିଜର ମୁଣ୍ଡ ଦେଖିବାର ଦୃତି, ଜଳପାତ୍ର ଏବଂ ନିଆଁରେ ପୂର୍ବରୁ ମିଶାଇଥିବା ଲୁକ୍କାୟିତ ରଖିଥିବା ନିକୃଷ୍ଟ ବସ୍ତୁ।

ଏହିଭଳି ସବର୍ନାଧକ୍ଷ ନୂତନ, ପ୍ରାଚୀନ ଏବଂ ନିକୃଷ୍ଟ ବସ୍ତୁ ମିଶାଇ ନିଷ୍ଠଭ ଆଭରଣାଦିର ପରୀକ୍ଷା କରିବା ଉଚିତ୍। ଏହା ପରେ ଏହିସବୁ ଦୋଷ-ଗୁଣକୁ ଉପ୍ନନ କରିଥିବା ସ୍ୱର୍ଣକାରମାନଙ୍କ ଦ୍ୱାରା କ୍ଷତିପୂରଣ କରାଇବା ଏବଂ ଯଥୋଚିତ ଦଣ୍ଡ ଦେବା ଉଚିତ୍।

କୋଷ୍ଠାଗାରାଧକ୍ଷ

ଭଣ୍ଡାର ପ୍ରମୁଖକୁ ଏହିସବୁ ଦଶଟି କଥାରେ ସମ୍ପୂର୍ଣ୍ଣ ଜ୍ଞାନ ରହିବା ଦରକାର। ଯଥା – ସୀତା, ରାଷ୍ଟ୍ର, କ୍ରୟିକ, ପରିବର୍ତ୍ତକ, ପ୍ରାମିତ୍ୟକ, ଆପମିତ୍ୟକ, ସିଂହନିକା, ଅନ୍ୟଜାତ, ବ୍ୟୟ ପ୍ରତ୍ୟାୟ ଏବଂ ଉପସ୍ଥାନ।

ସବୁ ଧରଣର ସଞ୍ଚିତ ଅନ୍ନକୁ ସୀତା ବୋଲି ଗଣ୍ୟ କରାହୁଏ। ପିଣ୍ଡକାର, ଷଡ଼ଭାଗ ଏବଂ ସେନା ଭକ୍ତ ଖାଦ୍ୟପଦାର୍ଥଗୁଡ଼ିକ, ବଲିକର, ଉତ୍ସଙ୍ଗ ପାରିହୀନକ, ଉପାୟନିକ ଏବଂ କୋଷେୟକକୁ

ରାଷ୍ଟ୍ର କୁହାଯାଏ । କ୍ରମିକର ତିନୋଟି ପ୍ରକାର ଭେଦ ରହିଛି, ଯଥା – ଧାନ୍ୟ, ମୂଳ, କୋଷ ନିର୍ହାର ଏବଂ ପ୍ରୟୋଗ ପ୍ରତ୍ୟାଦାନ । ଗୋଟିଏ ପ୍ରକାରର ଅନ୍ନ ପରିବର୍ତ୍ତେ ଅନ୍ୟ ଧରଣର ଅନ୍ନ କମ୍ ଅଥବା ଅଧିକ ମାତ୍ରାରେ ଗ୍ରହଣ କରିବାକୁ ପରିବର୍ତ୍ତକ କୁହାଯାଏ । ଫେରସ୍ତ ନଦେବାର ନିଶ୍ଚୟତାରେ ସୁହୃଦଠାରୁ ଅନ୍ନ ଇତ୍ୟାଦିର ଯାଚନା କରିବାକୁ ପ୍ରାମିତ୍ୟକ କୁହାଯାଏ । ସୁଧ ସହିତ ଫେରସ୍ତ ଦେବାର କଥାରେ ଅନ୍ନ ନେବାକୁ ଆପମିତ୍ୟକ କୁହାଯାଏ । ଜୀବିକା ଉପାର୍ଜନ ପାଇଁ ଧାନ କୁଟିବା ଇତ୍ୟାଦି କର୍ମ, ତେଲୀ, ଆଖୁରୁ ଚିନି ପ୍ରସ୍ତୁତକାରୀମାନଙ୍କ ଠାରୁ ପ୍ରାପ୍ତ ଦେୟ ଅଂଶକୁ ସିଂହନିକା କୁହାଯାଏ । କାହାରିର ଅବୈଧ୍ୟ ଉପାୟରେ ଜମା କରିଥିବା ଅନ୍ନକୁ ଅନ୍ୟଜାତ କୁହାଯାଏ । ନିୟମ ବ୍ୟୟ କରି ଅବଶେଷ ରହିଥିବା ସମ୍ପଦକୁ ବ୍ୟୟପ୍ରତ୍ୟାୟ କୁହାଯାଏ ।

ଉପସ୍ଥାନ ଛଅ ପ୍ରକାରର ହୁଏ, ଯଥା – ତୁଳାସାନାନ୍ତର, ହସ୍ତପୂରଣ, ଉଊକ, ସୁଦ ପଷ୍ଟୁଷିତ ଏବଂ ପ୍ରାଜିତ ।

ଧାନ୍ୟବର୍ଷ୍ବର ବିବରଣୀ ସୀତାଧ୍ୟକ୍ଷର ପ୍ରକରଣରେ କରା ହେବ ।

ଘୃତ, ତେଲ, ବସା, ମଜ୍ଜା ଏହି ଋରିଟି ହେଉଛି ସ୍ନେହବାଚୀ ।

ରାବା, ଗୁଡ଼, ଶର୍କରା ଖାଣ୍ଡ – ଏଗୁଡ଼ିକ କ୍ଷାର ବର୍ଷ୍ବର ।

ସୈନ୍ଧବ, ସାମୁଦ୍ର, ବିଡ, ଯବକ୍ଷାର, ସୌବର୍ଚଲ ଏବଂ ଉପଭେଦଜ – ଏହିସବୁ ହେଉଛି ଲକ୍ଷଣ ।

ମକ୍ଷିକାର ମହୁ ଏବଂ ଆଙ୍ଗୁରର ମଦରୁ ମଧୁର ଦୁଇଟି ପାର୍ଥକ୍ୟ ରହିଛି । ଆଖୁ ରସ, ଗୁଡ଼, ମହୁ, ରାବ, ଜାମକୋଳିର ରସ, ପଣସର ରସ ଇତ୍ୟାଦି କୌଣସିଟିରୁ ଏକ ରସ ମେଷଶୃଙ୍ଗୀ ନାମକ ଔଷଧ ଏବଂ ପିପଳୀକ୍ବାଥ ମିଶାଇ ଫୁଟି, କାକରୀ ଆଖୁ, ଆମ୍ର ଏବଂ ଆମଲାର ରସରେ ମିଶାନ୍ତୁ ଅଥବା ନ ମିଶାଇ ଶୁଦ୍ଧ ରସକୁ ଗୋଟିଏ ମାସ, ଛଅ ମାସ ଅଥବା ଏକ ବର୍ଷ ରଖି ଶୁକ୍ତ ତିଆରୀ କରନ୍ତୁ, ଏହାକୁ ଶୁକ୍ତବର୍ଗ କୁହାଯାଏ ।

ଫଳାମ୍ଳର୍ଗ ହେଉଛି – ତେନ୍ତୁଳି, କରଦା, ଆମ୍ର, ବେଦାନା, ଆମଲା, ବିଜୋରା, ଲେମ୍ବୁ, ଛୋଟ କୋଳି, ବଡ଼ କୋଳି, ସୌବୀରକ ଏବଂ ପରୁଷକକୁ ଫଳମୂଳବର୍ଗ ହିସାବରେ ଗଣ୍ୟ କରା ଯାଇଛି ।

ଦହି ଏବଂ କାଜୀ ଇତ୍ୟାଦି ଦ୍ରବ୍ୟାମ୍ଳବର୍ଗ ଅଟେ ।

ପିପଳୀ, ଗୋଲ ମରିଚ, ଅଦା, ଜିରା, ଚିରତା, ହଳଦିଆ ସୋରିଷ, ଦୌନା, ମୈନଫଳ, ସଜନା ଏହି ସବୁଗୁଡ଼ିକ କଟୁବର୍ଗର ଅନ୍ତର୍ଗତ । କର୍ମଚାରୀ, ଝାଡ଼ୁଦାର, ମହଲର ଚୌକିଦାର ଇତ୍ୟାଦି ଯେଉଁମାନେ ଧାନ ଓଜନ କରି ମାପ ନିର୍ଦ୍ଧାରଣ କରେ, ଯେଉଁମାନେ ଦେଖାଶୁଣା କରେ, ଓଜନ ଗଣନାକାରୀ ଏବଂ ଅନ୍ୟାନ୍ୟ କର୍ମଚାରୀମାନଙ୍କୁ ବିଷ୍ଟି କୁହାଯାଏ ।

ପଣ୍ୟାଧ୍ୟକ୍ଷ

ବିକ୍ରୟଯୋଗ୍ୟ ରାଜକୀୟ ଜିନିଷପତ୍ର ଉପରେ ନିୟନ୍ତ୍ରଣକାରୀ କର୍ମଚାରୀକୁ ପଣ୍ୟାଧ୍ୟକ୍ଷ କୁହାଯାଏ । ପଣ୍ୟାଧ୍ୟକ୍ଷକୁ ଜଳ ତଥା ସ୍ଥଳମାର୍ଗରେ ଆମଦାନୀକୃତ, ଅଧିକ ପରିମାଣରେ ଅଥବା

ଅଳ୍ପ ପରିମାଣରେ ଆମଦାନୀକୃତ, ପ୍ରିୟ କିମ୍ୱା ଅପ୍ରିୟ ବସ୍ତୁଗୁଡ଼ିକ ନ୍ୟୂନତମ ସଂଗ୍ରହ ଇତ୍ୟାଦି ବିଷୟରେ ସମ୍ପୂର୍ଣ୍ଣ ଜ୍ଞାନ ରହିବା ଉଚିତ୍। ସ୍ୱଦେଶରେ ଉତ୍ପନ୍ନ ବସ୍ତୁ ତଥା ବିଦେଶରୁ ଆମଦାନୀକୃତ ବସ୍ତୁଗୁଡ଼ିକୁ ବିକ୍ରୟର ବ୍ୟବସ୍ଥା ସିଏ କରନ୍ତୁ।

ବିଦେଶରେ ବିକ୍ରୟ

ପଣ୍ୟାଧ୍ୟକ୍ଷଙ୍କ ଅଧୀନରେ ନିଜ ଦେଶର କୌଣସି ବ୍ୟବସାୟୀ ଯଦି ବିଦେଶକୁ ଯାଏ ତା'ହେଲେ ଅସୁବିଧାବେଳେ ନିଜର ଶରୀର ଏବଂ ମାଆଙ୍କର ରକ୍ଷାର ସମ୍ପୂର୍ଣ୍ଣ ବ୍ୟବସ୍ଥା ତାହାର ରହିବା ଉଚିତ୍। ଯେତେପର୍ଯ୍ୟନ୍ତ ସିଏ ନିଜର ଦେଶକୁ ଫେରି ନଆସୁଛି ସେତେ ପର୍ଯ୍ୟନ୍ତ ସେହି ଦେଶର ରାଜାଙ୍କୁ ଯଥାଯୋଗ୍ୟ ଖଜଣା ପୈଠ କରି ବ୍ୟବସାୟ ଚଳାଇ ଯାଇ ପାରନ୍ତି।

ଜଳପଥରେ ବିଦେଶରେ ବ୍ୟବସାୟ କରିବା ପାଇଁ ବ୍ୟବସାୟୀମାନଙ୍କର ଯାନବାହନର ଭଡ଼ା, ପଥ ଏବଂ ଭୋଜନ ଖର୍ଚ୍ଚ, ନିଜର ମାଲି ଏବଂ ବିଦେଶୀ ମୂଲ୍ୟର ସାମଞ୍ଜସ୍ୟ, ଯାତ୍ରା ସମୟରେ ଚେରି ଇତ୍ୟାଦି ଭୟରୁ ପ୍ରତିକାର ଏବଂ ସେହି ଦେଶର ପ୍ରଚଳନର ସମ୍ପୂର୍ଣ୍ଣ ଜ୍ଞାନ ରହିବା ଉଚିତ୍।

କୁପ୍ୟାଧ୍ୟକ୍ଷ

ଚନ୍ଦନ ଇତ୍ୟାଦି ମୂଲ୍ୟବାନ କାଠ ଏବଂ ବକଳ ଇତ୍ୟାଦିର ବ୍ୟବସ୍ଥା କରିଥିବା ବ୍ୟକ୍ତିଙ୍କୁ କୁପ୍ୟାଧ୍ୟକ୍ଷ କୁହାଯାଏ। ବନପାଳ ତାଙ୍କ ଅଧୀନରେ କାମ କରେ। ତା'ଠାରୁ ଉତ୍ତମ କାଠ ଆଣି କାରଖାନାରେ ସର୍ବୋତ୍ତମ ଜିନିଷପତ୍ର ତିଆରୀ କରାହୁଏ।

ପୁନ୍ୟବର୍ଗର ଶକ୍ତ ଏବଂ ମୂଲ୍ୟବାନ କାଠଗୁଡ଼ିକ ହେଉଛି – ସେଗୁଆନ, ତିନିଶ ଚନ୍ଦନ, ଅର୍ଜୁନ, ମହୁଲ, ତିନଳ ଶାଳ, ଶୀଶମ, ଅରିମେଦ ରାଜାଦନ, ଶିରିଷ, ଘୌର, ସରଳ, ତାଳ, ସର୍ଜ, ଅଶ୍ୱକର୍ଣ, ସୋମବଳ୍କ, ବଲକଶ, ଆମ୍ର, ପ୍ରିୟକ ଏବଂ ଧବଦୃକ୍ଷ। ଉଟଜ, ଚିମିୟ, ଋପ, ବେନୁ, ବାଁଶ, ସାତିନ କଣ୍ଟକ, ଭାଲୁ ଏଗୁଡ଼ିକ ବାସ ଶ୍ରେଣୀର। ବେତ, ଶୀକବଲ୍ଲୀ, ବାଣୀ, ଶ୍ୟାମଲତା, ନାଗଲତା ଇତ୍ୟାଦି ବଲ୍ଲୀବର୍ଗରେ ପଡ଼େ। ମାଲତୀ, ମୂର୍ବା, ଅନ, ଶନ, ନାଗବଲା, ଆଲସୀ ଇତ୍ୟାଦି ବଲ୍କ ବର୍ଗରେ ପଡ଼େ। ମୁଜ ଏବଂ ବରବଜା ଇତ୍ୟାଦି ଦ୍ୱାରା ଦଉଡ଼ି ତିଆରି କରାହୁଏ। ତାଳ ଏବଂ ଭୋଜପତ୍ର ବ୍ୟବହାର ବସ୍ତାଦିରେ ରଙ୍ଗ ଦେବା ପାଇଁ ବ୍ୟବହୃତ ହୁଏ। କନ୍ଦମୂଲ, ଫଳ ଔଷଧ ବର୍ଗରେ ପଡ଼େ। କାଳକୃତ, ବସ୍ନଭ ହଲାହଲ, ମେଷଶୃଙ୍ଗ, କୁଷ୍ଟ, ମହାବିଷ, ବୈଲ୍ଲୁତକ, ଗୌରାଦ୍ର, ବାଲକ, ମାର୍କଟ ହେମିବତ, କାଲିଙ୍ଗକ, ଦାରଦକ ଅଂକୋଲ ସାରକ ଏବଂ ଉଷ୍ଟକ ଇତ୍ୟାଦି ବିଷବର୍ଗରେ ପଡ଼ିଥାଏ ଯାହା ବିଷ ଉତ୍ପନ୍ନ କରେ। ଜଙ୍ଗଲରେ ଥିବା ସାପ, ବିଛା ଇତ୍ୟାଦି ବିଷଧର କୀଟ ମଧ୍ୟରେ ପଡ଼େ। ଏହିସବୁ ବିଷଗୁଡ଼ିକୁ କଳସୀ ଇତ୍ୟାଦିରେ ରଖିଲେ ଏଗୁଡ଼ିକ ପ୍ରବଳ ମାରାତ୍ମକ ହୁଏ।

ଗୋଧା ସେରକ, ଦ୍ୱୀପି, ଶିଶୁମାର ସିଂହ, ବାଘ, ହାତୀ, ମହିଷୀ, ଚମରୀ ଗାଭୀ, ସାମ୍ଭର, ଗଣ୍ଢାର, ଗାଭୀ, ହରିଣ, ନୀଳ ଗାଭୀ, ନାନା ଧରଣର ହରିଣ, ପଶୁ, ପକ୍ଷୀ ଏବଂ ବ୍ୟାଲ

ଇତ୍ୟାଦିର ଚର୍ମ, ଅସ୍ଥି, ପିତ୍ତ, ସ୍ନାୟୁ, ଦାନ୍ତ, ସିଙ୍ଗ, ଖୁର ଓ ପୁଚ୍ଛ ଇତ୍ୟାଦିକୁ କୃପ୍ୟ ଦ୍ରବ୍ୟ ହିସାବରେ ଗଣ୍ୟ କରାହୁଏ ।

କାଳାୟସ, ତମ୍ୟ ବୃତ, କାଂଶା, ଶୀଶା, ରାଙ୍ଗା, ଇସ୍ତାତ, ପିତ୍ତଳ ଇତ୍ୟାଦି କୃପା ଦ୍ୱାରା ତିଆରୀ ହୁଏ ।

ପାତ୍ର ଦୁଇ ଧରଣର ହୁଏ – ବାଁଶା ଅଥବା ବେତ ଦ୍ୱାରା ତିଆରୀ ଏବଂ ମାଟି ଦ୍ୱାରା ତିଆରୀ ।

ହରିଣ ରହିଥିବା ପଶୁଶାଳା, ପକ୍ଷୀ ଏବଂ ନାଗ ଇତ୍ୟାଦି ଜନ୍ତୁମାନଙ୍କର ପଶୁଶାଳା ଅଥବା କାଠ କିମ୍ବା ଘାସ ଦ୍ୱାରା ତିଆରୀ ପଶୁଶାଳା ମଧ 'କୃପ୍ୟ' ହିସାବରେ ଗଣ୍ୟ ।

କୃପ୍ୟାଧ୍ୟକ୍ଷର ଉଚିତ୍ ଯେ ଯେଉଁମାନଙ୍କର କୃପ୍ୟ ଦ୍ୱାରା ଜୀବନଯାପନ ଚଳିଛି, ସେମାନଙ୍କ ସାହାଯ୍ୟ କରିବା ପାଇଁ ନଗର ବାହାରେ କିମ୍ବ ସହରରେ କିଛି ଦୂରତ୍ ବଜାୟ ରଖି ଜୀବିକା ଉପାର୍ଜନ ପାଇଁ ଏବଂ ନଗର ରକ୍ଷା ଉଦ୍ଦେଶ୍ୟରେ ଉପଯୁକ୍ତ ଧରଣର ବାସନପତ୍ର ତିଆରୀ କରିବାର କାରଖାନା ଖୋଲି ଦେବା ।

ଆୟୁଧାଗାରାଧ୍ୟକ୍ଷଙ୍କ କର୍ତ୍ତବ୍ୟ

ଅସ୍ତ୍ରାଗାରର ପ୍ରମୁଖ ଅଧିକାରୀଙ୍କୁ ଆୟୁଧାଗାରାଧ୍ୟକ୍ଷ କୁହାଯାଏ । ଯୁଦ୍ଧ କାର୍ଯ୍ୟର ଉପଯୁକ୍ତ ସାମଗ୍ରୀ ନିର୍ମାଣ ଏବଂ ବ୍ୟବସ୍ଥାଦି କରିବା ତାଙ୍କ କର୍ତ୍ତବ୍ୟ । ଦୁର୍ଗ ନିର୍ମାଣ, ଶତ୍ରୁମାନଙ୍କର ବିନାଶ ଅସ୍ତ୍ର-ଶସ୍ତ୍ର, ଯନ୍ତ୍ରାଦିଗୁଡ଼ିକ ରଖିବାର ବ୍ୟବସ୍ଥାଦି କାରିଗର ଏବଂ ଶିକ୍ଷୀମାନଙ୍କ ସହାୟତାରେ କାମ କରିବା ଉଚିତ୍ । ଏହି ଧରଣର ସମସ୍ତ ଦାୟିତ୍ୱ ଆୟୁଧାଗାରାଧ୍ୟକ୍ଷଙ୍କ ଉପରେ ଥାଏ ।

ସ୍ଥିର ଯନ୍ତ୍ର ସଂଖ୍ୟା ଦଶ ପ୍ରକାରର ହୁଏ, ଯଥା – ସର୍ବତୋ ଭଦ୍ର, ଜାମଦମନ୍ୟ, ବହୁମୁଖୀ, ବିଶ୍ୱାସଘାତୀ, ସଂଘାତି, ଯାନକ, ପର୍ଯନ୍ୟକ, ବାହୁଯନ୍ତ, ଉର୍ଦ୍ଧ୍ୱବାହୁ ଏବଂ ଅପରାହ୍ନ ।

ଚଳଯନ୍ତ୍ର ସଂଖ୍ୟା ହେଉଛି ୧୭ଟି । ଯଥା ପଞ୍ଚାଳିକା, ଦେବଦଣ୍ଡ, ସୁକାରିକା, ମୁସଳଯଷ୍ଟି, ହସ୍ତିବାରକ, ତାଳବୃତ, ମୁଦ୍ଗର, ଦ୍ୱିଘନ, କୋଦାଲ, ଆସ୍ଫୋଟିମ, ଉଦ୍ଘାଟିକ, ଉତ୍ପାଟିମ, ଶତଖନୀ, ତ୍ରିଶୂଳ ଏବଂ ଚକ୍ର ।

ହଳମୁଖ ଅର୍ଥାତ୍ ଅଗ୍ରଭାଗରେ ତୀକ୍ଷ୍ଣ ଅସ୍ତ୍ରଗୁଡ଼ିକ ହେଉଛି – ଶକ୍ତି ପ୍ରଥମ, କୃନ୍ତ, ହାଟକ, ଭିଉପାଲ, ଶୂଲ, ତୋମର, ବରାହକର୍ଣ, କନପ ଏବଂ ତ୍ରାସିକା । ଧନୁଷ ତିନି ଧରଣର ହୁଏ – କାର୍ମୁକ, କୌଦଣ୍ଡ ଏବଂ ଦୃତ ।

ଅନ୍ୟ ଅସ୍ତ୍ରଗୁଡ଼ିକ ହେଉଛି – ଯନ୍ତ୍ର ପାଷାଣ, ଗୋବପନ, ପାଷାନ, ମୁଷ୍ଟି ପାଷଳନ, ରୋଚନି ତଥା ଦୁଷଦ । କବଚ ଏହି ପ୍ରକାରର ହୁଏ – ଲୌହଜାଲ, ଲୌହଜାଲିକା, ଲୌହପଟ, ଲୌହକବଚ, ସୂତ୍ର କଣ୍ଠକ, ଶିଶୁମାର ଖଣ୍ଡଗ, ଧେନୁକ, ହାତି ତଥା ବଳ ଇତ୍ୟାଦି ପଶୁମାନଙ୍କ ଚମଡ଼ା, ଖୁର ତଥା ସିଙ୍ଗ ଦ୍ୱାରା ନିର୍ମିତ ଆବରଣକୁ ମଧ କବଚ କୁହାଯାଏ ।

ପୌତବାଧ୍ୟକ୍ଷ (ତରାଜୁ-ବଟଖରା ଅଧିକାରୀ)

ଏହି କର୍ତ୍ତବ୍ୟ ମଧ୍ୟରେ ତରାଜୁ-ବଟଖରା ଠିକ୍‌ଠାକ୍‌ କରିବା, ବାଟଖାରା, ଦୋଲା ଇତ୍ୟାଦି ତିଆରି କରିବାର କାରଖାନା ସ୍ଥାପନ କରିବା ।

ତରାଜୁ ଏବଂ ବଟଖରା ଇତ୍ୟାଦିଗୁଡ଼ିକୁ ପ୍ରତି ଛରି ମାସ ଅନ୍ତରରେ ପରୀକ୍ଷା କରିବା ଦରକାର । ଯେଉଁ ଅଧିକାରୀମାନେ ଏଗୁଡ଼ିକୁ ସମୟ ଅନୁସାରେ ପରୀକ୍ଷା କରନ୍ତି ନାହିଁ, ତାଙ୍କୁ ଦଣ୍ଡ ଦେବା ଉଚିତ୍ ।

ଦେଶ କାଳ ମାନ ବିଞ୍ଚର

ମାନାଧ୍ୟକ୍ଷଙ୍କ ପକ୍ଷରେ ଦେଶରେ କାଳର ଜ୍ଞାନ ରହିବା ଉଚିତ୍ । ଆଠ ପରମାଣୁ ଏକତ୍ରିତ ହେଲେ ରଥର ଚକରେ ଧୂଲିର ଏକ ବିପ୍ଲଟ ଅର୍ଥାତ୍ ରଜକଣର ଉତ୍ପନ୍ନ ହୁଏ । ଆଠଟି ରଜକଣ ମିଲି ଗୋଟିଏ ଲିକ୍ଷା, ଆଠଟି ଲିକ୍ଷାର ସମନ୍ୱୟରେ ଗୋଟି, ଯୁକାମଧ, ଆଠଟି ଯୁକାମଧର ସମନ୍ୱୟରେ ଗୋଟିଏ ଯବମଧ ଏବଂ ଆଠଟି ଯବମଧର ସମନ୍ୱୟରେ ଗୋଟିଏ ଅଙ୍ଗୁଲି ହୁଏ । ଛରି ଅଙ୍ଗୁଲିର ସମନ୍ୱୟରେ ଧନୁଗ୍ରହ, ଆଠଟି ଆଙ୍ଗୁଲିର ସମନ୍ୱୟରେ ଧନୁର୍ମୁଷ୍ଟି, ବାରଗୋଟି ଆଙ୍ଗୁଲିର ସମନ୍ୱୟରେ ବିତପ୍ତି କିମ୍ବା ଛାୟା ପୁରୁଏ, ଚଉଦଟି ଆଙ୍ଗୁଲିର ସମନ୍ୱୟରେ ଶମ, ଶଲ, ପରିଚୟ ଅଥବା ପଦ ବୋଲି କୁହାଯାଇଛି । ଦୁଇଟି ବିତାସ୍ତିର ଅରତ୍ନି ପ୍ରଜାପତିର ଗୋଟିଏ ହାତ ଧରା ହୋଇଛି । ପ୍ରଜାପତିର ହାତରେ ଛରି ଆଙ୍ଗୁଲି ମେଲାଇଲେ ୨୪ ଆଙ୍ଗୁଲିର ଏକ ହସ୍ତମାନ ବୋଲି ଧରା ଯାଇଛି ।

ଛଅ କଂସ କିମ୍ବା ଏକଶତ ବିରାଲବେ ଆଙ୍ଗୁଲିର 'ଦଣ୍ଡ'ଟିକୁ ବ୍ରାହ୍ମଣମାନଙ୍କୁ ପ୍ରଦାନ କରିଥିବା ଭୂଖଣ୍ଡର ମାପରେ ବ୍ୟବହାର କରାହୁଏ । ଏହି 'ଦଣ୍ଡ'ଟିକୁ ଏକ ରଜ୍ଜୁ, ଦୁଇ ରଜ୍ଜୁର ପରିଦେଶ ଏବଂ ତିନି ରଜ୍ଜୁର ଏକ ନିବର୍ତନ ଧରାହୁଏ ଏହି ନିବର୍ତନରେ ଦୁଇ ଦଣ୍ଡ ଯୋଗ କଲେ ଏକ ବାହୁ ହୁଏ । ଦୁଇ ସହସ୍ର ଧନୁକ ପ୍ରମାଣ ଏକ ଗୋରୁତ – ଏକ କ୍ରୋସ, ଏବଂ ଛରି ଗୋରୁତର ଗୋଟିଏ ଯୋଜନ ଦୂରତ୍ୱ ଧରାହୁଏ ।

କାଳମାନ

ତୃଟ, ଲବ, ନିମେଷଟ, କାଷ୍ଟା, କଲା, ନାଡିକା, ମୁହୂର୍ତ, ଦିବସର ପୂର୍ବ ଭାଗ, ଉତ୍ତର ଭାଗ, ଦିନ, ରାତ୍ରି, ପକ୍ଷ, ମାସ, ରତୁ, ଅୟନ, ବର୍ଷ ଏବଂ ଯୁଗର ଏହି ୧୭ଟି ବିଭାଗ ରହିଛି । ଏକ ଚତୁର୍ଥାଂଶର ଏକ ତୃଟ, ଦୁଇ ତୃଟର ସମନ୍ୱୟରେ ଏକ ଲବ, ଦୁଇ ଲବର ସମନ୍ୱୟରେ ଏକ ନିମେଷ, ପାଞ୍ଚ ନିମେଷର ସମନ୍ୱୟରେ ଏକ କାଷ୍ଟା, ୩୦ କାଷ୍ଟାର ସମନ୍ୱୟରେ ଏକ କଲା ଏବଂ ୪୦ଟି କଲାର ସମନ୍ୱୟରେ ଏକ ନାଡିକା ହୁଏ ।

ନାଡିକାର ଅନ୍ୟ ପରିମାଣଗୁଡ଼ିକ ହେଉଛି – ଗୋଟିଏ କଲସାରେ ଛରି ସୁବର୍ଣ ମାଷ ଏବଂ ଛରି ଆଙ୍ଗୁଲିର ପରିମାପରେ ଏକ ବଡ଼ ଛେଦନ କଲେ ସେଠିରେ ଭରିଥିବା ଗୋଟିଏ ଆଢକ

ଜଳ ଯେଉଁ ସମୟରେ ବାହାରିଥାଏ ସେହି ସମୟକୁ ନାଡିକା କୁହାଯାଏ। ଦୁଇ ନାଡିକାର ସମନ୍ୱୟରେ ଏକ ମୁହୂର୍ତ୍ତ, ୧୫ଟି ମୁହୂର୍ତ୍ତର ସମନ୍ୱୟରେ ଗୋଟିଏ ଦିନ ଏବଂ ୧୫ ମୁହୂର୍ତ୍ତର ସମନ୍ୱୟରେ ମଧ୍ୟ ଏକ ରାତ୍ରି ହୁଏ। କିନ୍ତୁ ଚୈତ୍ର ଏବଂ ଆଶ୍ୱିନ ମାସରେ ଦିନ ରାତି ସମାନ ହୋଇଥିବା କାରଣରୁ ଏହି ମାସରେ ଏହି ସମୟର ମାନ ଠିକ୍‌ଠାକ୍‌ ରହିଥାଏ। ଏହାପରେ ଛଅ ମାସ ପର୍ଯ୍ୟନ୍ତ ଦିନ ରାତିର ସମୟ କମ୍ କିମ୍ୱା ଅଧିକ ହୁଏ।

୧୫ଟି ଅହୋରାତ୍ରରେ ଗୋଟିଏ ପକ୍ଷ ହୁଏ। ଚନ୍ଦ୍ରବୃଦ୍ଧି କାଳର ପକ୍ଷକୁ ଶୁକ୍ଲପକ୍ଷ ଏବଂ ଚନ୍ଦ୍ର କମ୍ କାଳର ପକ୍ଷକୁ କୃଷ୍ଣପକ୍ଷ କୁହାଯାଏ। ଦୁଇ ପକ୍ଷର ସମନ୍ୱୟରେ ଏକ ମାସ ଅଥବା ୩୦ଟି ଅହୋରାତ୍ର ଏକ ପ୍ରକର୍ମ ମାସ ହୁଏ। ସାଢ଼େ ତିରିଶ ଦିନରେ ଏକ ସୌରମାସ ଏବଂ ଅଧା ଅହୋରାତ୍ରରେ ଏକ ପ୍ରକର୍ମ ମାସ ହୁଏ। ୨୭ଟି ନକ୍ଷତ୍ର ହେଲେ ୨୭ଟି ଅହୋରାତ୍ର ନକ୍ଷତ୍ର ମାସ ଏବଂ ୩୨ ଅହୋରାତ୍ରରେ ମଳମାସ ହୁଏ। ଦୁଇଟି ମାସର ସମନ୍ୱୟରେ ଗୋଟିଏ ରତୁ ହୁଏ। ଶ୍ରାବଣ, ଭାଦ୍ରବ ମାସକୁ ବର୍ଷାରତୁ କୁହାଯାଏ। ଆଶ୍ୱିନ ଓ କାର୍ତ୍ତିକ ମାସକୁ ଶାରଦ, ମାର୍ଗଶୀର ଓ ପୌଷକୁ ହେମନ୍ତ, ମାଘ ଓ ଫାଲ୍ଗୁନକୁ ଶିଶିର, ଚୈତ୍ର ଓ ବୈଶାଖକୁ ବସନ୍ତ ଏବଂ ଜ୍ୟେଷ୍ଠ ଓ ଆଷାଢ଼କୁ ଗରମ କାଳ କୁହାଯାଏ। ଶିଶିର, ବସନ୍ତ ଏବଂ ଗ୍ରୀଷ୍ମକୁ ଉତ୍ତରାୟନ ତଥା ବର୍ଜ ଶରଦ ଏବଂ ହେମନ୍ତକୁ ଦକ୍ଷିଣାୟନ କୁହାଯାଏ। ଏହି ଦୁଇଟି ଅୟନର ସମନ୍ୱୟରେ ଗୋଟିଏ ବର୍ଷ ତଥା ପାଞ୍ଚ ବର୍ଷରେ ଗୋଟିଏ ଯୁଗ ହୁଏ।

ପ୍ରତିଦିନ ସୂର୍ଯ୍ୟ ଦିନର ସାଠିଏ ଭାଗରୁ ଗୋଟିଏ ଭାଗକୁ ହରଣ କରିଥାଏ। ସୁତରାଂ ଗୋଟିଏ ଋତୁରେ ଗୋଟିଏ ଦିନ ହିସାବରେ ବୃଦ୍ଧି ପାଇଥିବା ୩୦ମାସର ୧୫ଟି ଅହୋରାତ୍ର ବୃଦ୍ଧି କରିଥାଏ। କିନ୍ତୁ ଏହିଭଳି ଭାବରେ ଚନ୍ଦ୍ର ନିତ୍ୟ ପ୍ରତିଦିନର ସାଠିଏ ଭାଗର ଗୋଟିଏ ଭାଗକୁ କ୍ଷୀଣ କରିବା ସହିତ ଦୁଇ ମାସରେ ଗୋଟିଏ ଦିନ କମ୍ କରିନିଏ, ଯାହା ଫଳରେ ୩୦ ମାସରେ ୧୫ ଦିନ କମ୍ ହୋଇଯାଏ। ଏହି ଅନୁସାରେ ଅଢ଼େଇ ବର୍ଷ କଟିଯିବା ପରେ ମାସ ଇତ୍ୟାଦିରେ ପ୍ରଥମ ଅଧିମାସ ଏବଂ ପାଞ୍ଚ ବର୍ଷ କଟିଗଲେ ଶ୍ରାବଣ ଇତ୍ୟାଦିରେ ଦ୍ୱିତୀୟ ଅଧିମାସର ଉତ୍ପତ୍ତି ସୂର୍ଯ୍ୟ ଏବଂ ଚନ୍ଦ୍ର ସମ୍ପାଦିତ କରିଥାଏ।

ଶୁଳ୍କାଧ୍ୟକ୍ଷ

ଟୋଲ୍ ଟ୍ୟାକ୍ସ ଇତ୍ୟାଦି ଯେଉଁମାନେ ଆଦାୟ କରିଥାଆନ୍ତି ସେମାନଙ୍କୁ ଶୁଳ୍କାଧ୍ୟକ୍ଷ କୁହାଯାଏ। ଶୁଳ୍କଶାଳା ବିଶାଳ ବଡ଼ ହେବା ଉଚିତ୍।

ଅଟ୍ଟପାଳକର ବର୍ତ୍ତନୀ ଶୁଳ୍କ ନେବାର ବିଧାନ - ଖୁରବାଲା ପଶୁମାନଙ୍କ ପାଇଁ ଏକ ପଣ, ଗୋରୁ ଇତ୍ୟାଦି ପଶୁମାନଙ୍କ ପାଇଁ ଅଧା ପଣ, ମେଣ୍ଢା ଇତ୍ୟାଦି ଛୋଟ ଛୋଟ ପଶୁମାନଙ୍କ ପାଇଁ ଏକ ଚତୁର୍ଥାଂଶ ପଣ, ତଥା ବୋଝ ବହିବା ମଣିଷମାନଙ୍କ ପାଇଁ ଏକ ମାଷକ। ଯଦି ବାଟରେ କାହାରିର କୌଣସି ଜିନିଷ ହଜିଯାଏ ଅଥବା ଚୋରି ହୋଇଯାଏ ତା'ହେଲେ ସେଗୁଡ଼ିକର ପ୍ରତିକାର କରିବା ଉଚିତ୍।

ଶୁଳ୍କ ବ୍ୟବହାର

କୌଣସି ବସ୍ତୁ ଉପରେ କେତେ ଶୁଳ୍କ ହେବ, ଏହି ନିର୍ଣ୍ଣୟକୁ ଶୁଳ୍କ ବ୍ୟବହାର କୁହାଯାଏ। ଶୁଳ୍କ ବ୍ୟବହାର ତିନି ଧରଣର ହୁଏ – ବାହ୍ୟିକ, ଆଭ୍ୟନ୍ତରିକ ଏବଂ ଆତିଥ୍ୟ। ସ୍ୱଦେଶରେ ଉତ୍ପନ୍ନ ବସ୍ତୁଗୁଡ଼ିକ ଉପରେ ହୋଇଥିବା ଶୁଳ୍କ ବାହ୍ୟିକ, ରାଜଧାନୀରେ ଆଦାୟ କରିଥିବା ଶୁଳ୍କକୁ ଆଭ୍ୟନ୍ତରିକ ଏବଂ ବିଦେଶୀ ପଣ୍ୟଦ୍ରବ୍ୟଗୁଡ଼ିକରେ ଧାର୍ଯ୍ୟ କରିଥିବା ଶୁଳ୍କ ହେଉଛି ଆତିଥ୍ୟ ଶୁଳ୍କ।

ସୂତ୍ରାଧ୍ୟକ୍ଷଙ୍କ କର୍ତ୍ତବ୍ୟ

ଉଲ ଏବଂ ସୂତା ତନ୍ତୁର ଅଧିକାରୀଙ୍କୁ ସୂତ୍ରାଧ୍ୟକ୍ଷ କୁହାଯାଏ। ସୂତ୍ରାଧ୍ୟକ୍ଷଙ୍କ ନିଜ କାମରେ ଦକ୍ଷ କାରୀଗରମାନଙ୍କ ଦ୍ୱାରା ସୂତା, କବଚ, ବସ୍ତ୍ର ଏବଂ ଦଉଡ଼ି ପ୍ରସ୍ତୁତ କରାନ୍ତି। ଉଲ ବଙ୍କଲ, କାର୍ପାସ, ସିମୁଲ, ପାଟ ଏବଂ ମୋଟା ରେଶମୀ ବସ୍ତ୍ରର କିଛି ସୂତା ବିଧବାମାନଙ୍କ ପାଇଁ, ବିକଳାଙ୍ଗ ପାଇଁ, ଅନାଥ କନ୍ୟାମାନଙ୍କ ପାଇଁ, ସନ୍ୟାସୀମାନଙ୍କ ପାଇଁ, ଅପରାଧୀ ଜାତି ବ୍ୟକ୍ତିମାନଙ୍କ ପାଇଁ, ବେଶ୍ୟାଳୟର ବୃଦ୍ଧା ଜନନୀମାନଙ୍କ ପାଇଁ, ରାଜାଙ୍କର ବୃଦ୍ଧା ଦାସୀମାନଙ୍କ ପାଇଁ ଏବଂ ଦେବସ୍ଥାନରୁ ବହିଷ୍କୃତ ହୋଇଥିବା ଦେବଦାସୀମାନଙ୍କ ପାଇଁ ପ୍ରସ୍ତୁତ କରିଥାଆନ୍ତି। ସୂତା ପ୍ରସ୍ତୁତ କରିବାର ପାରିଶ୍ରମିକ ତାହାର ଉତ୍କୃଷ୍ଟତା ଅନୁସାରେ ନିର୍ଣ୍ଣିତ କରା ଯାଇଥାଏ। ଏହାକୁ ଭିତ୍ତି କରି ଯେଉଁମାନେ ସୂତା ଉତ୍ପାଦନ କରିଛନ୍ତି ସେମାନଙ୍କୁ ତେଲ, ଆମଲା, ଲେପ ଇତ୍ୟାଦି ଦେବା ଉଚିତ୍। ଏଥିରେ ସେମାନେ ନିଜ କାମରେ ମନ ଲଗାଇ କାର୍ଯ୍ୟ କରିବେ। ପର୍ବ, ଉତ୍ସବଗୁଡ଼ିକରେ ସେମାନଙ୍କୁ ଦାନପୁଣ୍ୟ ଦେଇ ତୃପ୍ତ କରିବା ଉଚିତ୍।

କ୍ଷୋମ, ଦୁକୂଲ, କ୍ରିମିତାନ, ରାକବ ତଥା କାର୍ପାସ ସୂତା ତିଆରୀ ପାଇଁ କାରଖାନାର ପ୍ରତିଷ୍ଠା କରିବା ଉଚିତ୍। ସେଠାରେ କର୍ମରତ କାରିଗରମାନଙ୍କୁ ସେହିଭଳି ଭାବରେ ପ୍ରୋତ୍ସାହିତ କରିବା ଉଚିତ୍ ଯେଉଁଭଳି ସୂତା କାରିଗରୀମାନଙ୍କୁ କରା ଯାଇଥାଏ। ଯେଉଁସବୁ ମହିଲାମାନେ ଘର ବାହାରକୁ ବାହାରନ୍ତି ନାହିଁ, କାହାର ସ୍ୱାମୀ ପ୍ରବାସରେ, ବିଧବା କିମ୍ବା ବିକଳାଙ୍ଗ ଏବଂ ଅବିବାହିତା ବୟସ୍କ ଯେଉଁ ମହିଲାମାନେ ଘରେ ରହିଥାଆନ୍ତି, ଯେଉଁମାନେ ନିଜର ଉପାର୍ଜିତ ଅର୍ଥ ଦ୍ୱାରା ଜୀବିକା ନିର୍ବାହ କରନ୍ତି ଏହି ଧରଣର ମହିଲାମାନଙ୍କୁ ସୂତା ପ୍ରସ୍ତୁତ ଏବଂ ବୁନେଟର କାମ ପ୍ରଦାନ କରିବା ଉଚିତ୍।

ମଝିରେ ମଝିରେ ସୂତ୍ରଶାଲାରୁ ସୂତା ଆଦାନ-ପ୍ରଦାନ କରିଥିବା ମହିଲାମାନଙ୍କ ସହିତ ସୂତ୍ରାଧ୍ୟକ୍ଷ କେବଳ ବ୍ୟବହାରିକ କଥାବାର୍ତ୍ତା କହି ପାରନ୍ତି।

ସୀତାଧ୍ୟକ୍ଷ

ଲାଙ୍ଗଲ ଦ୍ୱାରା ଋଷକାର୍ଯ୍ୟକୁ ସୀତା ବୋଲି କୁହାଯାଏ। ଏହି କୃଷିକର୍ମର ମୁଖ୍ୟ ଆଧିକାରିକଙ୍କୁ ସୀତାଧ୍ୟକ୍ଷ କୁହାଯାଏ।

ସୀତାଧ୍ୟକ୍ଷଙ୍କର କୃଷି ଶାସ୍ତ୍ର, ଗୁଲ୍ମ ଶାସ୍ତ୍ର, ବନସ୍ପତି ଶାସ୍ତ୍ର ବିଷୟରେ ପୂର୍ଣ୍ଣ ଜ୍ଞାନ ରହିବା ଉଚିତ୍। ଏହିସବୁ ଶାସ୍ତ୍ରରେ ନିପୁଣ ଜ୍ଞାନୀଗୁଣୀମାନଙ୍କର ଉଚିତ୍ କର୍ମଚାରୀମାନଙ୍କ ଦ୍ୱାରା ବିଭିନ୍ନ ଧରଣର ଅନ୍ନ, ପୁଷ୍ପ, ଫଳ, ଶାଗ, କନ୍ଦମୂଳ, କାର୍ପାସର ମଞ୍ଜି ପ୍ରଭୃତିକୁ ସଠିକ୍ ସମୟରେ ସଂଗ୍ରହ କରିବା। କର୍ମଚାରୀମାନଙ୍କ ଦ୍ୱାରା ଋଷଯୋଗ୍ୟ ଜମିରେ ଭଲ ଭାବରେ ରୋପଣ କରିବା ଉଚିତ୍। ଶିଥିଳକାର, କର୍ମକାର, କାଷ୍ଠକାର ପ୍ରଭୃତିଙ୍କ ସହିତ ସୀତାଧ୍ୟକ୍ଷଙ୍କର ମଧ୍ୟ ମଧୁର ସମ୍ପର୍କ ସ୍ଥାପନ କରିବା ଉଚିତ୍। ଯଦି ସେହିସବୁ କର୍ମଚାରୀମାନଙ୍କ ଅପରାଧରେ କୃଷିର କୌଣସି କ୍ଷତି ହୋଇଯାଏ ତେବେ ତାହାକୁ ଅର୍ଥଦଣ୍ଡରେ ଦଣ୍ଡିତ କରିବା ଉଚିତ୍।

ବର୍ଷାର ଅନୁମାନ

ସୀତାଧ୍ୟକ୍ଷଙ୍କ ଦ୍ୱାରା ସ୍ଥାନେ ସ୍ଥାନେ ବର୍ଷା ମାପିବାର କୁଣ୍ଡ ତିଆରୀ କରିବା ଉଚିତ୍। ଜଙ୍ଗଲରେ ଏବଂ ପାରୁଦେଶରେ ତିଆରି ହୋଇଥିବା ସମସ୍ତ କୁଣ୍ଡରେ ଯଦି ଷୋହଲ–ଡୋନ ବର୍ଷାର ଜଲ ଭରିଥାଏ ତା'ହେଲେ ବୁଝିବାକୁ ହେବ ଯେ ସେହି ପ୍ରଦେଶରେ ଅନ୍ନ ଉତ୍ପାଦନ ପାଇଁ ଯଥେଷ୍ଟ ମାତ୍ରାରେ ବର୍ଷା ହୋଇଛି। ଜଲହୀନ ପ୍ରଦେଶରେ ଯଦି ଏହାଠୁ ଦେଢ଼ଗୁଣ ଅଧିକ ବର୍ଷା ହୁଏ ତା'ହେଲେ ଏହା ଯଥେଷ୍ଟ ବୋଲି ଭାବିବାକୁ ହେବ।

ବର୍ଷାର ଭଲ ମନ୍ଦର ବିଚାର କରିଥାଆନ୍ତି ବୃହସ୍ପତି ଗ୍ରହ।

ରାଶିଗୁଡ଼ିକରେ ଅବସ୍ଥିତ, ଗମନ ଏବଂ ଗର୍ଭାଧାନ, ଶୁକ୍ର ଗ୍ରହର ଉଦୟ ଅସ୍ତ ଏବଂ ସଞ୍ଚାର ତଥା ସୂର୍ଯ୍ୟର ପ୍ରକୃତି ଏବଂ ମଣ୍ଡଳାବେଷ୍ଟ ପ୍ରଭୃତି ବିକୃତ କାରଣ ହୁଏ।

ବର୍ଷାର ଯଥାଯଥ ଖବର ନେଇ ସୀତାଧ୍ୟକ୍ଷ ଅଧିକ ପରିମାଣ ପାଣିରେ ଏବଂ ଅଳ୍ପ ବର୍ଷା ପାଣିରେ ଉତ୍ପନ୍ନ ହେବା ପାଇଁ ବୀଜ ବପନ କରନ୍ତୁ।

ଶାସ୍ତ୍ରରେ ରାଜାଙ୍କୁ ଜଲ ଏବଂ ପୃଥିବୀକୁ ସ୍ୱାମୀ ବୋଲି କୁହାଯାଇଛି। ସୁତରାଂ ରାଜାଙ୍କୁ ଦେୟ ଭୂମିଶୁଳ୍କର ସମାନ ଜଲଶୁଳ୍କ ମଧ୍ୟ କୃଷକମାନଙ୍କ ଠାରୁ ଆଦାୟ କରିବାକୁ ହୁଏ।

ଜଲ ଶୁଳ୍କ ନିର୍ଦ୍ଧାରଣ

ନିଜର ପରିଶ୍ରମ ଦ୍ୱାରା ଖନନ କରିଥିବା କୂଅଁ କିମ୍ଵ ପୋଖରୀରୁ ଜଲସେଚ କରି ଫସଲ ଫଳାଇଥିବା କୃଷକଙ୍କୁ ଫସଲର ପଞ୍ଚମାଂଶ ଜଲଶୁଳ୍କ ହିସାବରେ ରାଜାଙ୍କୁ ପ୍ରଦାନ କରିବେ। ନଦୀ, ପୋଖରୀ, ନାଲ ଅଥବା କୂଅଁରୁ ଜଲ ଆଣି ସେଚ କରି ଫସଲ ଫଳାଇଥିବା କୃଷକଙ୍କୁ ଫସଲର ଚତୁର୍ଥାଂଶ ଜଲଶୁଳ୍କ ଭାବରେ ରାଜାଙ୍କୁ ପ୍ରଦାନ କରିବେ ଏବଂ ରାଜକୀୟ ଖାଲରୁ ସେଚ କରିଥିବା ଫସଲର ତୃତୀୟାଂଶ ରାଜାଙ୍କୁ ଜଲଶୁଳ୍କ ଭାବରେ ପ୍ରଦାନ କରିବ।

ବୀଜଗୁଡ଼ିକର ସଂସ୍କାର

ଧାନ ବିହନକୁ ସାତଦିନ ପର୍ଯ୍ୟନ୍ତ ରାତିରେ ଶିଶିରରେ ରଖିଦେଇ ଏବଂ ତା'ପରେ ସାତଦିନ ପର୍ଯ୍ୟନ୍ତ ଖରାରେ ମେଲାଇ ରଖିବା ଦରକାର । ମୁଗ, ବିରିର ମଞ୍ଜିକୁ ମଧ୍ୟ ତିନିଦିନ କିମ୍ବା ପାଞ୍ଚଦିନ ପର୍ଯ୍ୟନ୍ତ ସେହିଭଳି ଭାବରେ ଶିଶିରରେ ଏବଂ ରୌଦ୍ରରେ ରଖନ୍ତୁ । ଆଖୁ ବପନ ପାଇଁ କଟାଯାଇଥିବା ଆଖୁଖଣ୍ଡିଆ ଉପରେ ଗୋବର ଏବଂ ମଧୁ, ଘିଅ ଓ ଘୁଷୁରିର ଚର୍ବିର ମିଶ୍ରଣକୁ ପ୍ରଲେପ କରିବାକୁ ହେବ । କାର୍ପାସ ପ୍ରଭୃତି ଶକ୍ତ ଆବରଣଯୁକ୍ତ ବୀଜଗୁଡ଼ିକୁ ଉପରେ କେବଳ ଗୋବରର ପ୍ରଲେପ ଦେବାକୁ ହେବ । ଆମ୍ବ, ପଣସ ଇତ୍ୟାଦି ମଞ୍ଜିଗୁଡ଼ିକୁ ଯେଉଁ ଗାତରେ ପୋତି ଦିଆ ଯିବ, ସେଠାରେ ପ୍ରଥମେ ଘାସକୁ ଉପାଡ଼ି ଦେଇ ଜମିକୁ ଗରମ କରିବାକୁ ହେବ ଏବଂ ବୀଜ ବପନ ସମୟରେ ଗାତରେ ପଶୁମାନଙ୍କ ହାଡ଼ ଏବଂ ଗୋବର ଦିଆହୁଏ । ଏହିଭଳି ବୀଜ ବପନ ପରେ ଯେତେବେଳେ ସେଥିରେ ଅଙ୍କୁରୋଦ୍ଗମ ହୁଏ ସେତେବେଳେ ସେହି ଗାତରେ କ୍ଷୀର ସହିତ ଛୋଟ ଛୋଟ ଦୁଇଟି ମାଛ ରଖି ଦିଅନ୍ତୁ । ସବୁ ଧରଣର ବୀଜଗୁଡ଼ିକର ବପନ ସମୟରେ ପ୍ରଭୁଙ୍କୁ ସ୍ମରଣ କରିଲେ ଭଲ ହୁଏ ।

ସୁରାଧ୍ୟକ୍ଷ

ଯେଉଁ ବିଭାଗ ଦ୍ୱାରା ସୁରା ନିର୍ମିତ ହୁଏ ତାହାକୁ ଦେଖାଶୁଣା କରିବା ପାଇଁ ଅଧିକାରୀଙ୍କୁ ସୁରାଧ୍ୟକ୍ଷ କୁହାଯାଏ ।

ସୁରାଧ୍ୟକ୍ଷ ଦକ୍ଷ ଅଭିଜ୍ଞତା ସମ୍ପନ୍ନ ବ୍ୟବସାୟୀଙ୍କ ଦ୍ୱାରା ପୂର୍ଣ୍ଣ ଜ୍ଞାନ ପ୍ରାପ୍ତ କରାନ୍ତୁ । ସୁରାଧ୍ୟକ୍ଷ ଯଦି ମନେ କରନ୍ତି ତା'ହେଲେ ଏହି କାମ ପାଇଁ ଗୋଟିଏ କେନ୍ଦ୍ରସ୍ଥଳୀ ସ୍ଥାପିତ କରାଇ ସେଠାରେ ସୁରା ପ୍ରସ୍ତୁତ କରିବା ସମ୍ଭବ ହେବ ସାଥିରେ ବହୁ ଜାଗାକୁ ବ୍ୟବସାୟ ପାଇଁ କିଣା-ବିକା ହୋଇ ପାରିବ ।

ସୁରାଧ୍ୟକ୍ଷଙ୍କର ଉଚିତ ଏଭଳି ସୁରାଶାଳା ପ୍ରସ୍ତୁତ କରିବା ଯେଉଁଠାରେ ବହୁତଗୁଡ଼ିଏ ଘର ଥିବ । ସେଠାରେ ଅଲଗା ଅଲଗା ଆସନ ଏବଂ ଶଯ୍ୟା ଥିବ । ସୁରାପାନ କରିବା ପାଇଁ ଉପଯୁକ୍ତ ସ୍ଥାନ ଆବଶ୍ୟକ । ଯେଉଁଠାରେ ସୁଗନ୍ଧିତ ଦ୍ରବ୍ୟ, ମାଲ, ଜଳ ତଥା ବିଭିନ୍ନ ଧାତୁ ଉପଭୋଗ ପାଇଁ ସୁଖକର ସାମଗ୍ରୀ ରହିଥିବ ।

ମଦିରା ଛଅ ଧରଣର ହୁଏ, ଯଥା – ମେଦକ, ପ୍ରସନ୍ନା, ଆସବ, ଅବିଷ୍ଟ, ମୈରେୟା ଏବଂ ମଧୁ । ଏବେ ଏହିସବୁର ବିଶ୍ଳେଷଣ କରା ଯାଉଛି ।

ଗୋଟିଏ ଦ୍ରୋଣ ଜଳ, ଅଧପଲା ରଉଳ, ଏବଂ ତିନି ଭାଗ ସୁରାବୀଜ ମିଶାଇଲେ 'ମେଦକ' ନାମର ମଦିରା ତିଆରି ହୁଏ ।

ସୁରାବୀଜ ତିଆରି କରିବାର ବିଧ

ଏକ ଦ୍ରୋଣ ଜଳରେ ଏକ ଦ୍ରୋନ ଏବଂ ଏକ ତୃତୀୟାଂଶ ଆତପ କିମ୍ବା ସିଝ ରଉଳର ଗୁଣ୍ଡ ତଥା ଏକ କର୍ଷ ମୋରଟ ମିଶାଇଲେ ସୁରାବୀଜ ପ୍ରସ୍ତୁତ ହୋଇଥାଏ ।

ସମ୍ଭାର ଯୋଗର ବିଧି

ପାଠା, (ଅମ୍ଳତା) ଲୋଧ୍ର, ତେଜୋବତୀ, ଗଜପିଲି ଏଲା, ବାଲୁକା, ବାଲଛଡ଼ ନାମର ସୁଗନ୍ଧି ଦ୍ରବ୍ୟ, ମୂଲହଠୀ, ମଧୁରସା, ଆଙ୍ଗୁର, କକୃନୀ, ଦାରୁହଳଦୀ, ଲଙ୍କା ଏବଂ ପିପୁଳୀ ଏଗୁଡ଼ିକ ମଧ୍ୟରେ ପ୍ରତିଟି ବସ୍ତୁର ପାଞ୍ଚ ପାଞ୍ଚ କଣା ଗୁଣ୍ଡ ନିଅନ୍ତୁ ଏବଂ ସମସ୍ତଙ୍କୁ ମିଶାଇ ଦିଅନ୍ତୁ, ତା'ହେଲେ ଏହା ମେଦକ ତଥା ପ୍ରସନ୍ନା ନାମକ ମଦିରାର ସୁରବୀଜ ତିଆରି ହୋଇଯାଏ ।

ଯଦି ମୂଲହର୍ବୀର ନିର୍ବାସରେ ଦାନାଦାବ କିନି ମିଶାଇ ତାହାକୁ ମଦିରାରେ ମିଶାଇ ଦିଆଯାଏ ତା'ହେଲେ ତାହାର ରଙ୍ଗ ଫୁଟି ଉଠିବ ।

ସୁନାଧ୍ୟକ୍ଷ

ପଶୁମାନଙ୍କୁ ବଧ କରିବା ପାଇଁ ନିର୍ଦ୍ଦିଷ୍ଟ କରିଥିବା ସ୍ଥାନଟିକୁ ସୁନା (ବଧ୍ୟଭୂମି) କୁହାଯାଏ ଏବଂ ଏହାର ଅଧ୍ୟକ୍ଷଙ୍କୁ 'ସୁନାଧ୍ୟକ୍ଷ' କୁହାଯାଏ ।

ସୁନାଧ୍ୟକ୍ଷଙ୍କ କର୍ତ୍ତବ୍ୟ– ଯେଉଁ ସବୁ ମୃଗ, ପଶୁ-ପକ୍ଷୀ ତଥା ମତ୍ସ୍ୟ ରାଜାଙ୍କ ଆଜ୍ଞାନୁସାରେ ଅଭୟଦାନ ପ୍ରାପ୍ତ କରିଛି ଏବଂ ଯେଉଁସବୁ ପଶୁ-ପକ୍ଷୀଗୁଡ଼ିକ ରାଜାଙ୍କର ଅଭୟାରଣ୍ୟ ଅଥବା ରଷିମାନଙ୍କ ଆଶ୍ରମରେ ବିଚରଣ କରିଥାଏ, ସେମାନଙ୍କୁ ଜାଲରେ ପକାଇ, ପ୍ରହାର କରି, ବଧ କରିବାର ଉପକ୍ରମ କଲେ ସୁନାଧ୍ୟକ୍ଷ ସେହି ସମସ୍ତ ଲୋକମାନଙ୍କୁ ଏହିଭଳି ଉତ୍ତମ ସାହସ ପାଇଁ ଦଣ୍ଡ (୧୦୦୦ ପଣ) ଦେବେ । କିନ୍ତୁ ଆମୀୟସ୍ୱଜନର ଜୀବିକା ନିର୍ବାହ ସକାଶେ କୌଣସି ବ୍ୟକ୍ତି ଯଦି ମୃଗକୁ ବଧ କରନ୍ତି ତା'ହେଲେ ତାଙ୍କୁ ମଧ୍ୟମ ସାହସ ପାଇଁ ଦଣ୍ଡ ଦିଆଯାଏ ।

ରଣକ୍ଷୀୟ ପଶୁ

ହାତି, ଘୋଡ଼ା, ମଣିଷ, ଗୋରୁ, ଗଧର ଆକୃତିବିଶିଷ୍ଟ ସାମୁଦ୍ରିକ ମାଛ, ସରୋବର, ନଦୀ, ନାଳ ପ୍ରଭୃତିରେ ରହିଥିବା ମାଛ, କଇଁଚ, ଉତ୍କ୍ରୋଶକ, ମୟୂର, ଶୁଆ, ମଦନସାରିକା ଅର୍ଥାତ୍ ମୟନା ହଂସ, ଚକର, ଜୀବଜୀବକ, ଭୃଙ୍ଗରା ଋତକ ଏବଂ ମତ–କୋଇଲଇ ଏଗୁଡ଼ିକ ସମସ୍ତେ ବିହାର ପକ୍ଷୀ ହିସାବରେ ଗଣ୍ୟ ହୁଏ । ଏହାଛଡ଼ା ଅନ୍ୟାନ୍ୟ ପ୍ରକାରର ଯେଉଁସବୁ ମୃଗ କିମ୍ବା ପକ୍ଷୀ, ସେମାନଙ୍କ ଠାରୁ ସୁରକ୍ଷାରେ ରହିବା ସୁନାଧ୍ୟକ୍ଷଙ୍କ କର୍ତ୍ତବ୍ୟ । ଏହି କାମରେ ଗାଫିଲାତି ହେଲେ ତାହା ଦଣ୍ଡନୀୟ ଅପରାଧର ପର୍ଯ୍ୟାୟରେ ପଡ଼ିଯିବ ।

ଅଭୟାରଣ୍ୟରେ ରହିଥିବା ଦୁଷ୍ଟ ମୃଗ, ହିଂସୁକ ପଶୁ, ମତ୍ସ୍ୟ ତଥା ବାଘ ଇତ୍ୟାଦି ଜନ୍ତୁ ଯଦି ସେହି ସଂରକ୍ଷିତ ବନରୁ ବାହାରି ଯାଏ ତା'ହେଲେ ସେମାନଙ୍କୁ ବଧ କରିବାକୁ ଏବଂ ଧରିବାକୁ ଗଣ୍ୟ ହେବ ।

ଗଣିକାଧ୍ୟକ୍ଷ

ବେଶ୍ୟାମାନଙ୍କର ବ୍ୟବସ୍ଥାକାରୀ ରାଜକୀୟ ଅଧିକାରୀଙ୍କୁ ଗଣିକାଧ୍ୟକ୍ଷ କୁହାଯାଏ । ଗଣିକାବଂଶରେ ଜନ୍ମିଥିବା ଅଥବା ଅଗଣିକା ବଂଶରେ ମଧ୍ୟ ଜାତ ହୋଇଥିବା ରୂପବତୀ, ଦୌବନ ସମ୍ପନ୍ନା, ନାଚ– ଗୀତରେ ନିପୁଣ କଳା ପରିପୂର୍ଣ୍ଣ କାମିନୀମାନଙ୍କୁ ପ୍ରତି ବର୍ଷ ଏକହଜାର ପଣ ବେତନରେ ରାଜକୁଳରେ ଗଣିକା ଭାବରେ ନିଯୁକ୍ତ କରିବା ଗଣିକାଧ୍ୟକ୍ଷଙ୍କ କାମ ଅଟେ । ଜଣେ ଏହିଭଳି ସୁନ୍ଦରୀଙ୍କୁ ମଧ୍ୟ ପ୍ରତିଗଣିକା ଭାବରେ ନିଯୁକ୍ତ କରା ଯାଇପାରେ ।

ବେଶ୍ୟାମାନଙ୍କର ସୌନ୍ଦର୍ଯ୍ୟ ଏବଂ କମନୀୟତା ପ୍ରଭୃତିର ପରୀକ୍ଷା କରିବା ପରେ ସେମାନଙ୍କୁ କନିଷ୍ଟ, ମଧ୍ୟମ, ତଥା ଉତ୍ତମ ଶ୍ରେଣୀରେ ବିଭକ୍ତ କରି ଏକ, ଦୁଇ ଏବଂ ତିନି ହଜାର ପଣ ହିସାବରେ ବାର୍ଷିକ ବେତନ ଦିଆ ହୁଏ । ଏହିସବୁ ଗଣିକାମାନଙ୍କୁ ରାଜାଙ୍କର ଛତ୍ରକାରୀ ପଙ୍ଖା, ପାଲିଙ୍କି, ତଥା ରଥ ଟାଣିବା ସମ୍ପର୍କିତ କାମରେ ଲଗାଇ ଦିଆଯାଏ । ବୃଦ୍ଧପ୍ରାୟ ଗଣିକା ସ୍ଥାନରେ ଅନ୍ୟଙ୍କୁ ନିଯୁକ୍ତି ଦେଇ ତାଙ୍କୁ ମାଆଙ୍କ ଜାଗାରେ ନିଯୁକ୍ତି କରାଯାଏ । ସେହି ବୃଦ୍ଧା ଗଣିକାଜଣ ରାଜସେବା ଶିକ୍ଷା ପାଇବେ ।

ଗଣିକା ଦାସୀ, ଅଭିନେତ୍ରୀ, ଅଙ୍ଗମର୍ଦନକାରୀ, ତେଲ ମାଲିଶକାରୀ ପ୍ରଭୃତିର ଜୀବିକାର ବ୍ୟବସ୍ଥା ରାଜ୍ୟର ଆୟରୁ ବ୍ୟବସ୍ଥା କରିବା ଉଚିତ୍ । ସେମାନଙ୍କ ପୁତ୍ର ଏବଂ ପୁରୁଷମାନଙ୍କୁ ରାଜକାର୍ଯ୍ୟରେ ନିଯୁକ୍ତି କରି ସେମାନଙ୍କ ଉପରେ କଡ଼ା ନଜର ଦେବା ଉଚିତ୍ ।

ନୌଧ୍ୟକ୍ଷ

ନୌସଞ୍ଚାଳନ ସମ୍ପର୍କିତ କାର୍ଯ୍ୟରେ ପର୍ଯ୍ୟବେକ୍ଷଣକାରୀ ରାଜକୀୟ ଅଧିକାରୀଙ୍କୁ ନୌଧ୍ୟକ୍ଷ କୁହାଯାଏ । ଏହି ଅଧିକାରୀଜଣ ନଗରଗୁଡ଼ିକରେ ସମୁଦ୍ରତଟରେ ଯାତାୟତ ମାର୍ଗରେ, ସମୁଦ୍ର ଓ ନଦୀର ସଙ୍ଗମସ୍ଥଳରେ, ପୁଷ୍କରିଣୀରେ ଗରମକାଳରେ ପାଣି ଶୁଖିଗଲେ ପ୍ରଭୃତି ଦିଗରେ ପର୍ଯ୍ୟବେକ୍ଷଣ କରନ୍ତି । ସମୁଦ୍ର ତଥା ନଦୀତଟରେ ରହିଥିବା ଗ୍ରାମଗୁଡ଼ିକ ଅଥବା ନଗରର ନିବାସୀ ଏହିସବୁ ଜୀବିକା ପ୍ରାପ୍ତ କରିବା କାରଣରୁ ନିଜର ଆୟର ଷଷ୍ଠ ଅଂଶ ରାଜ୍ୟଶୁଳ୍କ ଭାବରେ ଦେବେ । ଏହିଭଳି ପୋର୍ଟ ବାଣିଜ୍ୟ କ୍ଷେତ୍ରରେ ମଧ୍ୟ ଏହା ପ୍ରଯୁଜ୍ୟ । ଲୋକକାନେ ରାଜ୍ୟର ନୌକାକୁ ବ୍ୟବହାର କଲେ ତାହାର ଶୁଳ୍କ ଦେବା ଉଚିତ୍ । ଯଦି ସିଏ ରହିଁବେ ତା'ହେଲେ ନିଜର ନୌକା ବ୍ୟବହାର କରି ପାରିବେ ।

ବ୍ରାହ୍ମଣ, ସନ୍ୟାସୀ, ବାଳକ, ବୃଦ୍ଧ, ବୃଦ୍ଧ ରୋଗୀ, ଡାକିଆ ଏବଂ ଗର୍ଭବତୀ ମହିଳା ଏହି ନୌଧ୍ୟକ୍ଷଙ୍କୁ ମୁଦ୍ରା ଦେଖାଇ ନିଃଶୁଳ୍କରେ ନଦୀ ପାର କରି ପାରନ୍ତି । ବିଦେଶୀମାନେ ରାଜ୍ୟର ସୀମାରେଖା ଦେଇ ପ୍ରବେଶ କରି ପାରନ୍ତି ।

ଗୋ–ଅଧ୍ୟକ୍ଷ

ଗୋରୁମାନଙ୍କର ରକ୍ଷଣାବେକ୍ଷଣରେ ନିଯୁକ୍ତ ରହିଥିବା ଅଧିକାରୀଙ୍କୁ ଗୋ ଅଧ୍ୟକ୍ଷ କୁହାଯାଏ । ତାଙ୍କ କାର୍ଯ୍ୟ ହେଉଛି ବ୍ରଜପ୍ରୟୋଗ, ନଷ୍ଟ, ବିନଷ୍ଟ, କ୍ଷୀର, ଘୃତ ସଂଯାତ ପ୍ରଭୃତି ।

ଗୋପାଳକ, ପିଣ୍ଡାରକ, ଦୋହକ, ମନ୍ଥକ, ଲୁବ୍ଧକ ଏହି ପାଞ୍ଚ ଧରଣର କର୍ମଚାରୀ ନଗଦ ତଥା ଅନ୍ୟ ବସ୍ତୁ ଦେଇ ଶହେ ଗୋରୁର ରକ୍ଷଣାବେକ୍ଷଣ ଦାୟିତ୍ୱରେ ନିଯୁକ୍ତ ରହିଥାଆନ୍ତି । ସେମାନଙ୍କୁ ବେତନ ରୂପେ କ୍ଷୀର, ଘୃତ ପ୍ରଭୃତି ପ୍ରଦାନ କରାଯାଏ ନାହିଁ, କାରଣ ବାଛୁରୀ କ୍ଷୀର ନପାଇଲେ ମରିଯିବାର ଆଶଙ୍କା ରହିଛି । ଏହି ଉପାୟଗୁଡ଼ିକୁ 'ବେତନୋପଗାହିକୀ' କୁହାଯାଏ ।

ବୃଦ୍ଧା, ଦୁଗ୍ଧଦା, ସଗର୍ଭା, ବୃଷକାମ୍ୟା, ବତ୍ସତରୀ ଏହି ପାଞ୍ଚ ପ୍ରକାରର ଗୋରୁକୁ ୨୦ଟି ଗୋପାଳ ଦ୍ୱାରା ଦେଖାଶୁଣା ପାଇଁ ନିଯୁକ୍ତି ପ୍ରଦାନ କରାଯାଏ ଏବଂ ପ୍ରତି ବର୍ଷ ଗୋରୁର ମାଲିକକୁ ଆଠଥର ଘୃତ ଏବଂ ପ୍ରତିଟି ପଶୁ ପାଇଁ ଏକ ପଣ ଶୁଳ୍କ ଦିଆଯାଏ ।

ଯେଉଁ ସବୁ ପଲରେ ଶହେ ଗଧ କିମ୍ବା ଘୋଡ଼ା ରହିଛି ସେଥିରେ ପାଞ୍ଚଜଣ ନର ପଶୁ ରଖିବା ଉଚିତ୍ । ଶହେ ଛେଲି ଏବଂ ମେଣ୍ଢା ପଲ ପାଇଁ ଦଶଜଣ ଏବଂ ଶହେ ଗୋରୁ କିମ୍ବା ମଇଁଷୀ ବା ଉଟ ପଲ ପାଇଁ ଷରିଜଣ ନର ପଶୁ ରଖିବା ଉଚିତ୍ ।

ଅଶ୍ୱାଧ୍ୟକ୍ଷ

ରାଜକୀୟ ଅଶ୍ୱଗୁଡ଼ିକର ବ୍ୟବସ୍ଥାକାରୀ ଅଧିକାରୀଙ୍କୁ ଅଶ୍ୱାଧ୍ୟକ୍ଷ କୁହାଯାଏ । ସିଏ ସାତ ପ୍ରକାରର ଅଶ୍ୱର ସଂଖ୍ୟା ନିଜର ନିବନ୍ଧ ପୁସ୍ତକରେ ଲେଖନ୍ତୁ । ସେହି ଅଶ୍ୱଗୁଡ଼ିକ ହେଉଛି ବଜାରରେ ବିକ୍ରି ପାଇଁ ପ୍ରସ୍ତୁତ କରିଥିବା ଅଶ୍ୱ, କ୍ରୟ କରି ଆଣିଥିବା ଅଶ୍ୱ, ଯୁଦ୍ଧରେ ଉପଲବ୍ଧ ଅଶ୍ୱ, ଅଶ୍ୱଶାଲାରେ ଜନ୍ମିଥିବା ଅଶ୍ୱ, ସାହାଯ୍ୟ ବଦଳରେ ପ୍ରାପ୍ତି ହୋଇଥିବା ଅଶ୍ୱ, ଗଚ୍ଛିତ ଦ୍ରବ୍ୟ ରୂପେ ପ୍ରାପ୍ତି ଅଶ୍ୱ ଏବଂ ବିଶେଷ ପ୍ରୟୋଜନରେ କିଛି ସମୟ ପାଇଁ ମଗି ଆଣିଥିବା ଅଶ୍ୱ । ଅଶ୍ୱମାନଙ୍କର ଜାତି ବର୍ଷ, ସ୍ଥାନ ବିଶେଷରେ ଉପଢ଼ି ବର୍ଗ ଏବଂ ପ୍ରାପ୍ତିସ୍ଥାନକୁ ମଧ୍ୟ ଲେଖିବା ଉଚିତ୍ । ସଦୋଷ, ବିକଳାଙ୍ଗ ଏବଂ ଅସୁସ୍ଥ ଅଶ୍ୱର ପରିବର୍ତ୍ତନ କିମ୍ବା ଚିକିତ୍ସାର ବ୍ୟବସ୍ଥା ମଧ୍ୟ ରାଜାଙ୍କୁ ଜଣାଇ ଦେବା ଉଚିତ୍ ।

ଅଶ୍ୱାବାହ (ସଇସ)କୁ ଏକ ମାସ ପାଇଁ ନଗଦ ଏବଂ ଆହାର ସାମଗ୍ରୀ ଦେଇ ଅଶ୍ୱଗୁଡ଼ିକର ପରିଚର୍ଯ୍ୟା କାମରେ ଲଗାଇବା ଉଚିତ୍ । ଅଶ୍ୱର ସଂଖ୍ୟା ଅନୁସାରେ ଅଶ୍ୱଶାଲା ନିର୍ମାଣ କରିବା ଦରକାର । ଅଶ୍ୱଶାଲାରେ ଷରିଟି ବଡ଼ ଦ୍ୱାର ଏବଂ ଦ୍ୱାରର ବାହାରେ ବଡ଼ ବସିବା ପାଇଁ ବଡ଼ ଚୌକିର ବ୍ୟବସ୍ଥା ରହିଥାଏ ।

ପ୍ରସୂତି ଅଶ୍ୱର ଉଚିତ୍ ବ୍ୟବସ୍ଥା ରହିଥାଏ । ସେହିଭଳି ଅଶ୍ୱଶାବକଗୁଡ଼ିକ ଷରି-ପାଞ୍ଚ ବର୍ଷ ପର୍ଯ୍ୟନ୍ତ ବଡ଼ ନହେବା ପର୍ଯ୍ୟନ୍ତ ସେମାନଙ୍କୁ ପ୍ରତିପାଳନ କରିବା ଦରକାର । ବିଭିନ୍ନ ଶ୍ରେଣୀର ଅଶ୍ୱର ମୁହଁ, ଦୈହିକ ବିସ୍ତାର, ଜଙ୍ଘା ଏବଂ ଦୀର୍ଘତା ବିଭିନ୍ନ ଧରଣର ହୁଏ । ସେହିଭଳି ବିଭିନ୍ନ ଶ୍ରେଣୀର ଅଶ୍ୱମାନଙ୍କର ଆହାର ପାଇଁ ବ୍ୟବସ୍ଥା କରା ହୋଇଥାଏ ।

ଅଶ୍ୱର ଲଙ୍ଗ ସାତ ଧରଣର ହୁଏ ଯଥା କପିଷ୍ଠୁତ, ଭୈକତନ୍ତ୍ରତ, ଏନପୁତ, ଏକପାଲପସ୍ତୁତ, କୋକିଲସଞ୍ଚାରୀ, ଉରସ୍ୟ ଏବଂ ବକରଷରୀ ।

ଘୋଡ଼ାର ଧୋରନଗତି ଆଠ ପ୍ରକାରର ହୁଏ ଯଥା, କାକ, ବରିକାକ, ମାୟୂର, ଅର୍ଦ୍ଧ ମାୟୂର, ନାକୁଲ, ଅର୍ଦ୍ଧ ନାକୁଲ, ବାରାହ ଏବଂ ଅର୍ଦ୍ଧ ବାରାହ ।

ଶିକ୍ଷା ଦେବା ସମୟରେ ଶିଖାଇଥିବା ସଙ୍କେତ ମାଧମରେ ଚଳିବାର ନାମ ହେଉଛି ନାରୋଷ୍ଠ। ଉତ୍ତମ, ମଧ୍ୟମ ଏବଂ ଅଧମ ତଥାବାହୀ ଘୋଡ଼ାକୁ କ୍ରମଶଃ ବାର, ନୟ, ଏବଂ ଦୃଢ଼ ଯୋଜନ ମାର୍ଗ ଚଳିବାର ନିର୍ଦ୍ଧାରଣ କରାଯାଏ। ସେହିଭଳି ଉତ୍ତମ, ମଧ୍ୟମ ଏବଂ ଅଧମ ପୃଷ୍ଠବାହୀ ଘୋଡ଼ାକୁ କ୍ରମଶଃ ଦଶ, ସାଢ଼େ ସାତ ଏବଂ ପାଞ୍ଚ ଯୋଜନ ମାର୍ଗ ଅତିକ୍ରାନ୍ତ କରିବା ଉଚିତ୍।

ଉତ୍ତମ, ମଧ୍ୟମ ଏବଂ ଅଧମ ଘୋଡ଼ାର ଗତି ମଧ୍ୟ ତିନି ପ୍ରକାର ହୁଏ – ବିକ୍ରମ, ଭଦ୍ରାଶ୍ୱାସ ଏବଂ ଭାରବାହ୍ୟ। ବିଭିନ୍ନ ଧରଣର ଘୋଡ଼ାର ଗତିଧାରା ମଧ୍ୟ ପାଞ୍ଚ ଧରଣର ହୁଏ – ବିକ୍ରମ, ବାଲ୍‌ଗିତ, ଉପକଣ୍ଠ, ଉପଜବ ଏବଂ ଜୟ।

ଅଶ୍ୱାଧ୍ୟକ୍ଷଙ୍କର ଏହି କଥାଟି ମନେ ରଖିବା ଉଚିତ୍ ଯେ ଶରଦ ଏବଂ ଗରମ କାଲରେ ପ୍ରତିଦିନ ଘୋଡ଼ାକୁ ଦୁଇଥର ସ୍ନାନ କରାଇବା ଏବଂ ଗନ୍ଧମାଲ୍ୟ ଅର୍ପଣ କରିବାକୁ ହେବ। ପ୍ରତି କୃଷ୍ଣ ପକ୍ଷର ଅମାବସ୍ୟା ତିଥିବରେ ଭୂତବଳି ଦେବା ଏବଂ ପୂର୍ଣ୍ଣିମାରେ ସ୍ୱସ୍ତିବାଚନ କରାଇବା ମଧ୍ୟ ଆବଶ୍ୟକ। ଅଶ୍ୱାଧ୍ୟକ୍ଷଙ୍କୁ ଆଶ୍ୱିନ ମାସର ଶୁକ୍ଳ ନବମୀ ତିଥିରେ ଅଶ୍ୱର ଆରତି କରିବା ଉଚିତ୍। ଯାତ୍ରା ଆରମ୍ଭରେ ଏବଂ ଫେରିବା ପରେ ଏବଂ ଯେତେବେଲେ ଘୋଡ଼ା ଅସୁସ୍ଥ ରହେ, ସେହି ସମୟରେ ଉପଦ୍ରବ ଶାନ୍ତି କାମରେ ଲିପ୍ତ ରଖିବା ପାଇଁ ଘୋଡ଼ାକୁ ଆରତି କରାଇବା ଉଚିତ୍।

ହସ୍ତୀଧ୍ୟକ୍ଷ

ହାତୀର ମୁଖ୍ୟ ଅଧିକାରୀଙ୍କୁ ହସ୍ତୀଧ୍ୟକ୍ଷ କୁହାଯାଏ। ହସ୍ତୀବଣର ନିରାପତ୍ତା ବ୍ୟବସ୍ଥା ତାଙ୍କ ମୁଖ୍ୟ କାମ। ପ୍ରଶିକ୍ଷିତ ହାତୀ, ହସ୍ତିନୀ ଏବଂ ଗଜଶିଶୁ ପାଇଁ ହସ୍ତିଶାଲା, ଶୟନସ୍ଥାନ, ବନ୍ଧନର ଜାଗା, ସାଜ ସାମଗ୍ରୀ, ଭୋଜ୍ୟ ସାମଗ୍ରୀ ଏବଂ ହରିତ ଚରା ଇତ୍ୟାଦିର ପରିମାଣର ବ୍ୟବସ୍ଥା ସ୍ୱୟଂ ହସ୍ତୀଧ୍ୟକ୍ଷଙ୍କ କର୍ତ୍ତବ୍ୟରେ ପଡ଼ିଥାଏ। ହାତୀକୁ ପ୍ରଶିକ୍ଷଣ ଦେଇ ତା'କୁ ଶକ୍ତିଶାଲୀ କରିବା ଉଚିତ୍।

ହାତୀର ଦୀର୍ଘତା ନଅ ହାତ। ସୁତରାଂ ତାହାର ହସ୍ତିଶାଲା ଅଠର ହାତ ଉଚ୍ଚତାରେ ହେବା ଉଚିତ୍। ସେହି ଶାଲାରେ ଅତିରିକ୍ତ ଜାଗା ରହିବା ଦରକାର। ତାହାର ଖମ୍ଭ ଏବଂ ବାରାଣ୍ଡା ବଡ଼ ହେବା ଉଚିତ୍। ହସ୍ତୀଶାଲାର ମୁହଁ ପୂର୍ବ କିମ୍ବା ଉତ୍ତର ଦିଗରେ ରହିବା ଉଚିତ୍।

ହାତୀର ମଲ-ମୂତ୍ର ତ୍ୟାଗର ଉପଯୁକ୍ତ ବ୍ୟବସ୍ଥା ରହିବା ଦରକାର। ସେମାନଙ୍କ ପାଇଁ ବିଶେଷ ଭାବରେ ଶୟ୍ୟାର ନିର୍ମାଣ କରିବା ଉଚିତ୍। ପ୍ରଶିକ୍ଷଣହୀନ ଏବଂ ଦୁଷ୍ଟ ହାତୀର ଶୟ୍ୟାସ୍ଥାନ ଦୁର୍ଗ ବାହାରେ ରହିବା ଉଚିତ୍। ହାତୀର ଦୈନନ୍ଦିନ କାର୍ଯ୍ୟକଲାପ ପାଇଁ ଦିନକୁ ଆଠଟି ଭାଗରେ ବିଭକ୍ତ କରି ତଦନୁସାରେ ନିତି ସମୟରେ ସ୍ନାନ ଭୋଜନ ପ୍ରଭୃତିର ବ୍ୟବସ୍ଥା କରି ରାତ୍ରିର ତିନି ଭାଗ ନିର୍ଦ୍ଦିଷ୍ଟ କରି ଦୁଇ ଭାଗ ତା'ର ଶୋଇବା ପାଇଁ ଏବଂ ଏକ ଭାଗ ଗଡ଼ାଗଡ଼ି ହେବା ଓ ଉଠିବା-ବସିବା ପାଇଁ ବ୍ୟବସ୍ଥା କରିବା ଉଚିତ୍।

ହସ୍ତୀର ପ୍ରକାରଭେଦ

ହାତୀ ଚରି ଧରଣର ହୁଏ – ଦମ୍ୟ, ସନ୍ନାହ, ଉପାବହ୍ୟ ଏବଂ ବ୍ୟାଲ। ଦମ୍ୟ ପାଞ୍ଚ ପ୍ରକାରର ହୁଏ – ସ୍କନ୍ଧଗତ, ସ୍ତଭଗତ, ବାରିଗତ, ଅରପାବଗତ ଏବଂ ଯୂଥଗତ। ସନ୍ନାହ ହାତୀ

ସାତ ଧରଣର ହୁଏ – ଉପସ୍ଥାନ, ସଂବର୍ତ୍ତନ, ସଂଯ୍ୟାନ ଏବଂ ଧବାବବ। ଉପବାହ୍ୟ ହାତୀ ଆଠ ଧରଣର ହୁଏ – ଆଚରଣ କୁଞ୍ଜରୋପବାହ୍ୟ, ଘୋରନ, ଆଘାନଗତି, ଯଷ୍ଟାପବାହ୍ୟ, କ୍ରୋତୋ ପବାହ୍ୟ, ଶୁଦ୍ଧୋପବାହ... ଏବଂ ମାର୍ଗାୟ୍କ।

ଉପଦ୍ରବକାରୀ ହାତୀମାନେ କେହି ପ୍ରକାରର ହୁଏ – କର୍ମଶକ୍ତି ଅବରୁଦ୍ଧ, ବିଷମ, ପ୍ରଭିନ୍ନ, ପ୍ରଭିନ୍ନ ବିନିଷ୍ଠୟ, ମାଦହେତୁ ବିନିଷ୍ଠୟ ପ୍ରଭୃତି। ବ୍ୟାଲ ହାତୀ ସମସ୍ତ କାମରେ ଅନୁପଯୁକ୍ତ ବୋଲି ଗଣ୍ୟ କରା ହୋଇଛି। ଏହାର ଚେରିଟି ପ୍ରକାରଭେଦ ରହିଛି – ଶୁଦ୍ଧ, ସୁବ୍ରତ, ବିଷମ ଏବଂ ସର୍ବଦୋଷ ପ୍ରଦୁଷ୍ଟ।

ହାତୀର ବଳବୃଦ୍ଧି ଏବଂ ବିଘ୍ନ ଶାନ୍ତି ପାଇଁ ଚତୁର୍ମାସରେ ରତୁ ସମ୍ପର୍କିତ ଅର୍ଥାତ୍ କାର୍ତିକ, ଫାଲଗୁନ ଏବଂ ଆଷାଢ଼ ମାସରେ ପୂର୍ଣ୍ଣିମା ତିଥିରେ ହାତୀ ତିନିଥର ନୀରାଜନା କରିବା ଉଚିତ୍।

ରଥାଧ୍ୟକ୍ଷ

ଅଶ୍ୱାଧ୍ୟକ୍ଷଙ୍କର ଯେଉଁ କାମ ତାହା ମଧ ରଧାଧ୍ୟକ୍ଷଙ୍କର କାମ ଅଟେ। ରଥାଧ୍ୟକ୍ଷଙ୍କର ବିଶେଷ କିଛି କାମ ହେଉଛି ନୂତନ ରଥ ନିର୍ମାଣ କରିବା ଏବଂ ପୁରୁଣା ରଥର ମରାମତି କରିବା ପାଇଁ କାରଖାନା ସ୍ଥାପନ କରିବା।

ଦ୍ୱାଦଶାଙ୍ଗୁଲି ଯେଉଁ ପୁରୁଷର ପରିଣାମ କଥା କୁହାଯାଇଛି, ସେହି ପରିମାଣରୁ ଦଶଗୁଣ ଉଚ୍ଚତା ଏବଂ ବାରଗୁଣ ପ୍ରସ୍ତରେ ରଥକୁ ଉତ୍ତମ ଶ୍ରେଣୀର ରଥ ଭାବରେ ଗଣ୍ୟ କରାଯାଇଛି। ରଥାଧ୍ୟକ୍ଷଙ୍କୁ ଧନୁକବନା, ପ୍ରହାରକ ଆବରଣାବସ୍ତ, ଅନ୍ୟାନ୍ୟ ଉପକରଣଗୁଡ଼ିକର ରଚନା, ସାରଥୀ, ବଥ୍କ ତଥା ରଥର କାମ ପ୍ରତି କାରିଗର ନିଯୁକ୍ତି ସମ୍ପର୍କିତ ସମସ୍ତ କଥା ଉପରେ ଜ୍ଞାନ ରହିବା ଜରୁରୀ। ଯେତେବେଳ ପର୍ଯ୍ୟନ୍ତ କାମ ସମ୍ପନ୍ନ ନହେଉଛି ସେତେପର୍ଯ୍ୟନ୍ତ ରଥାଧ୍ୟକ୍ଷ ଦାସ ଏବଂ ଦାଦୀର ବେତନ–ଭାତା ସମ୍ପର୍କରେ ସମସ୍ତ ଖବର ରଖିବେ।

ପଦ୍ୟଧ୍ୟକ୍ଷ

ସେନ୍ୟମାନଙ୍କୁ ପର୍ଯ୍ୟବେକ୍ଷଣ କରିବା ପାଇଁ ଅଧିକାରୀଙ୍କୁ ପଦ୍ୟଧ୍ୟକ୍ଷ କୁହାଯାଏ। ରଥାଧ୍ୟକ୍ଷଙ୍କର ଯାହା କରଣୀୟ ତାହା ମଧ ପଦ୍ୟଧ୍ୟକ୍ଷଙ୍କ କାମ ଅଟେ।

ପଦ୍ୟଧ୍ୟକ୍ଷଙ୍କ ନିମ୍ନଯୁଦ୍ଧ ଗର୍ତସଂଗ୍ରାମ, ସ୍ଥଲଯୁଦ୍ଧ, ପ୍ରକାଶ୍ୟ ଯୁଦ୍ଧ, ସମୁଖ ଯୁଦ୍ଧ, କୂଟଯୁଦ୍ଧ– କପଟଯୁଦ୍ଧ, ଖାଦକଯୁଦ୍ଧ, ଗାତରେ ଲୁଚି ରହି ଆଇନା ଯୁଦ୍ଧ, ଦିବାଯୁଦ୍ଧ, ଏବଂ ରାତ୍ରିଯୁଦ୍ଧର ରହସ୍ୟମୟ ଜ୍ଞାନ ସମ୍ପର୍କରେ ଅବଗତ ହେବା ଜରୁରୀ।

ସୈନିକମାନଙ୍କର ନିଯୁକ୍ତି ଏବଂ ବରଖାସ୍ତ ବିଷୟରେ ଜ୍ଞାନ ମଧ ତାଙ୍କର ରହିଥିବା ଜରୁରୀ।

ସେନାପତି

ସୈନ୍ୟବଳର ପ୍ରଧାନକୁ ସେନାପତି କୁହାଯାଏ। ତାଙ୍କୁ ଚତୁରଙ୍ଗିନୀ ମୈନ୍ୟ ତଥା ମୂଳ ଶକ୍ତି, ଅଶ୍ୱାଧ୍ୟକ୍ଷ ଇତ୍ୟାଦି ଜଣେ ଜଣେ ସୈନର ଅଧିପତିମାନଙ୍କର ସମସ୍ତ କାମର ଖବର ରହିବା

ଉଚିତ୍ । ବିଭିନ୍ନ ଧରଣର ଯୁଦ୍ଧରେ ଅସ୍ତ୍ର ଚଲାଇବା ଏବଂ ଯୁଦ୍ଧ ବିଷୟରେ ଦକ୍ଷ, ଗଜ, ଅଶ୍ୱ ଏବଂ ରଥ ଇତ୍ୟାଦି ପରିଚାଳନାରେ ସେନାପତିଙ୍କର ଜ୍ଞାନ ରହିବା ଉଚିତ୍ । ସୈନ୍ୟମାନଙ୍କର ବ୍ୟାୟାମଭୂମି, ଯୁଦ୍ଧ ସମୟରେ ଶତ୍ରୁସୈନ୍ୟରେ ଫାଟଲ ଧରାଇବା, ସୁସଂଗଠିତ ଏବଂ ଏକତ୍ରିତ ଶତ୍ରୁମାନଙ୍କୁ ଛିନ୍ନ-ଭିନ୍ନ କରି ଦେବା, ଛତ୍ରଭଙ୍ଗ ଶତ୍ରୁ ସୈନ୍ୟମାନଙ୍କୁ ମାରିଦେବା, ଶତ୍ରୁର ଦୁର୍ଗକୁ ନଷ୍ଟ କରିବା ଏବଂ ଯୁଦ୍ଧର ପାଇଁ ଯାତ୍ରା ସମୟ ନିର୍ଦ୍ଧାରିତ କରିବା ପ୍ରଭୃତି ସମସ୍ତ ବିଷୟରେ ସେନାପତିଙ୍କ ମନ ଦେଇ କାମ କରିବା ଉଚିତ୍ ।

ସୈନିକମାନଙ୍କୁ ଶିକ୍ଷା, ଅବସ୍ଥାନ, ଅଭିଯାନ, ଆକ୍ରମଣ ପ୍ରଭୃତି ବିଷୟରେ ତୂର୍ଯ୍ୟଧ୍ୱନି, ଧ୍ୱଜ-ପତାକା ପ୍ରଭୃତି ଦ୍ୱାରା ସଙ୍କେତ ପ୍ରଦାନ କରି ଦକ୍ଷ କରିବାର ଶିକ୍ଷା ପ୍ରଦାନ କରିବା ମଧ୍ୟ ସେନାପତିଙ୍କ କର୍ତ୍ତବ୍ୟ ।

ମୁଦ୍ରାଧ୍ୟକ୍ଷ

ରାଜକୀୟ ଚିହ୍ନ ପ୍ରଭୃତି ତଥା ମୁଦ୍ରା ସମ୍ପର୍କିତ କର୍ତ୍ତବ୍ୟ ପାଳନ କରିବା ପାଇଁ ନିଯୁକ୍ତ ଅଧିକାରୀଙ୍କୁ ମୁଦ୍ରାଧ୍ୟକ୍ଷ କୁହାଯାଏ ।

ରାଜ୍ୟରେ ପ୍ରବେଶକାରୀ ତଥା ରାଜ୍ୟର ବାହାରକୁ ଯେଉଁମାନେ ଯାଉଛନ୍ତି ସେମାନଙ୍କ ପାଖରୁ ଶୁଳ୍କ ଆଦାୟ କରିବା, ମୁଦ୍ରାଯୁକ୍ତ ପୁରୁଷଙ୍କୁ ଜନପଦରେ ପ୍ରବେଶ କରିବାକୁ ଦେବା ଅଥବା ବାହାରକୁ ବାହାର କରିଦେବା ଏବଂ ଏହାର ବିପରୀତଗାମୀ ଲୋକମାନଙ୍କୁ ଦଣ୍ଡିତ କରିବା ମୁଦ୍ରାଧ୍ୟକ୍ଷଙ୍କ କର୍ତ୍ତବ୍ୟ । ଜାଲି ମୁଦ୍ରା ଦେଖାଇବା ଅପରାଧରେ ପ୍ରବେଶକାରୀଙ୍କୁ ଦଣ୍ଡ ଦେବା ଉଚିତ୍ ।

ବିବୀତାଧ୍ୟକ୍ଷ

ତୃଣଯୁକ୍ତ ଗୋଚର ଭୂମି ପ୍ରଦେଶରେ ଦେଖାଶୁଣା କରିବା ପାଇଁ ମୁଖ୍ୟ ଅଧିକାରୀଙ୍କୁ ବିବୀତାଧ୍ୟକ୍ଷ କୁହାଯାଏ । ନିଜର ଭୂଭାଗରେ ପ୍ରବେଶକାରୀମାନଙ୍କ ଠାରୁ ମୁଦ୍ରା ଯାଞ୍ଚ କରିବା ତାଙ୍କ କର୍ତ୍ତବ୍ୟ । ଚୋର ଏବଂ ଗୁପ୍ତଚରମାନଙ୍କ ଗତିବିଧୂ ଉପରେ ଦୃଷ୍ଟି ଦେବା ତାଙ୍କ କାମ । ଚୋର ଏବଂ ହିଂସ୍ର ଜନ୍ତୁମାନଙ୍କଠାରୁ ରକ୍ଷା ପାଇଁ ବଡ଼ ବଡ଼ ଗାତକୁ ମଝିରେ ମଝିରେ ଠିକ୍‍ଠାକ୍ କରିବା ଉଚିତ୍ । ଜଳହୀନ ଜାଗାରେ କୂଆଁ କିମ୍ବା ଝରଣାରୁ ଜଳ ଆଣିବାର ବ୍ୟବସ୍ଥା କରି ଦରକାର । ବିଭିନ୍ନ ଜାଗାରେ ଫୁଲର ବଗିଚା ତିଆରୋ କରିବା ମଧ୍ୟ ତାଙ୍କ କର୍ତ୍ତବ୍ୟ ।

ଚଣ୍ଡାଳ ଏବଂ ଶିକାରୀଲୋକମାନେ ନିରନ୍ତର ବଣରେ ବୁଲିଥାଆନ୍ତି । ଏହିସମସ୍ତ ଲୋକମାନଙ୍କୁ ଦେଖିବା ମାତ୍ରେ ସେମାନଙ୍କ ଅଜାଣତରେ ସେଠାରୁ ଦୂରରେ ଆସି ଶଙ୍ଖ କିମ୍ବା ତୂରୀ ଧ୍ୱନି ଦ୍ୱାରା ଚୌକିଙ୍କୁ ସଙ୍କେତ ଦେବା ଉଚିତ୍ କିମ୍ବା ଦ୍ରୁତଗାମୀ ଅଶ୍ୱରେ ଚଢ଼ି ଯଥାସ୍ଥାନରେ ବାର୍ତା ପହଞ୍ଚାଇ ଦେବା ଉଚିତ୍ । ପୋଷିଥିବା ପାରା ଦ୍ୱାରା ରାଜାଙ୍କୁ ମଧ୍ୟ ଖବର ପଠାଇ ଦିଆ ଯାଇପାରିବ । ଦିନରେ ଧୂଆଁ ଏବଂ ରାତ୍ରିରେ ନିଆଁ ଜଳାଇ ଏହି ସମ୍ବାଦ ରାଜ କର୍ମଚାରୀମାନଙ୍କୁ ପଠାଇ ଦିଆ ଯାଇପାରେ ।

ସମାହର୍ତା।

ଦୁର୍ଗ, ଜନପଦ, ଖଣି, ବଣ ଇତ୍ୟାଦିର ଆୟକୁ ଏକତ୍ରିତ କରିବାବାଲା ଲୋକଙ୍କୁ ସମାହର୍ତା କୁହାଯାଏ। ସମସ୍ତ ଜନପଦକୁ ଝରି ଭାଗରେ ବିଭକ୍ତ କରି ଗ୍ରାମଗୁଡ଼ିକୁ ମଧ ଉତ୍ତମ, ମଧ୍ୟମ, ତଥା ଅଧମ ଶ୍ରେଣୀରେ ବିଭକ୍ତ କରାଯାଏ। କେଉଁ ଗ୍ରାମଟି ଶୁଳ୍କମୁକ୍ତ, କେଉଁ ଗ୍ରାମଟି ପ୍ରତିବର୍ଷରେ କେତେଜଣ ସୈନିକ ରାଜ୍ୟକୁ ଯୋଗାଇଥାଏ, କେଉଁ ଗ୍ରାମଟି ଶୁଳ୍କ ବଦଲରେ ଗୋଧନ ପ୍ରଦାନ କରିଥାଏ ପ୍ରଭୃତିର ହିସାବ ନିକାଶ ରଖିବା ଉଚିତ୍। ଏହି କାମ ପାଇଁ ସିଏ ଗୋପଦର ନିଯୁକ୍ତି କରାନ୍ତି।

ସମାହର୍ତାଙ୍କ ଜନପଦର ସ୍ୱାର୍ଥ ଚିନ୍ତା କରିବା ପାଇଁ ଗୁପ୍ତଚରଙ୍କୁ ନିଯୁକ୍ତି ପ୍ରଦାନ କରାନ୍ତି। ଗୁପ୍ତଚରମାନଙ୍କ ଉପରେ ଦୃଷ୍ଟି ରଖିବା ପାଇଁ ସିଏ ଅନ୍ୟ ଗୁପ୍ତଚରଙ୍କୁ ମଧ ନିଯୁକ୍ତି ଦେଇ ତାଙ୍କ କର୍ତ୍ତବ୍ୟ ପୂରଣ କରନ୍ତି।

ନାଗରିକଙ୍କ କାର୍ଯ୍ୟ

ନଗରର ପ୍ରବନ୍ଧକଙ୍କୁ ନାଗରିକ କୁହାଯାଏ। ସମାହର୍ତାଙ୍କ ଭଳି ତାଙ୍କୁ ମଧ ନଗର ବିଷୟରେ ନିରନ୍ତର ଧାନ ଦେବାକୁ ହେବ। ଗୋପ ଏବଂ ସ୍ଥାନିକ ତାହାର ସହାୟକ ହୁଏ। ଗୋପର କାମର ବିଶ୍ଳେଷଣ ପଛ ଅଧ୍ୟାୟରେ ଆଲୋଚନା କରାଯାଇଛି। ସ୍ଥାନିକର ଦାୟିତ୍ୱ ହେଉଛି ଦୁର୍ଗର ଚତୁର୍ଥ ଅଂଶର ବ୍ୟବସ୍ଥା କରିବା। ଅର୍ଥାତ୍ ନଗରକୁ ଝରି ଭାଗରେ ବିଭକ୍ତ କରି ପ୍ରତିଟି ଭାଗରେ ଗୋଟିଏ ଗୋଟିଏ ସ୍ଥାନିକ ଗୋପ ରହିବେ। ଗୋପଙ୍କ ଭଳି ତାଙ୍କର କାମ ହେଉଛି ନଗର ନିବାସୀଙ୍କ ପ୍ରତି ଗତିବିଧ, ସଂଖ୍ୟା, ପ୍ରଭୃତି ହିସାବରେ ରଖିବା। ନଗରର ସେହି ଅଂଶରେ ଘଟିଥିବା ଛୋଟ ବଡ଼ ଘଟଣା ବିଷୟରେ ତାଙ୍କ ଜ୍ଞାନ ରହିବା ଉଚିତ୍।

ନଗରାଧ୍ୟକ୍ଷ (ନାଗରିକ) ନଗରର ସ୍ୱାମୀ ଅଟନ୍ତି। ଯାହା ରାଜାଙ୍କ କର୍ତ୍ତବ୍ୟ ତାହା ମଧ ନାଗରିକର କର୍ତ୍ତବ୍ୟ। ବିସ୍ତାରିତ ଭାବରେ ସେଗୁଡ଼ିକ କହିବାର ଆବଶ୍ୟକତା ନାହିଁ। ନାଗରିକ ନଗରର ରାଜା ହୋଇଥାଆନ୍ତି।

ଧାର୍ମିକ ବ୍ୟବହାର

ଧର୍ମସ୍ଥ

ଋଡ଼ି ବର୍ଷ୍ଣ ଏବଂ ଋଡ଼ି ଆଶ୍ରମର ରକ୍ଷାକର୍ତ୍ତା ହେବା କାରଣରୁ ରାଜଧର୍ମ ନଷ୍ଟ ହେଲେ ମଧ୍ୟ ରାଜା ସମସ୍ତ ଧର୍ମର ପ୍ରବର୍ତ୍ତକ ହୁଅନ୍ତି ।

ପ୍ରତିଟି ବିବାଦର ନିର୍ଣ୍ଣୟ ଋଡ଼ିଟି ଉପାୟରେ ଟେକି ରହେ – ତାହା ହେଉଛି ଧର୍ମ, ବ୍ୟବହାର, ଚରିତ୍ର ଏବଂ ରାଜଶାସନ । ରାଜଶାସନକୁ ଏଗୁଡ଼ିକ ମଧ୍ୟରେ ଶ୍ରେଷ୍ଠ ବୋଲି ଗଣ୍ୟ କରାଯାଇଛି । ଧର୍ମ ସତ୍ୟ ଉପରେ ଏବଂ ବ୍ୟବହାର ସାକ୍ଷୀମାନଙ୍କ ଉପରେ ପ୍ରତିଷ୍ଠିତ । ଚରିତ୍ରର ଅବସ୍ଥା ପରମ୍ପରାରେ ପ୍ରାପ୍ତି ଭିତ୍ତିରେ ଏବଂ ଶାସନର ଅବସ୍ଥା ନ୍ୟାୟସଙ୍ଗତ ଉଚିତ ଦଣ୍ଡ ଉପରେ ଠିଆ ହୋଇଥାଏ । ଧର୍ମାନୁସାରେ ପ୍ରଜାପାଳନ ଏବଂ ନିଜର ଧର୍ମରେ ଲିପ୍ତ ରହିଥିବା ରାଜା ସ୍ୱର୍ଗର ଅଧିକାରୀ ହୁଅନ୍ତି । ଯେଉଁ ରାଜା ଏହାର ବିପରୀତଗାମୀ ହୁଅନ୍ତି, ସିଏ ନରକଗାମୀ ହୁଅନ୍ତି । ପୁତ୍ର ଏବଂ ଶତ୍ରୁ ଦୁଇଜଣଙ୍କ ପ୍ରତି ସମାନ ଦୃଷ୍ଟି ରଖ୍ ନିର୍ଣ୍ଣୟକାରୀ ରକ୍ଷା ଦୁଇ ଜଗତର ସୁଖ ଉପଭୋଗ କରେ ।

ଯେଉଁ ରାଜା ଧର୍ମ, ବ୍ୟବହାର ସଂସ୍ଥା ଏବଂ ନ୍ୟାୟକୁ ଆଶ୍ରୟ କରି ଶାସନ ଚଲାନ୍ତି ସିଏ ଋଡ଼ି ସମୁଦ୍ର ଦ୍ୱାରା ପରିବେଷ୍ଟିତ ପୃଥିବୀକୁ ଜୟ କରି ନିଅନ୍ତି । ଧର୍ମଶାସ୍ତ୍ର ରହି ମଧ୍ୟ କେଉଁଠାରେ ବିରୋଧ ଦେଖାଯାଏ ତା'ହେଲେ ରାଜାଙ୍କ ନ୍ୟାୟ ହିଁ ପ୍ରମାଣ ରୂପେ ଗଣ୍ୟ କରାଯିବ ।

ବିବାହ ଧର୍ମ

ଏହି ଅଧ୍ୟାୟରେ ବିବାହ ଧର୍ମ, କନ୍ୟାଦାନ, ସ୍ତ୍ରୀଧନ ଏବଂ ସ୍ୱାମୀ ଯଦି ଅନ୍ୟ ଗୋଟିଏ ବିବାହ କରନ୍ତି ତା'ହେଲେ ପ୍ରଥମ ସ୍ତ୍ରୀଙ୍କ ଧନ ପ୍ରଦାନ କରିବାର ବ୍ୟବସ୍ଥା ବର୍ଣ୍ଣନା କରା ଯାଇଛି । ସବୁ ପ୍ରକାରର ବ୍ୟବହାର ବିବାହ ଉପରେ ନିର୍ଭର କରିଛି ।

ବିବାହ ଆଠ ପ୍ରକାରର ହୁଏ – ଯେଉଁ ବିବାହରେ କନ୍ୟାଙ୍କୁ ଅଳଙ୍କୃତ କରି ଯୋଗ୍ୟ ବରଙ୍କ ଦାନ ଦିଆହୁଏ ତାହା 'ବ୍ରାହ୍ମ' ବିବାହ ହିସାବରୋ ଗଣ୍ୟ ହୁଏ । ଯେଉଁ ବିବାହରେ ବର ଏବଂ କନ୍ୟା ପରସ୍ପର ଧର୍ମାଚରଣ ପୂର୍ବକ ରହିବାର ନିଷ୍ଠୁ ନିଅନ୍ତି, ତାହା ହେଉଛି 'ପ୍ରାଜାପତ୍ୟ' ବିବାହ । ଯେଉଁ ବିବାହରେ କନ୍ୟାପକ୍ଷ ବରପକ୍ଷଙ୍କ ଠାରୁ ଦୁଇଗୋଟି ଗାଭୀ ଗ୍ରହଣ କରି କନ୍ୟାଦାନ କରାଯାଇଥାଏ ତାହା ହେଉଛି 'ଆର୍ଷ' ବିବାହ । ଯଜ୍ଞବେଦୀ ଉପରେ ବସି ରିତ୍ୱିକଙ୍କ ଉପସ୍ଥିତିରେ କନ୍ୟାଦାନକୁ 'ଦୈବ୍' ବିବାହ କୁହାଯାଏ । ବର-କନ୍ୟା କାହାରି ଅନୁମତି ଛଡ଼ା ବିବାହ କଲେ

ତା'କୁ 'ଗାନ୍ଧର୍ବ' ବିବାହ କୁହାଯାଏ । କନ୍ୟା ଅଥବା କନ୍ୟାର ପିତାଙ୍କ ଠାରୁ ଅର୍ଥ ଗ୍ରହଣ କରି କନ୍ୟା ପ୍ରାପ୍ତ କରିବାକୁ 'ଆସୁର' ବିବାହ କୁହାଯାଏ । ବଳପୂର୍ବକ କନ୍ୟା ହରଣ କରି ବିବାହ କଲେ ତାହା ହୁଏ 'ରାକ୍ଷସ' ବିବାହ । ଶୋଇ ରହିଥିବା କନ୍ୟାକୁ ଅପହରଣ କରି ବିବାହ କଲେ ତା'କୁ 'ପିଶାଚ' ବିବାହ ବୋଲି ଗଣ୍ୟ କରାଯାଏ ।

ବନ୍ଧ୍ୟା ସ୍ତ୍ରୀର ସ୍ୱାମୀ ଆଠ ବର୍ଷ ପର୍ଯ୍ୟନ୍ତ ସନ୍ତାନର ଜନ୍ମଲାଭ ପାଇଁ ଅପେକ୍ଷା କରନ୍ତୁ । ମୃତ ପୁତ୍ରର ଜନ୍ମଦାତା ସ୍ୱାମୀ ଦଶ ବର୍ଷ ପର୍ଯ୍ୟନ୍ତ ଏବଂ କନ୍ୟା ଜନ୍ମଦାତା ସ୍ୱାମୀ ବାର ବର୍ଷ ପର୍ଯ୍ୟନ୍ତ ଅପେକ୍ଷା କରନ୍ତୁ । ଯଦି ତା'ସତ୍ତ୍ୱେ ମଧ୍ୟ ପୁତ୍ର ଜନ୍ମ ନଥାଏ, ତା'ହେଲେ ପୁତ୍ରାଭିଲାଷୀ ସ୍ୱାମୀ ଦ୍ୱିତୀୟ ବିବାହ କରି ନେଇ ପାରନ୍ତି । ଯଦି ଏହି ସମୟ ପୂର୍ବରୁ ସ୍ୱାମୀ ଦ୍ୱିତୀୟ ବିବାହ କରନ୍ତି, ତେବେ ପୂର୍ବ ସ୍ତ୍ରୀକୁ ଧନ ସହିତ କ୍ଷତିପୂରଣ ଅର୍ଥ ମଧ୍ୟ ଦେବାକୁ ହେବ ଏବଂ ସରକାରଙ୍କୁ ମଧ୍ୟ ଏଥିପାଇଁ ରାଜଦଣ୍ଡ ଦେବାକୁ ହେବ ।

ରତୁକାଳରେ ସ୍ତ୍ରୀଙ୍କ ପାଖକୁ ଯିବାପାଇଁ ଅନିଚ୍ଛୁକ ସ୍ୱାମୀ ଦଣ୍ଡର ଅଧିକାରୀ । କିନ୍ତୁ ଅନିଚ୍ଛୁକ ପୁତ୍ରବତୀ ସ୍ତ୍ରୀଙ୍କ ପାଖକୁ ଯିବା ଉଚିତ୍ ନୁହେଁ । କୁଷ୍ଠୀ, ଉନ୍ମାଦିନୀ ସ୍ତ୍ରୀଙ୍କ ପାଖକୁ ଯିବା ବର୍ଜିତ । କିନ୍ତୁ ପୁତ୍ର କାମନାରେ ଇଚ୍ଛୁକ ସ୍ତ୍ରୀ ଏଭଳି ପୁରୁଷଙ୍କ ପାଖକୁ ଯାଇ ପାରନ୍ତି ।

ନୀଚ ଆଚରଣ, ସଦା ପ୍ରବାସରେ ରହିବା, ରାଜଦ୍ରୋହୀ ପ୍ରାଣଘାତୀ ଜାତି ଏବଂ ଧର୍ମରେ ପତିତ ତଥା ନପୁଂଶକ ସ୍ୱାମୀଙ୍କୁ ତ୍ୟାଗ କରିବାର ପୂର୍ଣ୍ଣ ଅଧିକାର ସ୍ତ୍ରୀର ରହିଛି ।

ବୈବାହିକ ବ୍ୟବହାର

୧୨ ବର୍ଷ ବୟସର ସ୍ତ୍ରୀ ଏବଂ ୧୬ ବର୍ଷର ବୟସର ପୁରୁଷକୁ ବୟସ୍କ ବୋଲି ଗଣ୍ୟ କରା ଯାଇଛି । ଏହି ବୟସସୀମା ପରେ ରାଜ ନିୟମ ଉଲ୍ଲଂଘନ କଲେ ତାହା ଦଣ୍ଡନୀୟ ଅପରାଧ ବୋଲି ଗଣ୍ୟ ହେବ ।

ବିବାଦ ପରିସ୍ଥିତିରେ ଯଦି ସ୍ତ୍ରୀର ଭରଣ-ପୋଷଣର କୌଣସି ସୀମା ନିର୍ଦ୍ଧାରିତ ନହେଲେ ମଧ୍ୟ ତା'କୁ ନିରନ୍ତର ଆହାର, ବସ୍ତ୍ର ଇତ୍ୟାଦି ଦେବାକୁ ହେବ । ଯଦି ସୀମା ନିର୍ଦ୍ଧାରିତ ହୁଏ ତା'ହେଲେ ସମସ୍ତ ଖର୍ଚ୍ଚ ସିଏ ପାଇବ ।

ସ୍ୱାମୀ ଯଦି ପରସ୍ତ୍ରୀଗାମୀ ଏବଂ ମିଛୁଆ ହୁଅନ୍ତି ତେବେ ସିଏ ଦଣ୍ଡର ଅଧିକାରୀ । ନିର୍ଦୋଷ ସ୍ତ୍ରୀଙ୍କୁ ତ୍ୟାଗ କରିବାକୁ ଇଚ୍ଛୁକ ସ୍ୱାମୀ ସ୍ତ୍ରୀର ଇଚ୍ଛା ବିନା ତାଙ୍କୁ ତ୍ୟାଗ କରି ପାରିବେ ନାହିଁ । ଦୋଷୀ ସ୍ୱାମୀଙ୍କୁ ତ୍ୟାଗ କରିବାକୁ ଇଚ୍ଛୁକ ସ୍ତ୍ରୀ ଧନର ଅଧିକାରିଣୀ ହେବେ ନାହିଁ । ଧର୍ମାନୁଯାଇ କରାଯାଇଥିବା ବିବାହକୁ ବିଚ୍ଛେଦ କରା ଯାଇ ପାରିବନାହିଁ ।

ରାଜଦ୍ରୋହ, ଅତ୍ୟାଚାରୀ ସ୍ୱାମୀଙ୍କ ଘରୁ ପଳାଇଯିବା ଏହି କେତୋଟି ଅପରାଧ କଲେ ସ୍ତ୍ରୀମାନେ ନିଜର ସ୍ୱାଧନ ତଥା ପିତାଙ୍କ ପାଖରୁ ଅର୍ଥ ପ୍ରାପ୍ତରୁ ବଞ୍ଚିତ ହେବ ।

ଅନ୍ୟାନ୍ୟ ଅପରାଧ

ବୟସ୍କ ସ୍ତ୍ରୀ ସ୍ୱାମୀଙ୍କ ଘରୁ ପଳାୟନ କଲେ ସିଏ ୬ ପଣ ଦଣ୍ଡର ପାତ୍ରୀ ହେବ । କିନ୍ତୁ ସିଏ ଯଦି ସ୍ୱାମୀର ଅପମାନ ଏବଂ ସ୍ୱାମୀର ଅପରାଧ କାରଣରୁ ପଳାୟନ କରିଥାଏ ତେବେ ସ୍ତ୍ରୀ ଦଣ୍ଡିତ ହେବନାହିଁ । ଯଦି ସିଏ କୌଣସି ଅନ୍ୟ ପୁରୁଷଙ୍କୁ ସହିତ ନିଜ ଘରେ ସ୍ଥାନ ଦେଇ ତାଙ୍କ ସହିତ

ଦୈହିକ ସମ୍ପର୍କ ରଖିଥାଏ ତେବେ ସ୍ତ୍ରୀ ୧୨ ପଣ ଦଣ୍ଡର ଅଧିକାରୀ ହେବ । ଏହିଭଳି ପରସ୍ତ୍ରୀକୁ ସ୍ୱାମୀ ନିଜ ଘରେ ସ୍ଥାନ ଦେଲେ ମଧ ସିଏ ସେହି ଦଣ୍ଡର ଅଧିକାରୀ ହେବ । ବିପଦରେ ଆଶ୍ରୟ ଦେବା ଅପରାଧ ନୁହେଁ । ମୃତ୍ୟୁ, ବ୍ୟାଧି, ବିପତ୍ତି ଏବଂ ଗର୍ଭ ପ୍ରସବ ସମୟ ଉପସ୍ଥିତ ହେଲେ ସ୍ୱାମାନଙ୍କ ନିଜ ବାନ୍ଧବୀମାନଙ୍କର ଘରେ ଯିବା ନିଷିଦ୍ଧ । ଛଳନା ଦ୍ୱାରା ନିଜର ବନ୍ଧୁ-ବାନ୍ଧବୀଙ୍କୁ ନିଜ ଘରେ ଲୁଚାଇ ରଖିବା ସ୍ତ୍ରୀ ଦଣ୍ଡର ଅଧିକାରୀ ।

ଧର୍ମ ବିବାହ ଦ୍ୱାରା ବିବାହିତାର ସ୍ୱାମୀ ଯଦି ନକହି ଚାଲି ଯାଆନ୍ତି, ତା'ହେଲେ ସେହି ସ୍ତ୍ରୀ ସାତ ରତୁକାଳ ପର୍ଯ୍ୟନ୍ତ ତାହାକୁ ଅପେକ୍ଷା କରିବେ । ତା'ପରେ ସିଏ ଧର୍ମାଧିକାରୀଙ୍କ ଆଜ୍ଞାନୁସାରେ ଅନ୍ୟ ସ୍ୱାମୀକୁ ଗ୍ରହଣଣ କରି ପାରିବେ । ସ୍ୱାମୀର ସହୋଦରକୁ ତ୍ୟାଗ କରି ସେହି ସ୍ତ୍ରୀ ଅନ୍ୟ କୌଣସି ପୁରୁଷଙ୍କ ସହିତ ଯଦି ବିବାହ କରିବାକୁ ଚାହେଁ ତେବେ ସେହି ସ୍ତ୍ରୀ ଦଣ୍ଡର ଅଧିକାରିଣୀ ହେବ ।

ଦାୟ ବିଭାଗ

ମା-ବାପା ଦୁଇଜଣ ଜୀବିତ ରହିଲେ ପୁତ୍ର ପୈତୃକ ସମ୍ପତ୍ତିର ଅଧିକାରୀ ହେବନାହିଁ । ବାପା-ମାଆର ମୃତ୍ୟୁ ହେଲେ ପୈତୃକ ସମ୍ପତ୍ତିର ଭାଗ ହୋଇପାରେ । ପିତାଙ୍କ ଦ୍ୱାରା ସ୍ୱୟଂ ଅର୍ଜିତ କରିଥିବା ଧନ ଅବିଭାଜ୍ୟ, କିନ୍ତୁ ସମ୍ପତ୍ତି ବିଭାଜ୍ୟ । ଚତୁର୍ଥ ପ୍ରଜନ୍ମ ପରେ ସେହି ସମ୍ପତ୍ତିର ଭାଗ ହୋଇ ପାରିବ ।

ଅଂଶ ବିଭାଗ

ଅନେକ ପୁତ୍ରଙ୍କ ମଧ୍ୟରେ ଜ୍ୟେଷ୍ଠ ପୁତ୍ରର ଭାଗ ଦଶାଂଶ ଅଧିକ ହୁଏ । କନ୍ୟାମାନେ ମାଆଙ୍କ ସମ୍ପତ୍ତିର ଅଧିକାରିଣୀ ହୁଅନ୍ତି, ପିତାର ସମ୍ପତ୍ତିର ନୁହେଁ ।

ଯଦି କୌଣସି ପୁରୁଷଙ୍କ କେତେଗୁଡ଼ିକ ସ୍ତ୍ରୀ ରହିଥାଆନ୍ତି ଏବଂ ପୁତ୍ର ସଂଖ୍ୟା ଅଧିକ ଥାଏ ତେବେ ସେମାନଙ୍କ ମଧ୍ୟରେ ବଡ଼ ସେହି ପୁତ୍ର ହେବ ଯାହାର ଜନ୍ମ ସର୍ବପ୍ରଥମେ ହୋଇଛି । ସଂସ୍କୃତିସମ୍ପନ୍ନା ଅଥବା ଅକ୍ଷତଯୋନୀ ସ୍ତ୍ରୀଙ୍କ ପୁତ୍ର ସାନ ହେଲେ ମଧ ବଡ଼ ବୋଲି ଗଣ୍ୟ ହେବ । ଯମଜ ସନ୍ତାନ ଜନ୍ମିବା ସମୟରେ ଯେଉଁ ସନ୍ତାନଟି ପ୍ରଥମେ ପୃଥିବୀରେ ଭୂମିଷ୍ଠ ହୋଇଛି ତାହାକୁ ବଡ଼ ପୁତ୍ର ବୋଲି ଗଣ୍ୟ କରାଯିବ ।

ପୁତ୍ର ବିଭାଗ

ନିଜର ସ୍ତ୍ରୀ ଅନ୍ୟ କୌଣସି ପୁରୁଷଙ୍କ ଦ୍ୱାରା ଜନ୍ମଲାଭ କରାଇଥିବା ପୁତ୍ର ତାଙ୍କ ସ୍ୱାମୀଙ୍କ ପୁତ୍ର ବୋଲି ଗଣ୍ୟ ହେବ । କିନ୍ତୁ କେହି କେହି ପୁତ୍ରକୁ ବୀଜୀ ପୁରୁଷର ପୁତ୍ର ବୋଲି ମନେ କରନ୍ତି । ବିବାହିତା ସ୍ତ୍ରୀ ଦ୍ୱାରା ଜନ୍ମାଇଥିବା ପୁତ୍ରକୁ ଔରସଜାତ କୁହାଯାଏ । କନ୍ୟାର ପୁତ୍ରକୁ ଯଦି ସିଏ ନିଜର ପୁତ୍ର ବୋଲି ମାନିନିଏ ତା'ହେଲେ ସେହି ପୁତ୍ର ମଧ ଔରସଜାତର ସମାନ ହୁଏ । ନିୟୋଗ ଦ୍ୱାରା ଉତ୍ପନ୍ନ ପୁତ୍ର କ୍ଷେତ୍ରଜ ବୋଲି ଗଣ୍ୟ ହୁଏ । ସେଥିରେ ନିଯୁକ୍ତ ପୁରୁଷ ନିଜର ଯଦି କୌଣସି ପୁତ୍ର

ନହୁଏ ତା'ହେଲେ ସିଏ କ୍ଷେତ୍ରଜ ଦ୍ୱିଗୋତ୍ରୀ ବୋଲି ଗଣ୍ୟ ହେବ ଏବଂ ଦୁଇଜଣ ପିତାର ପିଣ୍ଡଦାନ ତଥା ସମ୍ପତ୍ତିର ଅଧିକାରୀ ହେବ ।

ଦେଶ, ଜାତି, ସମାଜ ଏବଂ ଗ୍ରାମରେ ଯେଉଁ ବ୍ୟବହାର ଧର୍ମାନୁସାରେ ହୁଏ, ସେହି ଅନୁସାରେ ସେହି ଦେଶ ପାଇଁ ଦାୟ ଭାଗର ବ୍ୟବସ୍ଥା କରିବା ଉଚିତ୍ ।

ଅଚଳ ସମ୍ପତ୍ତି

ବସ୍ତୁ ସମ୍ପର୍କିତ ବିବାଦ ନିର୍ଣ୍ଣୟଗୁଡ଼ିକ ପଡ଼ୋଷୀମାନଙ୍କର ସାକ୍ଷୀ ଉପରେ ନିର୍ଭର କରିଥାଏ । ଘର, କ୍ଷେତ, ଉଦ୍ୟାନ, ସେତୁବନ୍ଧ, ଭୋଗ ଇତ୍ୟାଦି ସମସ୍ତକୁ ବସ୍ତୁ କୁହାଯାଏ । ଘର ତିଆରୀ କରିବା ସମୟରେ ସୁଖ-ସୁବିଧାର କଥାକୁ ଦୃଷ୍ଟିରେ ରଖ଼ି ଦୁଇ ଘରର ମଝିରେ ଛୋଟ ଗଲି ରାସ୍ତା ରଖିବା ଜରୁରୀ ହୋଇଥାଏ । ବିଧାନ ଅନୁଯାୟୀ ଯେଉଁମାନେ ଘର ତିଆରୀ କରନ୍ତିନାହିଁ ସେମାନେ ଦଣ୍ଡର ଅଧିକାରୀ । କେହି ନିଜ ଘରର ତିଆରୀ କରିଥିବା କାରଣରୁ ଅନ୍ୟ କାହାରି ଘରର ଯଦି କୌଣସି କ୍ଷତିସାଧନ ହୁଏ ତା'ହେଲେ ସିଏ ଦଣ୍ଡର ଅଧିକାରୀ ।

ବାସ୍ତୁ ବିକ୍ରୟ

ନିଜର ସ୍ୱଜାତୀୟ ପଡ଼ୋଶୀ, ରଣଦାତା, ଧନୀ ଏମାନଙ୍କର ଘର ଏବଂ ଜମି କିଣିବାର ଅଧିକାର ରହିଛି । ଅଧିକ କ୍ରେତା ହେଲେ, ଯିଏ ଅଧିକ ମୂଲ୍ୟ ଦେବ ସିଏ ହିଁ କିଣି ପାରିବ । ମୂଲ୍ୟ ବୃଦ୍ଧିକାରୀ ବ୍ୟକ୍ତିହିଁ ରାଜକୀୟ ଶୁଳ୍କ ଆଦାୟ କରିବ ।

ଦୁଇଟି ଗ୍ରାମର ସୀମାରେଖା ସମ୍ପର୍କରେ ଯଦି କୌଣସି ବିବାଦ ହୁଏ ତା'ହେଲେ ନିକଟସ୍ଥ ପଞ୍ଚଗ୍ରାମୀନ କିମ୍ୱା ଦଶଗ୍ରାମୀନ ବ୍ୟକ୍ତିହିଁ ମଧ୍ୟସ୍ଥଲରେ ରହି ବିବାଦର ସମସ୍ୟା କରିବ । ଏଥିରେ ଯଦି ଫଇସାଲା ନହୁଏ ତେବେ ରାଜାଙ୍କ କଥା ହିଁ ଶେଷ କଥା ।

ଏହଭଳି ତପୋବନ, ରଣଭୂମି ମହାପଥ, ଶ୍ମଶାନଘାଟ, ଦେବମନ୍ଦିର, ଯଜ୍ଞଶାଳା ଏବଂ ପବିତ୍ର ସ୍ଥାନର ସୀମା ବିଷୟରେ ବିବାଦର ସମାଧାନ କରିବା ଉଚିତ୍ ।

ବିଭିନ୍ନ କ୍ଷେତ୍ରରେ ହିଂସା

ବିବିଧ କାର୍ଯ୍ୟ-କର୍ମ ତଥା ଜଲପଥ ଅବରୋଧ କରିବା, ଜଲ ଅପଚୟ କରିବା, ଅନ୍ୟର ଜମିର ସୀମାରେଖା, କୂଆଁ, ପୁଣ୍ୟ ସ୍ଥାନ, ଦେବାଲୟର ଜମିକୁ ଅନ୍ୟ ଜମି ସହିତ ସଂଯୁକ୍ତ କରିବା, ଧର୍ମସ୍ଥାନକୁ ବନ୍ଧକରେ ରଖିବା, ବିକ୍ରି କରିବା, ଦଲାଲୀ କରିବା ପ୍ରଭୃତି କାର୍ଯ୍ୟ ଦଣ୍ଡନୀୟ ଅପରାଧ ।

ଯାତାୟତର ପଥ ଅବରୋଧ କରିବା, ପଶୁଙ୍କ ପଥ ଅବରୋଧ କରିବା, ସେତୁ, ବନପଥ, ଶ୍ମଶାନ, ଗ୍ରାମପଥ, ଦ୍ୱାନମୁଖ ଅବରୋଧ କରିବା ପ୍ରଭୃତି କାମ ଦଣ୍ଡନୀୟ ଅପରାଧ ।

ଅଭୟାରଣ୍ୟର ହରିଣ ଯଦି କାହାରିର ଜମିର ଫସଲକୁ ଖାଇ ନଷ୍ଟ କରି ଦିଏ ତେବେ ଅଭୟାରଣ୍ୟର ଅଧିକାରୀଙ୍କ ପାଖରେ ଅଭିଯୋଗ କରି ହରିଣକୁ ଆସିବା ପାଇଁ ବାଧା ଦେବା

ଅପରାଧ । ପଶୁଙ୍କ ପ୍ରତି ହିଂସା କରିବା ଅପରାଧ । ବିଶେଷ କରି ବିଗିଡ଼ି ଯାଇଥିବା ପଶୁଙ୍କ ପ୍ରତି ଏହି ନିୟମ ପ୍ରଯୁଜ୍ୟ । ସାର୍ବଜନୀନ କାର୍ଯ୍ୟରେ ସହଯୋଗିତା ନକରିବା ଦଣ୍ଡନୀୟ ଅପରାଧ ।

ସାମୂହିକ ଭାବରେ କର୍ମରତ ସମସ୍ତ କର୍ମୀଙ୍କୁ ସମାବେଶ କରି ଦେଶ ପାଇଁ ସେତୁ, ପଥ, ଗ୍ରାମର ସୌନ୍ଦର୍ଯ୍ୟ ଏବଂ ଗ୍ରାମରକ୍ଷାର ଆୟୋଜନ କରିବା ଏବଂ ସମସ୍ତଙ୍କ ପାଇଁ ପ୍ରିୟ ତଥା ସ୍ୱାର୍ଥର କାମ କରିବା ରାଜାଙ୍କର କର୍ତ୍ତବ୍ୟ ଅଟେ ।

ଋଣଦାନ

ଏକଶହ ପଣ ଋଣ ଗ୍ରହଣ କଲେ ସୋଆ ପଣ, କ୍ରୟ–ବିକ୍ରୟ କ୍ଷେତ୍ରରେ ୫ ପଣ, ଜଙ୍ଗଲ ତଥା ଦୁର୍ଗମ ପଥରେ ବ୍ୟବସାୟ କରୁଥିବା ବ୍ୟବସାୟୀଙ୍କ ଠାରୁ ୧୦ ପଣ, ସମୁଦ୍ର ପଥରେ ୨୦% ପଣ ମାସିକ ସୁଦ ନେବା ଧର୍ମସଙ୍ଗତ ବୋଲି କୁହାଯାଇଛି । ଏହି ନିୟମରୁ ବ୍ୟତିକ୍ରମ ହେଲେ ତାହା ଦଣ୍ଡନୀୟ ହେବ । ବିକ୍ରି ହୋଇଥିବା ଅନ୍ନର ମୂଲ୍ୟ ପରିଶୋଧ ନ କରି ତାହା କ୍ରମେ କ୍ରମେ ବିକ୍ରି କରି ପରିଶୋଧ କଲେ ସୁଧ ଦେବାକୁ ହେବ । ମିଥ୍ୟା ସାକ୍ଷୀ ଦେବା ଦଣ୍ଡନୀୟ ଅପରାଧ ।

ଋଣ ନେଇ ସାରିବା ପରେ ଅସ୍ୱୀକାର କରିବା ଫଳରେ ଯଦି ବିବାଦ ବୃଦ୍ଧି ପାଏ ତେବେ ସାକ୍ଷୀ ଉପରେ ନିର୍ଭର କରିବାକୁ ହେବ । ଜଣେ ସାକ୍ଷୀଙ୍କ କଥାକୁ ମାନ୍ୟତା ଦିଆ ଯିବନାହିଁ । ଘନିଷ୍ଠ ଆତ୍ମୀୟ, ସେବକ, ଋଣଦାତା, ଋଣଗ୍ରହୀତା, ଶତ୍ରୁ ଏବଂ ଅପରାଧୀ ପ୍ରଭୃତିଙ୍କର ସାକ୍ଷ୍ୟ ପ୍ରମାଣିତ ହେବନାହିଁ । ସାକ୍ଷ୍ୟ ଦେବା ପୂର୍ବରୁ ସତ କହିବାର ଶପଥ ଗ୍ରହଣ କରିବା ଅପରିହାର୍ଯ୍ୟ ।

ଉପନିଧିକ

ଏହି ପ୍ରକରଣ ଗଚ୍ଛିତ ବିଷୟକ ସମ୍ପର୍କରେ ନିରୂପଣ କରା ହେଉଛି । ଋଣ ପରିଶୋଧ ନକରିବାର ବ୍ୟବସ୍ଥା ଗଚ୍ଛିତ ଦ୍ରବ୍ୟର ବିଷୟରେ ମଧ୍ୟ ଲାଗୁ ହୋଇଥାଏ ।

କୌଣସି ଲୋକ ବ୍ୟକ୍ତିଗତ କିମ୍ବା ପର ପୁରୁଷଙ୍କ ସହିତ କୌଣସି ବ୍ୟବହାର କରିବା ପୂର୍ବରୁ ତାହା ସାକ୍ଷୀଙ୍କ ସମ୍ମୁଖରେ ଉପସ୍ଥାପନା କରିବା ଉଚିତ୍ । ଯାହା ଲେଖନୀୟ ରହିବା ବାଞ୍ଛନୀୟ । ଦେଶ, କାଳ ତଥା ଉତ୍ତମବର୍ଣ୍ଣର ଲୋକମାନଙ୍କୁ ଜ୍ଞାତସାରରେ ଦେଖଶୁଣି ବ୍ୟବହାର କରିବା ଉଚିତ୍ ।

ଦାସ କର୍ମକାର କକ୍ଷ

ଦାସ ଏବଂ କର୍ମକାରମାନଙ୍କ ବିଷୟରେ ଏହି ପ୍ରକରଣ ଚିନ୍ତା କରାଯାଉଛି । ପେଟ ଚଲାଇବା ପାଇଁ କାହାରି ପାଖରେ ଦାସତ୍ୱ ହେବା, ଅପ୍ରାପ୍ତବୟସ୍କ ଶୂଦ୍ରଙ୍କ ବସ୍ତୁ ଯଦି କେହି ଅନ୍ୟ କାହାରି ପାଖରେ ବିକ୍ରି କରିଥାଏ କିମ୍ବା ବନ୍ଧକ ରଖିଥାଏ ତେବେ ଏହା ଦଣ୍ଡନୀୟ ଅପରାଧ । ବୈଶ୍ୟ ବାଳକକୁ ବିକ୍ରି କଲେ ଏହି ଜୋରିମାନା ଦୁଇଗୁଣ ହେବ ଏବଂ କ୍ଷତ୍ରିୟ କିମ୍ବା ବ୍ରାହ୍ମଣଙ୍କୁ ବିକ୍ରି କଲେ ତିନିଗୁଣ ଅଥବା ଚାରିଗୁଣ ଜୋରିମାନା ଦେବାକୁ ହେବ । ବିକ୍ରୟକାରୀ ଯଦି ନିଜର ସ୍ୱଜନ

ନହୋଇ ଅନ୍ୟ କେହି ହୁଏ ତେବେ ସିଏ ମଧ୍ୟ ଦଣ୍ଡ ଭୋଗ କରିବ । ସେଠାରେ ପ୍ରାଣଦଣ୍ଡ ମଧ୍ୟ ହୋଇପାରେ । ସେହି ବସ୍ତୁ କିମ୍ବା ସମ୍ପତ୍ତିକୁ ଯିଏ କ୍ରୟ କରିବ ସିଏ ମଧ୍ୟ ଦଣ୍ଡର ଅଧିକାରୀ ହେବ ।

କର୍ମକାର କକ୍ଷ

କର୍ମକାର ଶ୍ରମିକ ନିର୍ଦ୍ଧାରିତ ପାରିଶ୍ରମିକ ପାଇବାର ଅଧିକାରୀ, ଯାହାର ପାରିଶ୍ରମିକ ନିର୍ଦ୍ଧାରିତ ନ ହୋଇଥାଏ ତାହାର କାମ ଏବଂ ସମୟକୁ ଦେଖି ପାରିଶ୍ରମିକ ଦେବା ଉଚିତ୍ । ବେତନଭୋଗୀ କର୍ମଚାରୀ ପୂର୍ବରୁ ନିର୍ଦ୍ଧାରିତ ହୋଇଥିବା ବେତନ ପାଇବେ । ଯଦି ନିଯୁକ୍ତିଦାତା ବେତନ ପ୍ରଦାନ ନକରନ୍ତି, ତେବେ ଦଶମାଂଶ ଜୋରିମାନା ଦେବାକୁ ହେବ । ବେତନ ନେଇ ମଧ୍ୟ ଅସ୍ୱୀକାର କଲେ ସେହି କର୍ମୀ ଜୋରିମାନାର ପାତ୍ର ହେବ । ବିପଦରୁ ରକ୍ଷାକାରୀ ମଧ୍ୟ ପାରିଶ୍ରମିକ ପାଇବାର ପାତ୍ର ।

ସମ୍ୟୁକ୍ତ ସମୁଦ୍ଧାନ

ବହୁ ଲୋକ ଏକାସାଥିରେ ଯେଉଁ କାମଟି କରିବେ ସେମାନଙ୍କର ପରସ୍ପର ମଜୁରୀ ବିତରଣ ବିଷୟରେ ଏଠାରେ ଉଲ୍ଲେଖ କରା ହୋଇଛି । ପାରିଶ୍ରମିକ ନେଇ ମଧ୍ୟ ଯିଏ କାମ ନକରିଥାଏ ସିଏ ଦଣ୍ଡର ଅଧିକାରୀ ହେବ । ନିର୍ଦ୍ଦିଷ୍ଟ ସ୍ଥାନ ଏବଂ ସମୟର ଉଲଂଘନ କରିଥିବା କର୍ମୀ ହେଉଛି ଅପରାଧୀ । ସଂଗଠିତ ଶ୍ରମିକମାନଙ୍କ ବିଷୟରେ ମଧ୍ୟ ଏହି ନିୟମ ପ୍ରଯୁଜ୍ୟ ।

କମ୍ପାନୀର କୌଣସି କର୍ମଚାରୀ ଯଦି ରେରି କରେ ତା'ହେଲେ ତା'କୁ ଅଟକି ରଖା ଯାଇପାରେ । ଏହାଠୁ ଅଧିକ ଅପରାଧ କଲେ ସିଏ ସେହିଭଳି ଦଣ୍ଡ ପାଇବ ।

କୌଣସି ଯଜ୍ଞ ଯାଜକ ନିଜ ନିଜ କାମ ବିଶେଷ ପାଇଁ ଯେଉଁ ଦକ୍ଷିଣା ପାଇବ ଏବଂ ଏହା ଛଡ଼ା ପୂର୍ବରୁ ନିର୍ଦ୍ଧାରିତ କରିଥିବା ଯେଉଁ ପାରିଶ୍ରମିକ ପାଇବେ ତାହାକୁ ସେମାନେ ନିଜେମାନେ ଭାଗ କରିନେବେ ।

କ୍ରୟ-ବିକ୍ରୟ ଅନୁଶୟ

ବିକ୍ରିତ ଜିନିଷ କ୍ରେତାକୁ ନଦେଇ ବିକ୍ରେତାକୁ ଦେଲେ ତାହା ଦଣ୍ଡନୀୟ । କିନ୍ତୁ ଯଦି ସେହି ବସ୍ତୁଟି ବିଷୟରେ କୌଣସି ପ୍ରକାର ବିବାଦ ଦେଖାଯାଏ ତାହାଲେ ତାହା ଦଣ୍ଡନୀୟ ନୁହେଁ ।

ବ୍ରାହ୍ମଣ, କ୍ଷତ୍ରିୟ ଏବଂ ବୈଶ୍ୟମାନଙ୍କ କ୍ଷେତ୍ରରେ ବିବାହ ପୂର୍ବରୁ ଯଦି କୌଣସି ବିତର୍କ ଦେଖାଦିଏ ତା'ହେଲେ ବୈବାହିକ ସମ୍ପର୍କକୁ ଭାଙ୍ଗି ଦିଆ ଯାଇପାରେ । କିନ୍ତୁ ପାଣିଗ୍ରହଣ ହେବା ପରେ ଏହା ସମ୍ଭବ ହୁଏନା । ଏହି ତିନି ବର୍ଷର ବିବାହ ହୋଇଯିବା ପରେ ମଧ୍ୟ ଯଦି ପୁରୁଷ ନପୁଂସକ ଏବଂ ସ୍ତ୍ରୀର କ୍ଷତଯୋନି ବୋଲି ପ୍ରମାଣିତ ହୁଏ ତେବେ ବୈବାହିକ ସମ୍ପର୍କକୁ ଭାଙ୍ଗି ଦିଆ ଯାଇପାରେ ।

କନ୍ୟା ଏବଂ ବରଙ୍କ ଦୋଷକୁ ଲୁଚାଇ ରଖି ବିବାହ ସମ୍ପନ୍ନ କଲେ ଦୁଇ ପକ୍ଷକୁ ଜୋରିମାନା ଦେବାକୁ ପଡ଼ିବ ।

ଯେମିତି ଦାତା ଏବଂ ଗ୍ରହୀତା ଉଭୟଙ୍କ କୌଣସି କଷ୍ଟ ନହୁଏ, ଦାନ ତଥା କ୍ରୟ-ବିକ୍ରୟ ବିଷୟକ ବ୍ୟବସ୍ଥା ରାଜାଙ୍କ ମନ୍ତ୍ରୀ ପରିଷଦ ତଥା ଧର୍ମ ପରିଷଦଙ୍କ କରିବା ଉଚିତ୍ ।

ଅସ୍ୱାମୀ ବିକ୍ରୟ ଏବଂ ସ୍ୱସ୍ୱାମୀ ସମ୍ବନ୍ଧ

ଦେବାର କଥା ଦେଇ ନଦେଲେ ତାହା ଉପରେ ଏହି ବିଧାନ ଲାଗୁ ହେବ ଯେଉଁମାନେ ରଣ ଦେବାର କଥା ଦେଇ ମଧ୍ୟ ରଣ ପ୍ରଦାନ ନକରିବେ। କୌଣସି ଲୋକ ନିଜର ସର୍ବସ୍ୱ, ସ୍ତ୍ରୀ-ପୁତ୍ର ପ୍ରଭୃତି ଦେବାକୁ ବଚନବଦ୍ଧ ହେଲେ ପରମୁହୂର୍ତ୍ତରେ ତାହା ଅସ୍ୱୀକାର କରି ପାରିବେ ନାହିଁ। ଯଦି କାହାରିକୁ ସୁପାତ୍ର ଭାବି ଦାନ କରିବାର ପ୍ରତିଶ୍ରୁତି ଦିଆହୁଏ ଏବଂ କାଳାନ୍ତରେ ସିଏ ଯଦି କୁପାତ୍ର ହୋଇଯାଏ, ତା'ହେଲେ ବିବାଦ ସମାପ୍ତ ହେଲେ ପରେ ସେହି ଅର୍ଥକୁ କୌଣସି ଭଦ୍ରଲୋକଙ୍କ ପାଖରେ ରଖ ଦେବା ଉଚିତ୍। ଏହି ବିବାଦକୁ ଧାର୍ମିକ କୌଶଳରେ ସମାଧାନ କରିବା ଉଚିତ୍।

ଆକ୍ରୋଶ ତଥା ଅନର୍ଥର ଭୟରେ ଜୋରିମାନା ଦାନ କରିବା ଏବଂ ଜୋରିମାନା ଗ୍ରହଣ କରିବା ଦଣ୍ଡନୀୟ ଅପରାଧ। କାହାରିର ହତ୍ୟା ପାଇଁ ଦାନ ଗ୍ରହଣ କରିବା ଅଥବା ଦାନ ଦେବା ଅପରାଧ ଅଟେ। ରାଜାଙ୍କ ଦ୍ୱାରା ପ୍ରଦତ୍ତ ଦାନଠାରୁ ଯଦି କୌଣସି ଲୋକ ଅଭିମାନସ୍ୱରୂପ ଅଧିକ ଦାନ କରନ୍ତି ତା'ହେଲେ ସେଇଟା ଜୋରିମାନା ଯୋଗ୍ୟ ଅପରାଧ।

ସନ୍ୟାସୀମାନଙ୍କର ଉଚିତ୍ ରାଜାଙ୍କୁ କୌଣସି ମିଥ୍ୟାଚାରୀମାନଙ୍କ ହାତରୁ ରକ୍ଷା କରିବା। ଅଧର୍ମ ଶାସନକାରୀ ରାଜାଙ୍କୁ ନଷ୍ଟ କରିଦିଏ।

ସାହସ କର୍ମ

ବଳପୂର୍ବକ, ଅପହରଣ ପ୍ରଭୃତି କାର୍ଯ୍ୟକଳାପ 'ସାହସ' ପର୍ଯ୍ୟାୟରେ ପଡ଼ିଥାଏ। ଲୁଚ୍ଚେଇ ଅପହରଣକୁ 'ସ୍ତେୟ' ବୋଲି ଗଣ୍ୟ ହୁଏ। ରତ୍ନ, ସୁନା ପ୍ରଭୃତି ମୂଲ୍ୟବାନ ବସ୍ତୁଗୁଡ଼ିକ ସଂକ୍ରାନ୍ତରେ ସାହସିକ କର୍ମ ପାଇଁ ଅପରାଧୀଙ୍କୁ ତାହାର ମୂଲ୍ୟ ଅନୁସାରେ ଦଣ୍ଡ ଦିଆଯାଏ। କାହାରି ମତରେ ଦୁଇଗୁଣ ଜୋରିମାନା ଧାର୍ଯ୍ୟ କରିବା ଉଚିତ୍। ରଣକ୍ୟ ଅପରାଧୀର ଅପରାଧ ଅନୁସାରେ ଦଣ୍ଡର ବିଧାନ ଦର୍ଶାଇଛନ୍ତି। ପୁଷ୍ପ, ଫଳ, ଶାଗ ପ୍ରଭୃତି ପାଇଁ ସାହସିକ କର୍ମ ପାଇଁ ୧୨ରୁ ୨୪ ପଣ ପର୍ଯ୍ୟନ୍ତ ଜୋରିମାନା କରାଯାଏ।

କୌଣସି ସ୍ତ୍ରୀ କିମ୍ବା ପୁରୁଷଙ୍କୁ ରୋଜ କରି ଅଟକି ରଖିବା, ରାଜ୍ୟର ବନ୍ଦୀକୁ ଛଡ଼ାଇ ନେଲେ ୫୦୦ରୁ ୧୦୦୦ ପର୍ଯ୍ୟନ୍ତ ଜୋରିମାନା ଧାର୍ଯ୍ୟ କରା ଯାଇଛି। ଷଡ଼୍‌ଯନ୍ତ କରି ଯେଉଁମାନେ ଦୁଷ୍କର୍ମ କରିଥାଆନ୍ତି ସେମାନଙ୍କୁ ଏହାର ଦୁଇଗୁଣ ଜୋରିମାନ ଦେବାକୁ ପଡ଼ିଥାଏ। ସେମାନଙ୍କର ସାହାଯ୍ୟକାରୀମାନଙ୍କୁ ରଚିଗୁଣ ଜୋରିମାନା ଦେବା ପାଇଁ ଦଣ୍ଡର ବ୍ୟବସ୍ଥା ରହିଛି।

ବାଣୀର କଠୋରତା

ଏହି ପାରୁଷ୍ୟ ତିନି ପ୍ରକାରର ହୁଏ – ଉପବାଦ, କୁସ୍ତା ଏବଂ ଅତିସର୍ଜନ। କାହାରି ଶରୀରର ଦୋଷ କହିବା, ଅଣ୍ଢ କହିବା, ପ୍ରଭୃତି ହେଉଛି ଉପବାଦ। ଉନ୍ମାଦ କିମ୍ବା ମୂର୍ଖ ବୋଲି କହି ଗାଳିଗୁଲଜ କରିବା ହେଉଛି କୁସ୍ତା। ମାରିଦେବାର ଭୟ ଦେଖାଇବା ହେଉଛି ଅତିସର୍ଜନ। ଏହା ପାଇଁ ଅଲଗା ଅଲଗା ଦଣ୍ଡର ବ୍ୟବସ୍ଥା ରହିଛି। ଯେଉଁ ବ୍ୟକ୍ତି ପ୍ରସାଦ, ମଦ ଏବଂ ମୋହବଶ ଭଳି ଅପରାଧ କରିଥାଏ ତାକୁ ଅଧା ଦଣ୍ଡ ଭୋଗିବାକୁ ହୁଏ।

ଦଣ୍ଡ ପାରୁଷ୍ୟ

ଦଣ୍ଡ ପାରୁଷ୍ୟ ଅର୍ଥାତ୍ ମାରାମାରି । ଏହା ତିନି ପ୍ରକାରର ହୁଏ – ସ୍ପର୍ଶ, ଅବଗୁର୍ଣ୍ଣ ଏବଂ ପ୍ରହତ । ସ୍ପର୍ଶରେ ରହିଛି ଅପବିତ୍ର ଅଥବା ବସ୍ତୁକୁ ସ୍ପର୍ଶ କରିବା । ଶରୀର ବିଭିନ୍ନ ଅଙ୍ଗକୁ ଅପବିତ୍ର କରିବା ପାଇଁ ଆଙ୍ଗୁଲି ଏବଂ ଅପବିତ୍ର ବସ୍ତୁ ଅନୁଯାୟୀ ଦଣ୍ଡ ନିର୍ଦ୍ଧାରିତ କରା ଯାଇଛି । କାହାରିକୁ ଜାବୁଡ଼ି ଧରିଲେ, ତଥା କାଳି ଲଗାଇ ଦେଲେ ଅଧିକ ପରିମାଣର ଜୋରିମାନା ଦେବାକୁ ହୁଏ । ଠେଙ୍ଗା ଦ୍ୱାରା ପ୍ରହାର କରି ରକ୍ତ ବହିଦେଲେ କିମ୍ବା ନବହିଲେ ଅଲଗା ଅଲଗା ଦଣ୍ଡର ବ୍ୟବସ୍ଥା ରହିଛି ।

ଏଗୁଡ଼ିକ ଫଇସାଲା ପାଇଁ ସାକ୍ଷୀଙ୍କର ପ୍ରମାଣ ଅଥବା ଆଘାତ ଏବଂ ଘାଆର ଚିହ୍ନ ଇତ୍ୟାଦିରୁ ନିର୍ଣ୍ଣୟ କରିବା ଉଚିତ୍ ।

ପୁଣ୍ୟସ୍ଥାନ ତପୋବନ ଏବଂ ମଶାଣିରେ ଅବସ୍ଥିତ ବୃକ୍ଷକୁ କାଟିଦେବା, ସୀମାରେଖାରେ ବୃକ୍ଷକୁ କାଟିବା, ରାହଚିହ୍ନଯୁକ୍ତ ବୃକ୍ଷ ଏବଂ ରାଜାଙ୍କ ଉପବନର ବୃକ୍ଷକୁ କାଟିଦେବା ପାଇଁ ଅଲଗା ଅଲଗା ଦଣ୍ଡର ବିଧାନ ରହିଛି ।

ଜୁଆର ବ୍ୟବସ୍ଥା

ଜୁଆର ଅଧିକାରୀଙ୍କୁ ଗୋଟିଏ ଜାଗାରେ ଜୁଆ ଖେଳିବାର ବ୍ୟବସ୍ଥା କରିବା ଉଚିତ୍ । ଅନ୍ୟ ଜାଗାରେ ଜୁଆ ଖେଳିଲେ ତାହା ଦଣ୍ଡନୀୟ ଅପରାଧ ହେବ । ଜୁଆଡ଼ୀମାନଙ୍କ ଉପରେ ନଜର ରଖିବା ପାଇଁ ସରକାରଙ୍କ ପକ୍ଷରୁ ଜୁଆ ଅଧ୍ୟକ୍ଷଙ୍କୁ ରଖିବା ଉଚିତ୍ । ଜୁଆ ଖେଳରେ କପଟ କରିବା ତଥା ଅନ୍ୟ କୌଣସି ଧରଣର ଅପରାଧ କଲେ ଜୁଆ ଅଧ୍ୟକ୍ଷ ତାଙ୍କୁ ଦଣ୍ଡିତ କରିବେ । ଜୁଆଡ଼ୀମାନଙ୍କ ବସ୍ତୁକୁ ବନ୍ଧକ ରଖିବାର ବ୍ୟବସ୍ଥା ମଧ୍ୟ ସେଇଠାରେ କରିବା ଉଚିତ୍ ।

ଏହି ବ୍ୟବସ୍ଥାଟି ଘୋଡ଼ାରେସ୍ ପ୍ରଭୃତିରେ ମଧ୍ୟ ଧାର୍ଯ୍ୟ ହୋଇଛି । କିନ୍ତୁ ଶାସ୍ତ୍ରାର୍ଥ ଏବଂ ଶିକ୍ଷ ସମ୍ପର୍କିତ ପ୍ରତିଯୋଗିତାରେ ଏହି ନିୟମ ଧାର୍ଯ୍ୟ ହେବନାହିଁ ।

ଯଦି କୌଣସି ବ୍ୟକ୍ତି ଅନ୍ୟ କାହାରି ପାଖରେ ବସ୍ତ ରଖାଁନ୍ତି, ଭଡ଼ାରେ ମାଗନ୍ତି କିମ୍ବା ବନ୍ଧକ ହିସାବରେ ରଖିବାକୁ ରଖାଁନ୍ତି ଏବଂ ନିର୍ଦ୍ଧାରିତ ସମୟରେ ତାହାକୁ ଫେରସ୍ତ ନଦେଲେ ଦଣ୍ଡ ଭୋଗିବାକୁ ପଡ଼ିବ ।

ଅପ୍ରାପ୍ତବୟସ୍କମାନଙ୍କୁ ବାନ୍ଧିବାର ଅପରାଧରେ ଏକ ହଜାର ପଣର ଜୋରିମାନ ରହିଛି । ବ୍ରାହ୍ମଣ, ତପସ୍ୱୀ, ସ୍ତ୍ରୀ, ବାଳକ ପ୍ରଭୃତି ଯେଉଁମାନେ ନିଜର ଦୁଃଖକୁ ଦୂର କରିବା ପାଇଁ ରାଜାଙ୍କ ପାଖକୁ ଯିବାକୁ ଅରାଜି ସେମାନେ ନିଜ ନିଜର କାମ ନିଜେହିଁ ସମ୍ପନ୍ନ କରନ୍ତୁ । ଏହିଭଳି ମନୋଭାବ ସମ୍ପନ୍ନ ବ୍ୟକ୍ତିମାନେ ନିଜ କାମ ନିଜେହିଁ କରନ୍ତୁ । ଏହା କରି ପାରିଲେ ସେମାନେ ସମଦର୍ଶୀ ହିସାବରେ ଗଣ୍ୟ ହେବେ । ସମସ୍ତ ଲୋକର ବିଶ୍ୱାସ ଓ ଜନପ୍ରିୟତା ଅର୍ଜନ କରିବେ ।

ସଙ୍କଟ ସମୟରେ ଧୈର୍ଯ୍ୟ

କାରୁକ-ରକ୍ଷଣ

ପ୍ରଜାର ନିପୀଡ଼ନକକାରୀଙ୍କୁ କଣ୍ଟକ କୁହାଯାଏ । ଏଥରେ କାରୁକ ଅର୍ଥାତ୍ ଶିଳ୍ପୀ ମଧ୍ୟ ଗଣ୍ୟ କରାଯାଏ ।

କଣ୍ଟକ ନିବାରଣ ପାଇଁ ଯେଉଁ ଅଧିକାରୀ ନିଯୁକ୍ତି ହୁଅନ୍ତି ତାଙ୍କୁ ପ୍ରଦେଷ୍ଟା କୁହାଯାଏ । ସିଏ ତିନିଜଣ ମନ୍ତ୍ରୀଙ୍କ ସାହାଯ୍ୟରେ ପ୍ରଜାଙ୍କୁ ରକ୍ଷା କରିବେ ।

ଯେଉଁ ଶିଳ୍ପୀ ଚରିତ୍ରମାନ ହୁଏ ତାଙ୍କ ପାଖରେ ଅନ୍ୟର ଜିନିଷପତ୍ର ଗଚ୍ଛିତ କରି ରଖାଯାଏ । ଯଦି ଗହଣା ତିଆରୀ କରୁଥିବା କାରିଗର ମରିଯାଆନ୍ତି କିମ୍ବା ବିଦେଶକୁ ଉଠିଯାଆନ୍ତି ତା'ହେଲେ ଶିଳ୍ପୀମାନଙ୍କର ସଂଗଠନ ସେହି କ୍ଷତି ପୂରଣ କରିବ । ଯେଉଁ ଶିଳ୍ପୀ ଏହା ଅସ୍ୱୀକାର କରିବେ ସିଏ ଦଣ୍ଡିତ ହେବେ । ଯେଭଳି କାମ କରିବାକୁ କୁହାଯିବ ତାହା ନକଲେ କିମ୍ବା ନଷ୍ଟ କଲେ ତାହା ଜୋରିମାନା ଯୋଗ୍ୟ କାମ ହେବ ।

କପଡ଼ା ଧୋଇବା ପାଇଁ ଧୋବା ବିଶେଷ ଧରଣର ତକ୍ତାର ବ୍ୟବହାର କରନ୍ତି । ଏହାର ବିପରୀତ କାମ କଲେ କିମ୍ବା କପଡ଼ା ନଷ୍ଟ ହେଲେ ତାହା ଜୋରିମାନା ଯୋଗ୍ୟ କାମ ହେବ । ଧୋଇଥିବା କପଡ଼ାକୁ ବିକ୍ରି କରିବା, ଭଡ଼ା ଦେବା, ବନ୍ଧକରେ ରଖିବା ଦଣ୍ଡନୀୟ ଅପରାଧ ଅଟେ ।

ଧୋବାମାନଙ୍କ ପାଇଁ ଯେଉଁ ବିଧାନ ରହିଛି ତାହା ଦର୍ଜୀମାନଙ୍କ ପାଇଁ ମଧ୍ୟ ପ୍ରଯୁଜ୍ୟ ।

ଯେଉଁ ସ୍ୱର୍ଣ୍ଣକାର ସ୍ୱର୍ଣ୍ଣାଧ୍ୟକ୍ଷଙ୍କୁ ନଜଣାଇ ଋକର, ଦାସୀ ଇତ୍ୟାଦି ନିମ୍ନ ଶ୍ରେଣୀର ଲୋକମାନଙ୍କ ପାଖରୁ ସୁନା-ରୂପା କ୍ରୟ କରିବ ତାହା ଜୋରିମାନା ଯୋଗ୍ୟ କାମ ହେବ । ଏହିଭଳି ବିଗଳିତ ଆଭୂଷଣ ନେବା ମଧ୍ୟ ଦଣ୍ଡନୀୟ କାମ । କୌଣସି ନିର୍ଦ୍ଦିଷ୍ଟ ଧାତୁ ଉପରେ ସୁନା-ରୂପାର ପାଣି ଦେବା ଅପରାଧ ପର୍ଯ୍ୟାୟରେ ପଡ଼ିଥାଏ ।

ଯେଉଁ ରୋଗଟି ପ୍ରାଣଘାତୀ ଏବଂ ରାଜାଙ୍କୁ ନଜଣାଇ ତାଙ୍କ ଚିକିତ୍ସା କରିବା ଫଳରେ ରୋଗୀର ମୃତ୍ୟୁ ହେଲେ ସେହି ଚିକିତ୍ସାଟି ଦଣ୍ଡର ଅଧିକାରୀ । ଚିକିତ୍ସକଙ୍କ କୌଣସି ଉପକରଣ ଦ୍ୱାରା ରୋଗୀର

ସଂବେଦନଶୀଳ ଜାଗାରେ ଆଘାତ ଲାଗିଲେ ଏବଂ ସେଥିପାଇଁ ରୋଗୀକୁ ସଙ୍କଟାପନ୍ନ ଅବସ୍ଥାରେ ରହିବାର କାରଣରୁ ଚିକିତ୍ସକ ଦଣ୍ଡ ଭୋଗିବେ।

ନଟ, ଝୁରଣ ଏବଂ ଭିକ୍ଷୁକମାନଙ୍କ ପାଇଁ ମଧ୍ୟ ନିୟମ ନିର୍ଦ୍ଧାରିତ କରିବା ଉଚିତ୍। ସେହି ନିୟମର ଉଲଙ୍ଘନକାରୀ ଦଣ୍ଡର ଅଧିକାରୀ ଅଟନ୍ତି।

ବ୍ୟବସାୟୀଙ୍କ ହାତରୁ ରକ୍ଷା

ମାଲ ବିକ୍ରୀ କରୁଥିବା ସରକାରୀ ଅଧିକାରୀଙ୍କୁ ସଂସ୍ଥାଧକ୍ଷ କୁହାଯାଏ। ସଂସ୍ଥାଧକ୍ଷ ନିଜର ଖାତାପତ୍ର ଦ୍ୱାରା ପ୍ରମାଣିତ ଜିନିଷପତ୍ରକୁ ଗୋଦାମରେ ରଖିବା ତଥା ବିକ୍ରି କରିବାର ବ୍ୟବସ୍ଥା କରିବେ। ମଝିରେ ମଝିରେ ସିଏ ବ୍ୟବସାୟୀମାନଙ୍କର ନିକଟିର ଉପକରଣଗୁଡ଼ିକୁ ଯାଞ୍ଚ କରିନେବେ ଏବଂ ଦୋଷୀ ତଥା ଅପରାଧୀ ବ୍ୟବସାୟୀମାନଙ୍କୁ ନିର୍ଦ୍ଧାରିତ ଦଣ୍ଡ ଦେବେ। ବିକୃତ ଜିନିଷକୁ ଓଜନରେ ଅଧିକ ଏବଂ କମ୍ ଦେବା ଅପରାଧ ଅଟେ। ନିଜର ନିକୃଷ୍ଟ ଜିନିଷପତ୍ରକୁ ଉକ୍ତୃଷ୍ଟ ହିସାବରେ ଚଳାଇଦେବା ବ୍ୟବସାୟୀ ମଧ୍ୟ ଅପରାଧୀ। କୃତ୍ରିମ ଚମକ ସୃଷ୍ଟି କରି ଉକ୍ତୃଷ୍ଟ କହି ବିକ୍ରି କରିବା ମଧ୍ୟ ଅପରାଧ।

ଯଦି ବ୍ୟବସାୟୀଙ୍କ ମାଲ ମହଙ୍ଗୁତ ରହିଥାଏ ଏବଂ ଅନୁଚିତ ମୂଲ୍ୟରେ କ୍ରୟ-ବିକ୍ରୟ ହୋଇଥାଏ ତା'ହେଲେ ଏହା ଜୋରିମାନା ଯୋଗ୍ୟ କାର୍ଯ୍ୟ। ମାପଜୋକରେ ଜାଣିଶୁଣି ଭୁଲ କରିବା, ନକଲ ଜିନିଷ ମିଶାଇବା ପ୍ରଭୃତି ହେଉଛି ଦଣ୍ଡନୀୟ ଅପରାଧ।

ଦୈବୀୟ ସଙ୍କଟ

ମନୁଷ୍ୟ ଜାତିର ଦୁଇ ପ୍ରକାର ଭୟରେ ଆକ୍ରାନ୍ତ ହୁଅନ୍ତି - ମଣିଷ ଏବଂ ଦୈବ। ଏଗୁଡ଼ିକ ମଧ୍ୟରେ ଦୈବକୃତ ଭୟ ଆଠ ପ୍ରକାରର - ଅଗ୍ନି, ଜଳ, ବ୍ୟାଧି, ଦୁର୍ଭିକ୍ଷ, ମୂଷକ, ବ୍ୟାଲ, ସର୍ପ ଏବଂ ରାକ୍ଷସ।

ଅଗ୍ନି ଭୟରୁ ରକ୍ଷା ପାଇବା ପାଇଁ ଗରମକାଲରେ ଯଦି ଘର ବାହାରେ ନିଆଁ ଜଳାଇବାର ବ୍ୟବସ୍ଥା କରାଯାଏ ତା'ହେଲେ ଭୟ କମ୍ ହୁଏ। ନଦୀକୂଳରେ ବସବାସକାରୀମାନେ ବର୍ଷାକାଲରେ ନଦୀକୂଳ ଛାଡ଼ି ଦୂରକୁ ଯାଇ ରହିପାରିବେ। ସନ୍ତରଣ ପାଇଁ କାଠ କିମ୍ବା ବାଉଁଶ ଦ୍ୱାରା ନିର୍ମିତ ନୌକା ତିଆରି କରି ପାରିବେ। ପାଣିରେ ଭାସି ଯାଉଥିବା ଲୋକମାନଙ୍କୁ ନୌକା କିମ୍ବା ଡଙ୍ଗା ସାହାଯ୍ୟରେ ରକ୍ଷା କରିବା ଉଚିତ୍। ଏଭଳି ଅବସ୍ଥାରେ ସାହାଯ୍ୟ ନକରିବା ଦଣ୍ଡନୀୟ ଅପରାଧ।

ବାଘ କିମ୍ବା ଅନ୍ୟ କୌଣସି ହିଂସ୍ର ଜନ୍ତୁମାନଙ୍କ ଠାରୁ ବଞ୍ଚିବା ପାଇଁ କୌଣସି ମୃତୁ ପଶୁର ଶରୀରରେ ଧୁତୁରାର ନିର୍ଯ୍ୟାସ ଏବଂ ବିଷାକ୍ତ କୋଦୋ ଭରି ଦେବା ଉଚିତ, କିମ୍ବା ସେହିସବୁ ହିଂସ୍ରଜନ୍ତୁମାନଙ୍କୁ ମାରିଦେବା ପାଇଁ କୌଣସି ଶିକାରୀଙ୍କୁ ନିଯୁକ୍ତି କରିବା ଦରକାର। ହିଂସ୍ର ଜନ୍ତୁର କବଲରୁ କୌଣସି ମଣିଷକୁ ସାହାଯ୍ୟ କରିବା ଉଚିତ୍।

ସର୍ପର ଭୟ ଉପୁଜିଲେ ତାହାର ପ୍ରତିକାର କରିବା ଦରକାର। ରାକ୍ଷସ ଭୟ ଉପୁଜିଲେ ତାହାର ମଧ୍ୟ ପ୍ରତିକାର କରିବା ଉଚିତ୍। ଉପଯୁକ୍ତ ସବୁସ୍ତ ଧରଣର ଭୟ ଏକାସାଥିରେ ଦେଖାଦେଲେ ରାଜା ଏବଂ ପ୍ରଜା ଉଭୟ ଏହାର ନିବାରଣ ପାଇଁ ଉପାୟ ବାହାର କରିବା ଉଚିତ୍।

ଭୟଭୀତ ହୋଇଥିବା ପ୍ରଜାମାନଙ୍କ ପ୍ରତି ରାଜାଙ୍କ କର୍ତ୍ତବ୍ୟ ହେଉଛି ପିତାଙ୍କ ଭଳି କରୁଣା ଦେଖାଇବା। ଯେଉଁ ରାଜା ଏହିଭଳି ବ୍ୟବହାର କରିଥାଆନ୍ତି ସେ ରାଜା ପ୍ରଜାମାନଙ୍କ ଅସୀମ ଭକ୍ତି ଏବଂ ଆଶୀର୍ବାଦ ଅର୍ଜିତ କରିଥାଆନ୍ତି।

ଆଭ୍ୟନ୍ତରୀଣ ଭୟରୁ ରକ୍ଷା

ଯେଉଁସବୁ କଣ୍ଟକମାନେ ଲୁଚି ରହିଛନ୍ତି ସେମାନଙ୍କୁ ଖୋଜି ବାହାର କରିବା ଦରକାର। ଏଥିପାଇଁ ସମସ୍ତ ଜନପଦରେ ଦକ୍ଷ, ତପସ୍ୱୀ, ସନ୍ୟାସୀ, ଚକ୍ରଧର, ଝରଣ, କୃହକ, ପ୍ରଚ୍ଛଦକ, ଜ୍ୟୋତିଷୀ, ବୈଦ୍ୟ, ପାଗଳ, ମୂକ, ବଧିର ପ୍ରଭୃତିର ବେଶଭୂଷା ଧାରଣ କରାଇ ଗୁପ୍ତଚରମାନଙ୍କୁ ନିଯୁକ୍ତି ଦେବା ଉଚିତ୍। ଏହିସବୁ ଗୁପ୍ତଚରମାନଙ୍କୁ ଉପରେ ବିଶେଷ ନଜର ଦେବା ପାଇଁ ଉପ-ଗୁପ୍ତଚରମାନଙ୍କୁ ନିଯୁକ୍ତି ଦେବା ଆବଶ୍ୟକ। ଏହିଭଳି ରାଜକର୍ମଚାରୀମାନଙ୍କର ଭ୍ରଷ୍ଟ ଆଚରଣ ବିଷୟରେ ଖୋଜି ନେଲ ଏବଂ ଉଚିତ ଦଣ୍ଡ ଦେବାର ବ୍ୟବସ୍ଥା କରିବା ଉଚିତ୍।

ଧର୍ମପରିଷଦ, ପ୍ରଦେଷ୍ଟା, ଗ୍ରାମକୂଟ, ଗ୍ରାମ୍ୟଧ୍ୟକ୍ଷ, କୃତ୍‌ସାକ୍ଷୀ, କୃତ୍‌ଶ୍ରାବକ, ବଶୀକରଣକାରୀ କୃତ୍ୟା, ମାରଣ ପ୍ରୟୋଗକାରୀ, ବିଷଦାତା ଧୁତୁରା ଖୁଆଇବା, ଜାଲି ମୁଦ୍ରାର ପ୍ରଚଳନକାରୀ ଏବଂ ନକଲ ସୁନା ତିଆରୀ କରିବା ଏହି ୧୩ ପ୍ରକାରର ଲୋକକୁ ଗୂଢ଼ଜୀବୀ କୁହାଯାଏ। ଏମାନଙ୍କର ପ୍ରଚ୍ଛନ୍ନ ମନୋଭାବ ପ୍ରଜାମାନଙ୍କୁ ହଇରାଣ କରିଥାଏ। ସୁତରାଂ ପ୍ରଜାକୁ ସୁଖୀ ରଖିବା ପାଇଁ ରାଜାଙ୍କ ଉଚିତ୍ ସେହି ସମସ୍ତ ଲୋକମାନଙ୍କୁ ସେମାନଙ୍କ ଅପରାଧ ଅନୁଯାୟୀ ଦଣ୍ଡ ଦେବା କିମ୍ବା ସେମାନଙ୍କୁ ରାଜ୍ୟରୁ ବାହାର କରିଦେବା।

ସିଦ୍ଧ ଗୁପ୍ତଚର

ସାଧାରଣ ଗୁପ୍ତଚରମାନଙ୍କ କାମ ସମ୍ପନ୍ନ ହେବା ପରେ ସିଦ୍ଧ ଗୁପ୍ତଚରମାନଙ୍କର କାମ ଆରମ୍ଭ ହୁଏ। ସେମାନେ ନିଜର କଳା ଏବଂ ବିଦ୍ୟା ପ୍ରଭାବରେ ଅପରାଧୀମାନଙ୍କୁ ପ୍ରକାଶ୍ୟରେ ଧରି ପକାଇବାକୁ ସଫଳ ହୁଅନ୍ତି।

ଏହି ଧରଣର ଝେରମାନଙ୍କୁ ଧରିବା ପରେ ସମାହର୍ତ୍ତାଙ୍କ ଉଚିତ୍ ସେମାନଙ୍କୁ ଜନସାଧାରଣଙ୍କ ମଝିରେ ହାଜର କରାଇବା ଏବଂ ପ୍ରଜାମାନଙ୍କୁ ସଚେତନ କରାଇଦେବା ଉଚିତ୍ ଯେ ଝେରମାନଙ୍କ ପ୍ରତି ନଜରଦାରୀର ବ୍ୟବସ୍ଥା ରହିଛି। ସୁତରାଂ ଯିଏ ଝେରି କରିବ ତାହାର ଦୁର୍ଦ୍ଧ୍ୟଶା ଏହା ହେବ।

ସନ୍ଦେହଜନକ ସ୍ଥିତି

ଦକ୍ଷ ଗୁପ୍ତଚରମାନେ ଯଦି ନିଜର କାମରେ ସଫଳ ନହୁଅନ୍ତି ତା'ହେଲେ ସନ୍ଦେହ ବଶରେ ସିଏ ଅପରାଧୀଙ୍କୁ ଧରି ପାରିବେ । ଏହି ଧରଣର ଅବସ୍ଥାରେ ସେହି ସମସ୍ତ ଲୋକମାନଙ୍କୁ ଧରା ଯିବ – ଯେଉଁମାନଙ୍କର କ୍ରମାଗତ ଅର୍ଥ, କୁଟୁମ୍ବ ଅଥବା ଜୀବିକା କମିଯାଏ ଏବଂ ଆୟ କମ୍ କିମ୍ବା ଅଧିକ ହୁଏ । ଯେଉଁମାନେ ଦେଶ-ଜାତି ଗୋତ୍ରରେ ନାମ ତଥା ବ୍ୟବସାୟ ସମ୍ପର୍କରେ ମିଛ ପରିଚୟ ଦିଅନ୍ତି, ଯେଉଁମାନେ ଲୁଚି ରହି କାମ କରନ୍ତି, ଯେଉଁମାନେ ମାଂସ-ମଦିରା, ଭକ୍ଷ୍ୟ-ଭୋଜନ-ସୁଗନ୍ଧି-ମାଲା-ବସ୍ତ୍ର-ଅଳଙ୍କାରର ବିଶେଷ ପ୍ରେମୀ ଅଟନ୍ତି, ଅତ୍ୟଧିକ ବ୍ୟୟୀ, ବେଶ୍ୟା, ଜୁଆଡ଼ି ମଦୁଆ-ମାତାଲିମାନଙ୍କ ସହିତ ସମ୍ପର୍କ ରଖିବା, ଯେଉଁମାନେ ନିର୍ଜନରେ ଘୁରିବୁଲନ୍ତି, ଯେଉଁମାନେ ନଜର ବର୍ଷକୁ ଲୁଚିଇ ଉପଚୟ କରାନ୍ତି, ଯିଏ ସର୍ବଦା ଘରେ ରହିଥାଏ, ଯିଏ ସାମ୍ନାରେ କାହାରିକୁ ଦେଖି ତୁରନ୍ତ ଫେରିଆସେ, ଯିଏ ସ୍ଥିର ଅଧୀନରେ ରହିଥାଏ, ଚୋରି-ଡକାୟତି କରିବା ସମ୍ପର୍କୀୟ ଯନ୍ତ୍ରାଦିର ବ୍ୟବହାର କରିବା, ଅଧା ରାତିରେ ଲୁଚି ଲୁଚି ଚଲାବୁଲା କରିବା, ଯେଉଁମାନେ ପ୍ରକୃତ ପରିଚୟକୁ ଲୁଚାଇ ସର୍ବଦା ଭୟଭୀତରେ ରହିଥାଆନ୍ତି ଇତ୍ୟାଦି ଏହି ଧରଣର ଲୋକମାନଙ୍କ ଉପରେ ସନ୍ଦେହ ହେବା ସ୍ୱାଭାବିକ ।

କୌଣସି ଜିନିଷ ହଜିଯିବା କିମ୍ବା ଚୋରି ହୋଇଥିବା ଜିନିଷ ବିଷୟରେ ତଥ୍ୟ ସେହି ଜିନିଷର ବ୍ୟବସାୟୀଙ୍କ ପ୍ରଦାନ କରିବା ଉଚିତ । ଯଦି କୌଣସି ବ୍ୟବସାୟୀ ସେହି ଜିନିଷଟିକୁ ପାଇ ମଧ ଲୋଭରେ ନିଜ ପାଖରେ ରଖିଥାଏ ତା'ହେଲେ ସିଏ ଦଣ୍ଡର ଅଧିକାରୀ । ସଂସ୍ଥାଧ୍ୟକ୍ଷଙ୍କୁ ନଜଣାଇ କୌଣସି ବ୍ୟବସାୟୀ କୌଣସି ପୁରୁଣା ଜିନିଷର କ୍ରୟ କିମ୍ବା ବିକ୍ରୟ କରିବା ଉଚିତ୍ ନୁହେଁ । ଜିନିଷ ଆଣିଥିବା ବ୍ୟକ୍ତିଟିଙ୍କୁ ସନାକ୍ତକରଣ ଦିଗରେ ବ୍ୟବସାୟୀଙ୍କ ନଜର ଦେବା ଉଚିତ୍ । ଯଦି ସେଥିରେ କୌଣସି ଭୁଲ ବୋଲି ପ୍ରମାଣିତ ହୁଏ ତେବେ ଅଭିଯୁକ୍ତଙ୍କୁ ଅଧିକାରୀଙ୍କ ପାଖରେ ହାଜର କରିବା ଉଚିତ୍ ।

ଆକ୍ସ୍ମୃତକ ପରୀକ୍ଷା

ଏହି ଧରଣର ବ୍ୟକ୍ତିଙ୍କ ମୃତଦେହକୁ ତେଲରେ ବୁଡ଼ାଇ ପରୀକ୍ଷା କରାହୁଏ । ଯାହା ମଳ-ମୂତ୍ର ବାହାରି ଯାଇଛି, ଯାହା ପେଟରେ ପବନ ଭରି ରହିଛି, ଯାହାର ହାତ-ଗୋଡ଼ ଫୁଲି ଯାଇଛି ବା ଗଳରେ କୌଣସି ଚିହ୍ନ ରହିଛି ଇତ୍ୟାଦି, ତା'ହେଲେ ବୁଝି ନେବାକୁ ହେବ ଯେ ସେହି ଲୋକଙ୍କର ଗଳା ଚିପି ତାକୁ ହତ୍ୟା କରା ଯାଇଛି ।

କାହାରିର ହାତ ଏବଂ ଆଖି ଯଦି ଗୁଟାଇଥାଏ ତା'ହେଲେ ବୁଝିନେବାକୁ ହେବ ଯେ ସିଏ ଗଳାରେ ଦଉଡ଼ି ଦେଇ ମରିଛି । ଆଖି ଠିକରି ଯିବା, ଜିଭ କଟିଯିବା, ପେଟ ଫୁଲି ରହିଲେ ବୁଝି ନେବାକୁ ହେବ ଯେ ସିଏ ପାଣିରେ ବୁଡ଼ି ମରିଛି । ରକ୍ତାକ୍ତ ଶରୀରରେ ଅଙ୍ଗ ଫାଟିଗଲେ ବା କାଟିଗଲେ ବୁଝି ନେବାକୁ ହେବ ଯେ, ତା'କୁ ଠେଙ୍ଗା ଏବଂ ପଥର ଦ୍ୱାରା ଆଘାତ କରି ମାରି ଦିଆ

ଯାଇଛି । ଯାହାର ଶରୀର ଫାଟି ଯାଇଛି ତା'ହେଲେ ବୁଝି ନେବାକୁ ହେବ ଯେ ତା'କୁ କୌଣସି ଉଚ୍ଚ ଜାଗାରୁ ଫୋପାଡ଼ି ଦିଆ ଯାଇଛି ।

ଏହିଭଳି ବିଷାକ୍ତ ପୋକର ଦଂଶନ, କିମ୍ବା ଧୁତୁରା ବିଷରେ ମରିବାର କାରଣ ଜଣାଯାଏ । ଏହି ଧରଣର ବ୍ୟକ୍ତିର ପେଟରୁ ଖାଦ୍ୟ ପଦାର୍ଥର ଅଂଶ ବାହାର କରି ରାସାୟନିକ ପରୀକ୍ଷା ଦ୍ୱାରା ପ୍ରମାଣିତ କରିବା ସମ୍ଭବ ହୁଏ । ହୃତ୍‌ପିଣ୍ଡର କିଛି ଅଂଶ କାଟି ନିଆଁରେ ଦେଲେ ତାହା ଯଦି ଚଟ୍‌ଚଟ୍‌ ଶବ୍ଦ ହୁଏ, ଇନ୍ଦ୍ରଧନୁକ ଭଳି କେତୋଟି ରଙ୍ଗ ବାହାରିଆସେ ତା'ହେଲେ ଏହା ବିଷାକ୍ତ ଭାବରେ ଗଣ୍ୟ ହେବ । ମୃତଦେହ ଦାହ କଲେ ଯଦି ହୃତ୍‌ପିଣ୍ଡ ନପୋଡ଼େ ତା'ହେଲେ ଏହା ମଧ୍ୟ ବିଷାକ୍ତ ଅଟେ ।

ତର୍କ ପ୍ରକରଣ

ସନ୍ଦେହଯୁକ୍ତ ଅଭିଯୁକ୍ତକାରୀମାନଙ୍କର ଜାତି, ଗୋତ୍ର, ନାମ, କର୍ମ, ଅବସ୍ଥା ଏବଂ ବାସସ୍ଥାନ ଇତ୍ୟାଦି ବିଷୟରେ ପ୍ରଶ୍ନ କରିବା ଉଚିତ୍‌ । ତାଙ୍କ କଥାଟିକୁ ପୂର୍ବର କଥା ସହିତ ତଥା ପ୍ରତିବାଦୀର କଥା ସହିତ ମିଳାଇ ଦେଖିବାକୁ ହେବ । ଯଦି ସିଏ ଦୋଷମୁକ୍ତ ହୁଏ ତେବେ ତା'କୁ ଛାଡ଼ି ଦେବା ଉଚିତ୍‌ । ଘଟଣାର ତିନି ଦିନ ବିତି ଯିବା ପରେ କାହାରିକୁ ସନ୍ଦେହ କରି ଧରାଯିବ ନାହିଁ । କିନ୍ତୁ ଯଦି ଚୋରି ହୋଇଥିବା ଜିନିଷ ମିଳିଯାଏ ତେବେ ଯେ କୌଣସି ସମୟରେ ଧରା ଯାଇପାରିବ । ଭଲ ଲୋକଙ୍କୁ ଚୋର କହିବା, ଚୋରଙ୍କୁ ଲୁଚାଇ ରଖିବା, ବିଦ୍ୱେଷ କାରଣରୁ ଅନ୍ୟ କାହାରିକୁ ଫସାଇଦେବା ଏହି ସମସ୍ତ ଚୋରଙ୍କ ଭଳି ଦଣ୍ଡଣୀୟ ଅପରାଧ ।

ଛୋଟ ଛୋଟ କାମରେ ଅପରାଧ କରିଥିବା, ବାଳକ, ବୃଦ୍ଧ, ରୋଗୀ, ଅବୁଝା ଲୋକ, ପାଗଳ, କ୍ଷୁଧାର୍ତ୍ତ, ପରିଶ୍ରାନ୍ତ, ଅଜୀର୍ଣ୍ଣର ରୋଗୀ, ଦୁର୍ବଳ ଅପରାଧୀମାନଙ୍କୁ ଜେଲରେ କାମ କରାଇବା ଉଚିତ ନୁହେଁ । ଗୋଟିଏ ମାସରୁ କମ୍‌ ଗର୍ଭବତୀ ନାରୀମାନଙ୍କୁ ଜେଲର ଦଣ୍ଡ ଦେବା ଉଚିତ୍‌ ନୁହେଁ ।

ବ୍ୟବହାରିକ ଦଣ୍ଡ ଚାରି ଧରଣର ହୁଏ – ଛଅ ବେତ ମାରିବା, ସାତ ବେତ ମାରିବା, ବାନ୍ଧି ପକାଇ ଉଲୁଟା ଟାଙ୍ଗି ଦେବା ଏବଂ ନାକରେ ଲୁଣାପାଣି ଢାଲିବା । ମହାମାପାମାନଙ୍କ କ୍ଷେତ୍ରରେ ଏହାଠାରୁ ଅଧିକ କଠୋର ୧୪ଟି ଦଣ୍ଡ ଦେବାର କଥା କୁହାଯାଇଛି । ସେଗୁଡ଼ିକ ମଧ୍ୟରେ ରହିଛି – ନଖରେ ଛୁଞ୍ଚି ପଶାଇଦେବା, ଅଧିକ ପରିମାଣ ପାଣି ଖୁଆଇ ପ୍ରସ୍ରାବ କରିବାକୁ ନଦେବା, ଆଙ୍ଗୁଳିର ଅଗ୍ରଭାଗକୁ ନିଆଁରେ ପୋଡ଼ାଇବା, ଶୀତକାଳରେ ଘାସ ଉପରେ ଖାଲି ଦେହରେ ଶୋଇବାକୁ ଦେବା ଇତ୍ୟାଦି ଇତ୍ୟାଦି ।

ସର୍ବାଧିକରଣ ରକ୍ଷଣ

ଯଦି ଖଣି ଅଥବା ଚନ୍ଦନ କାରଖାନାରେ କୌଣସି କର୍ମଚାରୀ କିଛି ଜିନିଷ ଚୋରୀ କରେ, ସରକାରୀ ବସ୍ତୁ ଚୋରି କରେ, କାଷ୍ଟଶାଳା, ପଣ୍ୟଶାଳା ଏବଂ ଅସ୍ତ୍ରଶାଳାରୁ ବସ୍ତୁ ଚୋରି କରେ, ଇତ୍ୟାଦି ଅପରାଧ ପାଇଁ ବିଭିନ୍ନ ଦଣ୍ଡର ବିଧାନ ରହିଛି । କର୍ମଚାରୀ ନିଜେ ହିଁ ଚୋର କିନ୍ତୁ ଅନ୍ୟ ଲୋକମାନଙ୍କୁ ଚୋର ବୋଲି କହନ୍ତି, ଏହି ଧରଣର କ୍ଷେତ୍ରରେ ଚିତ୍ରବଧ ଦଣ୍ଡର ବିଧାନ ରହିଛି ।

ରାଜକୀୟ କ୍ଷେତ ବାହାରେ କ୍ଷେତଘର, ଦୋକାନ ପ୍ରଭୃତିରେ ଚୋରି କରିବା ପାଇଁ ଅଲଗା ଅଲଗା ଦଣ୍ଡର ବିଧାନ ରହିଛି । ଦିନରେ ଅଥବା ରାତ୍ରିରେ ବାଟରେ ରଖ୍ଥିବା ବସ୍ତୁକୁ ବଳପୂର୍ବକ କାଢ଼ିନେଲେ ଅପରାଧୀକୁ ସେହି ବସ୍ତୁର ଦୁଇଗୁଣ ଦଣ୍ଡ ଦେବାର ନିୟମ ରହିଛି । ଯଦି କେହି କୌଣସି ସରକାରୀ ଅଧିକାରୀଙ୍କ ଶୀଲମୋହରକୁ ନକଲ କରି ଜାଲି ଶୀଲମୋହର ତିଆରି କରନ୍ତି ତା'ହେଲେ ସିଏ ଦଣ୍ଡିତ ହେବେ ।

ଏକାଙ୍ଗ ବଧ ନିଷ୍କ୍ରିୟ

ଏହି ନିୟମରେ ଅପରାଧୀର ଗୋଟିଏ ଅଙ୍ଗକୁ କାଟିନେବା କିମ୍ବା ସେହି ଅଙ୍ଗକୁ ନିଷ୍କ୍ରିୟ କରିଦେବାର ବିଧାନ ରହିଛି ।

ତୀର୍ଥସ୍ଥାନରେ ଚୋରି କରିବା, ପକେଟ୍‌ମାର କରିବା, ସିନ୍ଧି କାଟିବା, ଛତା କାଟିବା ଇତ୍ୟାଦି ପାଇଁ ଶାରୀରିକ ଦଣ୍ଡ ଅଥବା ଆର୍ଥିକ ଦଣ୍ଡର ବିଧାନ ରହିଛି । ବାରମ୍ବାର ଅପରାଧ କଲେ ଦଣ୍ଡର ପରିମାଣ ବୃଦ୍ଧି କରାଯିବ ।

ବଣରୁ ମୃଗ ଅଥବା ବଣ୍ୟପଶୁ ଚୋରି କଲେ ଦଣ୍ଡର ବିଧାନ ରହିଛି । ଶିଳ୍ପୀମାନଙ୍କର ସରଞ୍ଜାମ ଚୋରି କରିବା ଦଣ୍ଡନୀୟ ଅପରାଧ ଅଟେ । ଦୁର୍ଗରେ ପ୍ରବେଶ କରିବା, କାନ୍ଥ ଡେଇଁ ଲଙ୍ଘଦେବା, କାନ୍ଥକୁ କଣା କରି ଭିତରେ ପ୍ରବେଶ କରିବା ଏବଂ ସେଠାରୁ ଚୋରି କରିବା ଇତ୍ୟାଦି ମହା ଅପରାଧ ।

ଶୁଳ୍କ ଏବଂ ଚିତ୍ର ଦଣ୍ଡ

କଳହ କରି କାହାରିକୁ ହତ୍ୟା କରିବା, ଆହତ ମଣିଷଟି ସାତ ଦିନ ମଧ୍ୟରେ ମରିଗଲେ, ଏକ ପକ୍ଷକାଲ ମଧ୍ୟରେ ମରିଗଲେ, ଏକ ମାସ ମଧ୍ୟରେ ମରିଗଲେ, ତା'ହେଲେ ଅପରାଧୀକୁ ଚିତ୍ରବଧ, ଶୁଦ୍ଧବଧ, ଉତ୍ତମ ସାହସ, ଅଧମ ସାହସ ପ୍ରଭୃତି ଦଣ୍ଡରେ ଦଣ୍ଡିତ କରିବା ପାଇଁ ବ୍ୟବସ୍ଥା କରା ଯାଇଛି ।

ପ୍ରହାର ଦ୍ୱାରା ସ୍ତ୍ରୀର ଗର୍ଭକୁ ନଷ୍ଟ କଲେ ସାହସ, ଔଷଧ ଦ୍ୱାରା ଗର୍ଭପାତ କଲେ ମଧ୍ୟମ ସାହସ ଏବଂ କ୍ଲେଶଦାୟକ ଉପଦ୍ରବ କରିବା ସାହସ ଦଣ୍ଡରେ ଅନ୍ତର୍ଭୁକ୍ତ । ବଳପୂର୍ବକ କାହାରିକୁ ମାରି ପକାଇଲେ, ଜୋର ଜବରଦସ୍ତ ଭାବରେ କାହାରିର ସ୍ତ୍ରୀକୁ ଉଠାଇ ନେବା, ବିନା କାରଣରେ କାହାରିର ନାକ-କାନ କାଟିଦେବା, ଆତ୍ମହତ୍ୟା ତଥା ଚୋରି କଥା ପୂର୍ବରୁ କହିଦେବା, ନଗର ତଥା ଗ୍ରାମ ପ୍ରଧାନଙ୍କୁ ଅପହରଣ କରିବା, ସିନ୍ଦୁକ କାଟି ଚୋରି କରିବା, ଧର୍ମଶାଲାରେ ଚୋରି କରିବା, ରାଜାର ପଶୁମାନଙ୍କର କ୍ଷତିସାଧନ କରିବା – ଏହି ଧରଣର ଅପରାଧୀକୁ ଶୂଲ ଦଣ୍ଡରେ ଦଣ୍ଡିତ କରାହୁଏ ।

ଜଳ ଅବରୋଧ କରିବା, ବନ୍ଧ ଭାଙ୍ଗିଦେବା, ବିଷ ପିଆଇ ଦେଇ କାହାରିକୁ ମାରିଦେବା ଅପରାଧୀମାନଙ୍କୁ ପାଣିରେ ବୁଡ଼ାଇ ମାରି ଦିଆଯାଏ । ପ୍ରସବିନୀ ଯଦି ଅପରାଧ କରିଥାଏ ତା'ହେଲେ ପ୍ରସବର ଗୋଟିଏ ମାସ ପରେ ତା'କୁ ପାଣିରେ ବୁଡ଼ାଇ ମାରି ଦିଆଯାଏ । କାହାରି ଶରୀରରେ କୌଣସି ଅଂଶକୁ କାଟି ନେବା ଅପରାଧରେ ଦଣ୍ଡ ହିସାବରେ ଅପରାଧୀଙ୍କର ସେହି ଅଂଶଟି କଟା ଯିବ ।

କନ୍ୟା ପ୍ରକର୍ମ

ସ୍ୱଜାତୀୟ ତଥା ଅରଜସ୍ୱଲା କନ୍ୟା ସହିତ ଦୂରାଚରଣକାରୀଙ୍କର ହାତ କାଟି ଦେବାର ବିଧାନ ରହିଛି । ଦୂରାଚରରେ ଯଦି କନ୍ୟାଟି ମରିଯାଏ ତା'ହେଲେ ଅଭିଯୁକ୍ତଙ୍କୁ ପ୍ରାଣଦଣ୍ଡ ଦିଆଯାଏ । ରଜସ୍ୱଲା କନ୍ୟାଙ୍କ ସହିତ ଧର୍ଷଣକାରୀର ତର୍ଜନୀ ଆଙ୍ଗୁଲି କାଟି ଦେବାର ବିଧାନ ରହିଛି, ଯଦି କନ୍ୟାଟି ସେହି ପୁରୁଷଙ୍କ ପ୍ରତି ପୂର୍ବରୁ ସମ୍ପର୍କ ଥାଏ ତା'ହେଲେ ଦଣ୍ଡ ଅଧା ହେବ । ସେହି ବ୍ୟାଭିଚରିଣୀଙ୍କ ମଧ ଦଣ୍ଡର ବିଧାନ ରହିଛି ।

ପ୍ରବାସୀ ସ୍ୱାମୀର ସ୍ତ୍ରୀ ଯଦି ବ୍ୟଭିଚରିଣୀ ହୁଏ ତା'ହେଲେ ତା'କୁ ନିୟନ୍ତ୍ରଣରେ ରଖିବା ପାଇଁ ତାଙ୍କ ଭାଇ କିମ୍ବ ସ୍ୱାମୀର ବନ୍ଧୁ ପ୍ରୟାସ କରିବେ । କୌଣସି ସ୍ତ୍ରୀ ପୁରଷଙ୍କ ବ୍ୟଭିଚର ଦ୍ୱାରା ଦୂଷିତ ହୋଇଛି – ଏହାର ନିର୍ଣ୍ଣୟ କାମ–କ୍ରୀଡ଼ାର ସମୟରେ ସ୍ତ୍ରୀ ଓ ପୁରୁଷ ଦୁହିଁଙ୍କର ଚୂଲ ଦେଖି ଉଭୟଙ୍କ ଦ୍ୱାରା ପ୍ରଯୁକ୍ତ ଶୃଙ୍ଗାର ପ୍ରସାଧନ ଦେଖ କରା ଯାଇପାରେ ।

ଅତିରୁର ଦଣ୍ଡ

ଯଦି କେହି କୌଣସି ବ୍ରାହ୍ମଣଙ୍କୁ ଅପେୟ ଖାଦ୍ୟ କିମ୍ବ ଅଭକ୍ଷ୍ୟ ଖାଦ୍ୟ ଭୋଜନ କରାଏ ତା'ହେଲେ ସେ ଦଣ୍ଡ ପାଇବ । ଏହା କ୍ଷତ୍ରିୟ ଏବଂ ବୈଶ୍ୟମାନଙ୍କ କ୍ଷେତ୍ରରେ ପ୍ରଯୁଜ୍ୟ । ଯିଏ ନିଜେ ସ୍ୱୟଂ ଅଭକ୍ଷ୍ୟ ଖାଦ୍ୟଦ୍ରବ୍ୟ ଭୋଜନ କରିଥାଏ ତା'କୁ ଦେଶରୁ ବହିଷ୍କୃତ କରି ଦେବାର ଦଣ୍ଡ ଦିଆଯାଏ । ଦିନବେଲେ କାହାରି ଘରେ ପ୍ରବେଶ କଲେ କିମ୍ବ ରାତିରେ କାହାରି ଘରେ ପ୍ରବେଶ କଲେ ବିଭିନ୍ନ ଦଣ୍ଡର ବିଧାନ ରହିଛି ।

ହଲଚଲ କରୁଥିବା ଘର, ପାଟବିହୀନ ଗୋରୁଗାଡ଼ି, ଠିଆ ହୋଇ ରଖିଥିବା ଅସ୍ତ୍ରଶସ୍ତ, ଅସୁରକ୍ଷିତ ଗାତ, ପ୍ରଚ୍ଛ କୂଆଁ, ପଥରେ ପ୍ରସ୍ତର ରଖିବା ପ୍ରଭୃତି କାରଣରୁ ଦଣ୍ଡର ବିଧାନ ରହିଛି । ମାହୁତଙ୍କ ଉଦାସୀନତାରେ କେହି ମରିଗଲେ ସିଏ ଦଣ୍ଡର ଅଧିକାରୀ ହୁଏ । ପୋଷିଥିବା ଜୀବ–ଜନ୍ତୁ କାମୁଡ଼ିଦେଲେ ଜୀବ–ଜନ୍ତୁର ସ୍ୱାମୀ ଦଣ୍ଡର ଅଧିକାରୀ ହେବେ । ବିଗିଡ଼ି ଯାଇଥିବା ପଶୁଙ୍କ ଦ୍ୱାରା କାହାରି ମୃତ୍ୟୁ ହେଲେ ପଶୁ ପାଲିଥିବା ସ୍ୱାମୀଙ୍କୁ ଦଣ୍ଡ ଦିଆ ଯାଏନାହିଁ ।

ମାଉସୀ, ପିସୀ, ମାଉସୀ ଆର୍ଯ୍ୟଙ୍କ ସ୍ତ୍ରୀ, ପୁତ୍ରବଧୂ ପ୍ରଭୃତିଙ୍କ ସହିତ ବ୍ୟଭିଚରୀମାନଙ୍କୁ ଦଣ୍ଡ ଦିଆଯାଏ । ବିଭିନ୍ନ ବର୍ଣ୍ଣର କନ୍ୟା ବା ରାଜରାଣୀ ଏବଂ ସନ୍ୟାସିନୀ ପ୍ରଭୃତିଙ୍କ ସହିତ ବ୍ୟଭିଚରୀମାନଙ୍କୁ ଦଣ୍ଡ ଦିଆଯାଏ । ବେଶ୍ୟା ମହିଲାମାନଙ୍କୁ ଧର୍ଷଣ କରିବା ଦଣ୍ଡନୀୟ ଅପରାଧ । ଅପ୍ରାକୃତିକ ତଥା ସମଲିଙ୍ଗୀ ମୈଥୁନ ମଧ ଦଣ୍ଡନୀୟ ଅପରାଧ । ଗୋରୁ, ମହିଷୀ ପ୍ରଭୃତି ବଡ଼ ପଶୁ କିମ୍ବ ଦାସ–ଦାସୀର ଅପହରଣକାରୀ, ମୃତ ବ୍ୟକ୍ତିର ବସ୍ତ୍ର ବିକ୍ରୀ କରିଥିବା ଅପରାଧୀଙ୍କର ଗୋଡ଼ କଟାଇବାର ବିଧାନ ରହିଛି ।

ସାମାଜିକ ସମ୍ପର୍କ

ଦଣ୍ଡ ପ୍ରୟୋଗ

ରାଜାଙ୍କ ମନ୍ତ୍ରୀ, ପୁରୋହିତ, ସେନାପତି, ଯୁବରାଜ ଇତ୍ୟାଦି ଯେଉଁମାନେ ରାଜାଙ୍କ ବଶୀଭୂତ କରି କାମ କରାଇଥାଏ ଅଥବା ଶତ୍ରୁଙ୍କ ସହିତ ମିଶି ଥାଆନ୍ତି, ତା'ହେଲେ ସେମାନଙ୍କ ଉପରେ ନିୟନ୍ତ୍ରଣରେ ରଖିବା ପାଇଁ ରାଜାଙ୍କୁ ଗୁଢ଼ ପୁରୁଷଙ୍କ ନିଯୁକ୍ତି ତଥା ଶତ୍ରୁ ଦ୍ୱାରା ନିପୀଡ଼ିତକାରୀ ଲୋକମାନଙ୍କ ଦ୍ୱାରା କାମ ହାସିଲ କରିବାକୁ ହେବ। ଏହାଛଡ଼ା କର୍ମଚାରୀମାନଙ୍କର ଯେଉଁସବୁ ବନ୍ଧୁ-ବାନ୍ଧବ କୌଣସି କାରଣରେ ତାଙ୍କ ପ୍ରତି ବିରୂପ ହୋଇଛନ୍ତି ସେମାନଙ୍କୁ ନିଜ ପକ୍ଷକୁ ଆଣିବା ଲାଭଜନକ ହୁଏ। ଦାସ-ଦାସୀ ଅଥବା ରୁକରମାନଙ୍କୁ ମଧ୍ୟ ଏହି କାମ ପାଇଁ ବ୍ୟବହାର କରା ଯାଇପାରେ। ବେଶ୍ୟା, ନଟ, ରୁରଣ, ଅଭିସାରିକାଗଣ ପ୍ରଭୃତି ଏହି କାମରେ ସାହାଯ୍ୟ କରି ପାରନ୍ତି। ଗଣଦୁଷ୍କର୍ମରେ ଲିପ୍ତ ମନ୍ତ୍ରୀମାନଙ୍କୁ ଜଣେ ଅନ୍ୟଜଣଙ୍କ ମଧ୍ୟରେ ଦ୍ୱନ୍ଦ୍ୱ ଘଟାଇଦେବା ମଧ୍ୟ ଗୋଟିଏ ଉପାୟ ହୋଇପାରେ।

କ୍ଷମାଶୀଳ ରାଜା ବର୍ତ୍ତମାନ ତଥା ଭବିଷ୍ୟତ ପ୍ରତି କୌଣସି ପ୍ରକାର ଆଶଙ୍କା ନକରି ସ୍ୱପକ୍ଷ ତଥା ବିପକ୍ଷମାନଙ୍କ ପ୍ରତି ରୂପରୁପ ଗୁପ୍ତରୀତି ଦ୍ୱାରା ଦଣ୍ଡନୀତିର ବ୍ୟବହାର କରି ପାରନ୍ତି।

କେଶାଭିସଂହରଣ

ଯେ କୌଣସି ଅବସ୍ଥାରେ ନିଜର ରାଜକୋଷ ବୃଦ୍ଧି କରିବା ରାଜାଙ୍କ କର୍ତ୍ତବ୍ୟ ଅଟେ। କିନ୍ତୁ ପ୍ରଜାଙ୍କ ପ୍ରତି ଜୋର ଜୁଲୁମ କରି କୋଷ ବୃଦ୍ଧି କରିବା ଅନୁଚିତ। ଯେଉଁ ସବୁ ଅଞ୍ଚଳରେ ଖରା, ଅନାବୃଷ୍ଟି ହୋଇଛି, ସେଠାରେ ଶୁଳ୍କ ଆଦାୟ କରିବା ଉଚିତ୍ ହେବନାହିଁ। ଏହାଛଡ଼ା ନୂତନ ଜନପଦ ସ୍ଥାପନରେ ରାଜାଙ୍କୁ ନିଜ ଦିଗରୁ ସେଠାକାର କୃଷକମାନଙ୍କୁ ଅନ୍ନ, ପଶୁ ତଥା ନଗଦ ଅର୍ଥରାଶି ପ୍ରଦାନ କରି ସେମାନଙ୍କୁ ସାହାଯ୍ୟ କରିବା ଉଚିତ୍।

ଉତ୍ପନ୍ନ ଫସଲର ଚତୁର୍ଥାଂଶ ତଥା ବନ୍ୟ, ଅନ୍ନ, ତୁଲା, ଲାକ୍ଷା, ପାଟ, କର୍ପାସ, ଉଲ, ରେଶମ ଔଷଧ ପ୍ରଭୃତିର ଅଧା ଅଂଶ ଶୁଳ୍କ ଭାବରେ ନେବା ରାଜାଙ୍କ କର୍ତ୍ତବ୍ୟ। ଏହିସବୁ ଜିନିଷଗୁଡ଼ିକର ରାଜାଙ୍କ ଆଜ୍ଞା ବିନା ବିକ୍ରି କରିବା ବର୍ଜିତ।

ବର୍ଷରେ ଥରେ ମାତ୍ର ଶୁଳ୍କ ଆଦାୟ କରିବା ଉଚିତ୍। ଯଦି ଏଭଳି ଭାବରେ କୋଷ ବୃଦ୍ଧି ନହୁଏ, ତା'ହେଲେ ସଂଗ୍ରହକର୍ତ୍ତା ବିଶେଷ କୌଣସି କାମ ପାଇଁ ନଗରବାସୀଙ୍କ ପାଖରେ ଅର୍ଥ ସଂଗ୍ରହ କରିବେ। ଧନୀମାନଙ୍କର ଉଚିତ୍ ସ୍ୱୟଂ ରାଜାଙ୍କୁ ଅର୍ଥ ଦେଇ ସାହାଯ୍ୟ କରିବା। ଯେଉଁମାନେ ଏହା କରିବେ ନାହିଁ ସେମାନଙ୍କୁ ସାର୍ବଜନିକ ନିନ୍ଦା ଶୁଣିବା ଉଚିତ୍। ଯେଉଁ ସବୁ ଧନୀମାନେ ରାଜାକୁ ସାହାଯ୍ୟ କରିବେ, ରାଜାଙ୍କ ଉଚିତ୍ ସେମାନଙ୍କୁ ସମ୍ମାନ କରିବା।

ଦେବସ୍ଥାନର ଅଧ୍ୟକ୍ଷଙ୍କ କାମ ହେଉଛି ରାଷ୍ଟ୍ରର ସମସ୍ତ ଦେବତାର ଅର୍ଥ ସଂଗ୍ରହ କରି ରାଜାଙ୍କୁ ସମର୍ପିତ କରିବା। କୌଣସି ପ୍ରସିଦ୍ଧ ତୀର୍ଥସ୍ଥଳରେ ଦେବତାଧ୍ୟକ୍ଷମାନେ ରାଜକୋଷରେ ଅର୍ଥ ଜମା ଦେବା ପାଇଁ ଆବେଦନ କରି ପାରନ୍ତି। କିନ୍ତୁ ଉଚିତ ରୀତି ଦ୍ୱାରା ରାଜକୋଷର ଅର୍ଥରାଶିକୁ ବୃଦ୍ଧି କରିବା ଉଚିତ୍। ଯେଉଁଥିରେ ଯଥା ସମୟରେ ପ୍ରଜାମାନଙ୍କ ସ୍ୱାର୍ଥରେ ଏହାକୁ ବ୍ୟୟ କରା ଯାଇପାରିବ।

ଋକରମାନଙ୍କର ଭରଣପୋଷଣ

ଦୁର୍ଗ ତଥା ଜନପଦରେ ଅର୍ଜିତ ଆୟର ଚତୁର୍ଥାଂଶ ମନ୍ତ୍ରୀ, ପୁରୋହିତ ଇତ୍ୟାଦି ରାଜକୀୟ କାମରେ ଲିପ୍ତ ଲୋକମାନଙ୍କ ପାଇଁ ବ୍ୟୟ କରିବା ରାଜାଙ୍କ କର୍ତ୍ତବ୍ୟ ହେବା ଉଚିତ୍। ଯଦି ଅଧିକ ଖର୍ଚ୍ଚ କଲେ ଯୋଗ୍ୟ ଋକର ମିଳିବ ତା'ହେଲେ ରାଜାକୁ ତାହା କରିବା ଉଚିତ୍। ନିଜର ଆୟ-ବ୍ୟୟ ଦିଗରେ ରାଜାଙ୍କୁ ସର୍ବଦା ସଜାଗ ରହିବାକୁ ହେବ। ଦେବ-ବଂଶଧର କାମ, ରାଷ୍ଟ୍ରର ରକ୍ଷା, ପ୍ରଜାପାଳନରେ ସିଏ ଯେମିତି କୃପଣତା ନକରନ୍ତି। ପ୍ରତିଟି କାମର ଗୁରୁତ୍ୱ ବୁଝି ତଦନୁସାରେ ନିଯୁକ୍ତ କରିବା ଏବଂ ସେହି ଅନୁସାରେ ସେମାନଙ୍କୁ ବେତନ ଦେଲେ କେହି ଅସନ୍ତୁଷ୍ଟ ହେବେ ନାହିଁ। ଏଥିରେ ସେମାନେ ମନ ଲଗାଇ କାମ କରିବେ।

ରାଜକର୍ମଚାରୀମାନେ କାର୍ଯ୍ୟ କରୁଥିବା ସମୟରେ ମରି ଗଲେ ତାଙ୍କ ସ୍ତ୍ରୀ ଓ ପୁତ୍ର ତାଙ୍କ ବେତନର ଅଧିକାରୀ ହୁଅନ୍ତି। ଏହିଭଳି ସ୍ଥାୟୀ ଏବଂ ଅସ୍ଥାୟୀ କର୍ମଚାରୀମାନଙ୍କର ଅବସ୍ଥା ଏବଂ ବେତନ ଉପରେ ଦୃଷ୍ଟି ଦେବା ଉଚିତ୍।

ଅନୁଚରମାନଙ୍କର ବ୍ୟବହାର

ଲୌକିକ ବ୍ୟବହାରରେ ଦକ୍ଷ ମନ୍ତ୍ରୀଗଣ ରାଜାଙ୍କ ଶୁଭଚିନ୍ତକ ଦ୍ୱାରା ଆଶ୍ରୟ ଗ୍ରହଣ କରନ୍ତୁ। ଆୟୁଗୁଣ ସମ୍ପନ୍ନ ରାଜାଙ୍କୁ ତାଙ୍କ ଅନୁଚରମାନେ ଯଥାୟଥ ସମୟରେ ତାଙ୍କୁ ଉପଦେଶ ଅବଶ୍ୟ ଦିଅନ୍ତୁ। ପରୋକ୍ଷ ଭାବରେ ଅଭିଶ୍ୱାସଯୋଗ୍ୟ ତଥା ମିଛ କଥା ରାଜାଙ୍କ ପାଖରେ କହିବା ଉଚିତ ହେବନାହିଁ। ହାସ୍ୟ ପରିହାସ ସମୟରେ ଶିଷ୍ଟତା ବଜାୟ ରଖିବା ଉଚିତ୍। କୌଣସି ରତ୍ନ ପ୍ରାପ୍ତି କରିବାକୁ ରାଜାଙ୍କ ପାଖରେ ଅନୁରୋଧ କରିବାକୁ ଉଚିତ୍ ନୁହେଁ।

ସମୟାଚରଣ

ରାଜ୍ୟର ସମାହର୍ତ୍ତା ରାଜପୁରୁଷ ଆୟ ଦେଖାଇବା ସମୟରେ ବ୍ୟୟକୁ ଅଲଗା କରି ନେବାକୁ ହେବ। ସମସ୍ତ ବାହ୍ୟିକ ଏବଂ ଆଭ୍ୟନ୍ତରୀଣ କାମର ବିବରଣୀ ବିସ୍ତାରମୂଳକ ଭାବରେ ଉପସ୍ଥାପନ କରିବା ଉଚିତ୍। ଯେଉଁ ରାଜା ମୃଗୟା, ଜୁଆ ଅଥବା ନାରୀମାନଙ୍କ ପ୍ରତି ଆସକ୍ତି ପୋଷଣ କରନ୍ତି, ତାଙ୍କୁ ଏହିସବୁ ବ୍ୟସନଗୁଡ଼ିକ ଠାରୁ ବିମୁଖ କରିବା ପାଇଁ ପ୍ରୟାସ କରିବା ଉଚିତ୍। ମଝିରେ ମଝିରେ ଶତ୍ରୁମାନଙ୍କର ଖବର ସମ୍ପର୍କରେ ରାଜାଙ୍କୁ ସଚେତନ କରାଇ ଦେବା ଉଚିତ୍।

ସମାହର୍ତ୍ତା ରାଜାଙ୍କ ଇଙ୍ଗିତକୁ ଦୃଷ୍ଟିରେ ରଖିଥାଆନ୍ତୁ। ଅନୁକୂଳ ହେଲା ପରେ ତାଙ୍କ ସହିତ କୌଣସି ବିଷୟରେ ଚର୍ଚ୍ଚା ଏବଂ ପରାମର୍ଶ କରି ପାରନ୍ତି। ରାଜା ପ୍ରସନ୍ନ କିମ୍ବା ଅପ୍ରସନ୍ନରେ ଅଛନ୍ତି କି ନାହିଁ, ଏହା ଜାଣିବା ପାଇଁ ତାଙ୍କର ମୁହଁର ଆକୃତି ଦେଖି ଅନୁମାନ କରା ଯାଇପାରିବ। ସେହିସବୁ ଲକ୍ଷଣଗୁଡ଼ିକୁ ଦୃଷ୍ଟିରେ ରଖି ତାଙ୍କର ପ୍ରସନ୍ନତା କିମ୍ବା ଅପ୍ରସନ୍ନତାର କାରଣଗୁଡ଼ିକୁ ଅନୁମାନ କରା ଯାଇପାରିବ। ଏହି ବିଷୟରେ ରାଜାଙ୍କର ଅନୁଗାମୀମାନଙ୍କୁ ମଧ୍ୟ ଏ ଦିଗରେ ଦୃଷ୍ଟିପାତ କରିବାକୁ ହେବ।

ବିପକ୍ଷ ପ୍ରତିସନ୍ଧାନ ତଥା ଐଶ୍ୱର୍ଯ୍ୟ କାରଣ

ଯଦି କୌଣସି ଶତ୍ରୁଙ୍କ ଷଡ଼୍ୟନ୍ତ୍ର ବିଷୟରେ ଜଣାଯାଏ ତା'ହେଲେ ରାଜାଙ୍କ ପ୍ରିୟ ଲୋକମାନଙ୍କ ସହିତ ପରାମର୍ଶ କରି ପ୍ରତି ଦୁଇ ମାସ ଅନ୍ତରରେ ରାଜାଙ୍କ ସହିତ ସାକ୍ଷାତ୍ ହେବାର ସୁଯୋଗ ନେବା ଉଚିତ୍। ଅନ୍ୟ ଦିଗରେ ପ୍ରଜାମାନଙ୍କ ଭିତରେ ଏଭଳି ପ୍ରଚାର ହୋଇଥାଏ ଯେ ରାଜାଙ୍କ ଦର୍ଶନରେ ବଞ୍ଚିତ ପ୍ରଜାମାନେ କୌଣସି ପୁରୁଷକୁ ରାଜାଙ୍କ ଭଳି ପୋଷାକ ପରିଧାନ କରାଇ ଦର୍ଶନର ବ୍ୟବସ୍ଥା କରା ଯାଇ ପାରିବ।

ରାଜାଙ୍କ ମୃତ୍ୟୁ ହେଲେ ପ୍ରମୁଖ ରାଜକୁମାରକୁ ଅଭିଷେକ କରି ତାଙ୍କୁ ପ୍ରଜାମାନଙ୍କ ସାମ୍ନାରେ ଠିଆ କରାଇବା ଉଚିତ୍। ଅଥବା ଗତ ଅଧ୍ୟାୟରେ ଯେଉଁ ବିଧିର କଥା କୁହାଯାଇଛି ସେହିଭଳି ରାଜାଙ୍କ ସଙ୍କଟକୁ ଦୂର କରିବା ଉଚିତ୍।

ପରରାଷ୍ଟ୍ର ବିଷୟ

ଯଦି କୌଣସି ରାଜା ଏହି ଧରଣର ରାଜ୍ୟାଭିଷେକରୁ ଅସନ୍ତୁଷ୍ଟ ହୁଅନ୍ତି ତା'ହେଲେ ମନ୍ତ୍ରୀ ତାଙ୍କୁ ଏହି ବାର୍ତ୍ତା ପଠାଇ ପାରନ୍ତି ଯେ, "ରାଜକୁମାର ତ ଏବେ ଅପ୍ରାପ୍ତବୟସ୍କ ହେବା କାରଣରୁ ରାଜକାର୍ଯ୍ୟ ପକ୍ଷରେ ସିଏ ଅଯୋଗ୍ୟ। ସୁତରାଂ ଆସନ୍ତୁ ଆପଣଙ୍କୁ ଆମ୍ଭେମାନେ ଏଠାକାର ରାଜା ବୋଲି ଘୋଷଣା କରୁଛନ୍ତି।" ଏହି ବାର୍ତ୍ତା ପାଇ ଯେତେବେଳେ ସିଏ ଆସିଥାଆନ୍ତି ସେତେବେଳେ କୌଣସି ଉପାୟରେ ତାଙ୍କୁ ବନ୍ଦୀ କରି ପକାଇବା ଅଥବା ଉଚିତ୍ ମନେ କଲେ ତାଙ୍କୁ ହତ୍ୟା କରିବା ଉଚିତ୍। ନତୁବା ତାଙ୍କୁ କୌଣସି ଭାବରେ ଭୁଲାଇ ନିଜର ଅଧୀନରେ କରିନେବା ଉଚିତ୍।

ଯଦି ଶତ୍ରୁଙ୍କ ଦେଶରେ ରାଜା ମରିଯାଇଛନ୍ତି ତା'ହେଲେ ମନ୍ତ୍ରୀଙ୍କ ଉଚିତ୍ ନିଜ ରାଜ୍ୟର ରାଜକୋଷ ଏବଂ ସୈନ୍ୟମାନଙ୍କର ନିରାପଦା ବ୍ୟବସ୍ଥା କରି ଶତ୍ରୁ ଦେଶରେ ଯାଇ ସେଠାକାର ରାଜାଙ୍କ ସହିତ ମିତ୍ରତା ସ୍ଥାପନ କରିବା। ଅତି ସତ୍ବର ଯୁବରାଜଙ୍କୁ ଅଭିଷେକ କରାଇ ଯୁଦ୍ଧ ପାଇଁ ପ୍ରସ୍ତୁତି କରି ନେବା ଉଚିତ୍। ଏହା ମଧ୍ୟରେ ଯଦି କୌଣସି ଶତ୍ରୁ ରାଜ୍ୟ ଉପରେ ଆକ୍ରମଣ କରନ୍ତି, ତା'ହେଲେ ପରବର୍ତ୍ତୀ ଅଧ୍ୟାୟର ବିଧୁ ଅନୁଯାୟୀ ନିଜର ବିପଦକୁ ନିବାରଣ କରିବାକୁ ହେବ। ମନ୍ତ୍ରୀଙ୍କ ଦ୍ୱାରା ସମ୍ଭାଳିଥିବା ରାଜ୍ୟକୁ ଋଣାକ୍ୟ ଧର୍ମସଙ୍ଗତ ବୋଲି ମନେ କରନ୍ତି ନାହିଁ। ଅତଏବ ଏହା କହିବା ଶ୍ରେୟ ଯେ ରାଜକୁମାର ହିଁ ସିଂହାସନ ଅଧିକାର କରନ୍ତୁ।

ଅପ୍ରାପ୍ତବୟସ୍ତ ରାଜକୁମାର ଏବଂ ରାଜମାତାଙ୍କ ପ୍ରତି ବିଶେଷ ବ୍ୟବସ୍ଥାଗୁଡ଼ିକ ମନ୍ତ୍ରୀଙ୍କ କରିବା ଉଚିତ୍। ଯେତେବେଳେ ରାଜକୁମାର ପ୍ରାପ୍ତ ବୟସ୍କ ହେବେ ସେତେବେଳେ ତାଙ୍କର ମନୋଭାବ ବୁଝି ସେହିଭଳି କାମ କରିବା ଉଚିତ୍। ରାଜକୁମାର ଯଦି ଅମତ ପ୍ରକାଶ କରନ୍ତି ତା'ହେଲେ ମନ୍ତ୍ରୀ ତାଙ୍କ ନିଜ ପଦକୁ ତ୍ୟାଗ କରନ୍ତୁ, କିନ୍ତୁ ରାଜାର ନିରାପଦାର ଯଥାୟଥ ବ୍ୟବସ୍ଥା କରି ସିଏ ନିଜର ପଦତ୍ୟାଗ କରିବେ।

◯

ରାଜ୍ୟ ବିସ୍ତାରର ବ୍ୟବସ୍ଥା

ପ୍ରାକୃତିକ ସମ୍ପଦ

ସ୍ୱାମୀ, ମନ୍ତ୍ରୀ, ଜନପଦ, ଦୁର୍ଗ, କୋଷ, ସୈନ୍ୟ ଏବଂ ମିତ୍ର ଏହି ସାତଟିକୁ ରାଜ୍ୟର ପ୍ରକୃତି ବୋଲି କୁହାଯାଇଛି ।

ରାଜା ୧୬ଟି ଆଭିଗାମିକ ଗୁଣ ହେଉଛି – ଉଚ୍ଚବଂଶରେ ଉତ୍ପନ୍ନ ଦୈବ ସମ୍ପନ୍ନ, ବୁଦ୍ଧିମାନ, ସତ୍ୱ ସମ୍ପନ୍ନ, ବୃଦ୍ଧଦର୍ଶୀ, ଧର୍ମାତ୍ମା, ସତ୍ୟଭାଷୀ, ସତ୍ୟ ପ୍ରତିଜ୍ଞ, କୃତଜ୍ଞ, ସ୍ଥୁଲ ଲକ୍ଷ୍ୟ, ଅସାଧାରଣ ଉତ୍ସାହୀ, ନିରାଳସ୍ୟ, ଶକ୍ୟସାମନ୍ତ, ଦୃଢ଼ ବୁଦ୍ଧି, ଅକ୍ଷୁଦ୍ରା ପରିଷତକ ଏବଂ ବିନୟଶୀଳ ।

ରାଜାଙ୍କର ଆଠଟି ପ୍ରଜ୍ଞାଜଣ ହେଉଛି – ଶୁଶ୍ରୁଷା, ଶ୍ରବଣ, ଗ୍ରହଣ, ଧାରଣ ବିଜ୍ଞାନ, ଉହ, ଅରୋହ ଏବଂ ତତ୍ତ୍ୱାଭିମାନିବେଶ ।

ଉତ୍ସାହ ଗୁଣ :
ଶୌର୍ଯ୍ୟ, ଅମର୍ଷ, ଶୀଘ୍ରତା ଏବଂ ଦାକ୍ଷ୍ୟ

ରାଜାଙ୍କ ଆତ୍ମସମ୍ପଦ ହେଉଛି ତାଙ୍କ ବାଗ୍ମୀ ପ୍ରଗଲ୍ଭ, ସ୍ମୃତିମାନ, ମତିମାନ, ବଳବାନ, ଉଦଗ୍ର, ସ୍ୱାବଗ୍ରହ, କୃତଶିକ୍ଷ, ବ୍ୟସନ ସମୟେ ଦଣ୍ଡନୀୟ, ଉପକାରାପ କରି ନିପୁଣ, ହ୍ରୀମାନ, ଦୁର୍ଭିକ୍ଷ, ସୁବିକ୍ଷରେ ବିତରଣ ନିପୁଣ, ଗୁପ୍ତଚରମାନଙ୍କ ଉପରେ ନଜର ରଖିବା, ସେନା ନିଯୁକ୍ତିରେ ଦେଶ-କାଳ ପରୁଷାର୍ଥ ଅନୁଯାୟୀ କାର୍ଯ୍ୟଦକ୍ଷତା, ସନ୍ଧି-ବିକ୍ରମ-ତ୍ୟାଗ-ସଂଯମ ଏବଂ ପରିଚ୍ଛଦ ଅବସ୍ଥାରେ ଉଚିତ୍ କାମ କରିବାକୁ ସମର୍ଥ୍ୟ ହେବା, କାମ-କ୍ରୋଧ-ଲୋଭ-ମୋହ ଚପଳତା ସ୍ୱୟ ଉପତାପ ଇତ୍ୟାଦିରେ ବିରତ ରହିବା, ପ୍ରିୟଭାଷୀ ଏବଂ ବୃଦ୍ଧଦେବ ଉପଦେବ ଦ୍ୱାରା ପରିଚଳିତ ହେବା ପ୍ରଭୃତି ।

ଜନପଦ ସମ୍ପଦର ଗୁଣାବଳୀ

ଜନପଦର ମଝିରେ କିମ୍ବା ଶେଷରେ ଦୁର୍ଗ ରହିଲେ ଦେଶ-ବିଦେଶର ଲୋକମାନଙ୍କର ଆହାରର ସମସ୍ତ ଜିନିଷ ସେଠାରେ ବିଦ୍ୟମାନ ଥାଏ । ଜନପଦ ଏଭଳି ଜାଗାରେ ରହିବା ଦରକାର, ବିପଦବେଳେ ସେଠାରୁ ବାହାରି ନିରାପଦ ଜାଗାକୁ ଯିବା ସମ୍ଭବ ହୋଇଥାଏ ।

ଅଳ୍ପ ପରିଶ୍ରମ ଯେଠାରେ ଜୀବିକା ସୁଲଭ ଥାଏ, ସେଠାରେ ଶତ୍ରୁ ଏବଂ ବିଦ୍ରୋହୀ ସାମନ୍ତମାନଙ୍କୁ ଦମନ କରିବାର ବ୍ୟବସ୍ଥା ଥାଏ । ମାନବ ଜାତି ପାଇଁ ଉତ୍କର୍ଷ ଜାଗା ଥାଏ, ଚୋର ଏବଂ ଡକାୟତି ହାତରୁ ସୁରକ୍ଷାର ବ୍ୟବସ୍ଥା ଥାଏ ।

କୋଷ ସମ୍ପଦ

ରାଜକୋଷ ପୂର୍ବବର୍ତ୍ତୀ ରାଜାମାନଙ୍କର ତଥା ସ୍ୱୟଂଶାସିତ ଧର୍ମ ଏବଂ ନ୍ୟାୟ ଅନୁସାରେ ଅର୍ଜିତ ହେବା ଉଚିତ୍ । ସେଥିରେ ବହୁତ ପରିମାଣରେ ସୁନା-ରୂପା, ରତ୍ନ ରହିଥାଏ, ବିପଦବେଳେ ମୁକାବିଲା କରିବାକୁ ସକ୍ଷମ ହେବା ଆବଶ୍ୟକ ।

ଦଣ୍ଡ ସମ୍ପଦ

ଦଣ୍ଡ ଅର୍ଥାତ୍ ସୈନ୍ୟ ପିତା-ପିତାମହଙ୍କ କାଳରୁ ଚଳି ଆସିଛି ଏବଂ ତାହା ସର୍ବଦା ରାଜାଙ୍କ ଅଧୀନରେ ଥାଏ । ଏହାର ନିରାପତ୍ତାର ଦାୟିତ୍ୱ ରାଜାଙ୍କ ଉପରେ ଥାଏ ଏବଂ ଆକ୍ରମଣ କରିବା ସମୟରେ ଏହାର ସମ୍ପୂର୍ଣ୍ଣ ଭରଣଭୋଷଣ ବ୍ୟବସ୍ଥା ରହିଥାଏ । ସିଏ ଶତ୍ରୁକୁ ମୁକାବିଲା କରିବାକୁ ଲିପ୍ତ ରହିଥାଏ ଏବଂ ଯୁଦ୍ଧ ବିଦ୍ୟାରେ ଦକ୍ଷ ହୁଏ ।

ମିତ୍ର ସମ୍ପଦ

ବନ୍ଧୁ ଏଭଳି ହେବା ଉଚିତ୍ ଯାହା ପିତା-ପିତାମହଙ୍କ କାଳରୁ ଆସିଛି । ସିଏ ନିତ୍ୟ, କୁଳୀନ, ଦ୍ୱିଧାଶୂନ୍ୟ, ମହାପ୍ରଭୁ, ମନ୍ତ ତଥା ଉତ୍ସାହ ଶକ୍ତି ସମ୍ପନ୍ନ ଏବଂ ସୁଯୋଗ ଅନୁଯାୟୀ ଉଦ୍ୟୋଗ ଗ୍ରହଣ କରିବାକୁ ସକ୍ଷମ ହେବ ।

ଶତ୍ରୁ ସମ୍ପଦ

ରାଜକୂଳରେ ଜନ୍ମନଥିବା ଲୋଭୀ ଏବଂ ଦୁଷ୍ମାନଙ୍କର ବନ୍ଧୁ, ଶାସ୍ତ୍ରର ବିରୁଦ୍ଧାଚରଣକାରୀ, ଭାଗ୍ୟବାଦୀ, ଅବିବେକୀ, ଧୈର୍ଯ୍ୟହୀନ ଏବଂ ଅପରର ଅନିଷ୍ଟକାରୀ ଶତ୍ରୁକୁ ସହଜ ଭାବରେ ବିଚ୍ଛିନ୍ନ କରା ଯାଇପାରେ ।

ଏହାଛଡ଼ା ସାତଟି ପ୍ରକୃତିଗୁଡ଼ିକ ବିଷୟରେ ଗୁଣାବଳୀ ଦର୍ଶା ଯାଇଛି । ଆତ୍ମସମ୍ପଦ ଯୁକ୍ତ କିମ୍ୱା ନୀତିଜ୍ଞ ରାଜା ଅଳ୍ପ ଜମିର ଶାସକ ହେଲେ ମଧ୍ୟ ପୃଥିବୀ ଉପରେ ଜୟଲାଭ କରିବାକୁ ସକ୍ଷମ ହୁଅନ୍ତି ।

ଶାନ୍ତି ଏବଂ ଉଦ୍ୟୋଗ ବିଧ୍ୱ

ଏହି ପ୍ରକରଣରେ ଶମ ଅର୍ଥାତ୍ ଶାନ୍ତି ଏବଂ ବ୍ୟାୟାମ ଅର୍ଥାତ୍ କର୍ମୋଦ୍ୟାଗ, କ୍ଷେମ ଅର୍ଥାତ୍ ପ୍ରାପ୍ତ ବସ୍ତୁଟିର ଉଚିତ୍ ଭୋଗ, ଯୋଗ ଅର୍ଥାତ୍ ବସ୍ତୁର ଲାଭ, ଏହିସବୁଗୁଡ଼ିକର ବିଧ୍ୱର ବର୍ଣ୍ଣନା କରା ଯାଉଛି ।

ଆରମ୍ଭ କରିଥିବା କର୍ମର ସହାୟକ ଉପାଦାନର ନାମ ହେଉଛି ବ୍ୟାୟାମ । କର୍ମଫଳ ସମ୍ପର୍କିତ କ୍ଷେମର ସାଧକ ଉପାଦାନ ଶମ ହୁଏ । ଏହାର କାରଣ ହେଉଛି – ଷାଡ଼ଗୁଣ ସନ୍ଧି, ବିଗ୍ରହ, ଯାନ, ଆସନ, ସଂଶୟ ଏବଂ ଦୌବୀଭାବ ହୁଏ । ଷଡ଼ଗୁଣର ତିନୋଟି ଫଳ ହୁଏ – କ୍ଷୟ, ସ୍ଥାନ ଏବଂ ବୃଦ୍ଧି । ଏହାର ଦୁଇଟି କର୍ମ ଆବଶ୍ୟୟମ ମାନବ ଏବଂ ଦୈବ । ନୟ, ଅପନୟ ମାନବ ଏବଂ ଅୟ ତଥା ଅନୟ ଦୈବ କର୍ମ ହିସାବରେ ଗଣ୍ୟ ହୁଏ । ଯୋଗକ୍ଷେମର ପ୍ରାପ୍ତି ପାଇଁ ମାନବକର୍ମ ବିଚାରଯୋଗ୍ୟ ।

ଆତ୍ମଗୁଣ ସମ୍ପନ୍ନ ତଥା ମନ୍ତ୍ରୀ ଇତ୍ୟାଦି ପଞ୍ଚଦ୍ରବ୍ୟ ପ୍ରକୃତିର ଗୁଣରେ ଯୁକ୍ତ ଏବଂ ନୟର ଆଶ୍ରୟରେ ରହିବାକୁ ବିଜିଗୀଷୁ କୁହାଯାଏ । ରାଜାଙ୍କ ଘରିଆଡ଼େ ରହିଥିବା ଅନ୍ୟ ଦେଶଗୁଡ଼ିକର ରାଜାମାନେ ଅରି ପ୍ରକୃତି ବୋଲି ଗଣ୍ୟ ହୁଅନ୍ତି । ଯାହାଙ୍କ ଘରିଆଡ଼େ ଶତ୍ରୁ ନଥାଏ ସେହି ରାଜା ମିତ୍ର ପ୍ରକୃତି ଭାବରେ ଗଣ୍ୟ ହୁଅନ୍ତି । ରାଜାଙ୍କ ନିକଟସ୍ଥ ରାଜାଗଣ-ମିତ୍ର-ଅରିମିତ୍ର ଏବଂ ମିତ୍ରମିତ୍ର । ଏଠାରେ ବିସ୍ତାରିତ ଭାବରେ ଶତ୍ରୁ ଏବଂ ମିତ୍ରର ବ୍ୟାଖ୍ୟା କରାଯାଇଛି । ଏହି ଧରଣର ୧୨ଟି ରାଜ ପ୍ରକୃତିର ବର୍ଣ୍ଣନା ଏଠାରେ ଦିଆ ଯାଇଛି ।

ଏଠାରେ ସମ୍ପଦର ଶକ୍ତି ଏବଂ ବଳର ବ୍ୟାଖ୍ୟା କରାଯାଇଛି । ଶକ୍ତି ଦ୍ୱାରା ବଳ ଏବଂ ସନ୍ଧିରୁ ସୁଖ ଅନୁଭବ ହୁଏ । ଶକ୍ତିର ବିଭିନ୍ନ ଧରଣ ହେଉଛି – ମନ୍ତ୍ରଶକ୍ତି, ଜ୍ଞାନଶକ୍ତି, ପ୍ରଭୃଶକ୍ତି କୋଷ ତଥା ସୈନ୍ୟବଳ ଏବଂ ଉସ୍ମାହ-ଶକ୍ତି ପରକ୍ରମର ବଳ । ସିଦ୍ଧିଗୁଡ଼ିକ ହେଉଛି – ମନ୍ତ୍ରସିଦ୍ଧି, ପ୍ରଭୃସିଦ୍ଧି, ତଥା ଉସ୍ମାହ ସିଦ୍ଧି । ଏହିସବୁ ଶକ୍ତି ଏବଂ 'ସିଦ୍ଧିଗୁଡ଼ିକରେ ସମ୍ପନ୍ନ ରାଜା ଜୟ୍ୟାୟନ ହିସାବରେ ଗଣ୍ୟ ହୁଅନ୍ତି । ରାଜାଙ୍କ ପକ୍ଷରେ ଅନବରତ ନିଜର ଶକ୍ତି ଏବଂ ସିଦ୍ଧିରେ ବୃଦ୍ଧି କରିଯିବା ଉଚିତ୍ । ତାଙ୍କ ଉଚିତ୍ ସିଏ ଶତ୍ରୁର ଶକ୍ତି-ସିଦ୍ଧିକୁ ମଧ୍ୟ ଅର୍ଜିତ କରିବାକୁ ଚେଷ୍ଟା କରିବା ।

ନିଜ ରାଜ୍ୟ ବାହାରେ ଅବସ୍ଥିତ ରାଜା ବିଜିଗୀଷୁ, ମିତ୍ର ରାଜାମାନଙ୍କୁ ନେମି, ନିକଟବର୍ତୀ ରାଜାମାନଙ୍କୁ ଅର ଏବଂ ସ୍ୱୟଂକୁ ନାଭିଭୂଲ ହିସାବରେ ଭାବାଯାଏ । ଏହିଭଳି ବିଜିଗୀଷୁ ରାଜା ଏହି ଦୁଇ ଧରଣର ରାଜାଙ୍କ ମଝିରେ ବସିରହି ଶକ୍ତିଶାଳୀ ଶତ୍ରୁକୁ ଉଚ୍ଛେଦ ଅଥବା ତାହାର ପୀଡ଼ନ କରିବାକୁ ସକ୍ଷମ ହୁଅନ୍ତି ।

ରାଜା ଏବଂ ରାଜ୍ୟ-ସୁଖ

ଛଅଟି ଗୁଣ କ୍ଷୟସ୍ଥାନ ଏବଂ ବୃଦ୍ଧି

ସ୍ୱାମୀ ସାତୋଟି ପ୍ରକୃତି ଏବଂ ୧୨ଟି ରାଜ-ମଣ୍ଡଳର ଛଅଟି ଗୁଣର ମୂଳ କାରଣ ହୁଏ। ଏହି ଛଅଟି ଗୁଣ ମଧ୍ୟରେ କେବଳ ସନ୍ଧି ଏବଂ ବିଗ୍ରହ ହେଉଛି ମୁଖ୍ୟ ଗୁଣ। ଋଣକ୍ୟଙ୍କ ମତରେ ଗୁଣ ହେଉଛି ଛଅଗୋଟି। ଏଗୁଡ଼ିକ ମଧ୍ୟରେ ଦୁଇ ରାଜାଙ୍କର ମଝିରେ ପ୍ରଥବୀ, କୋଷ, ସୈନ୍ୟ ଇତ୍ୟାଦିର ଦେବା-ନେବାର ମିଳନ ହେବାଟି ହେଉଛି ଚୁକ୍ତି ଏବଂ ଶତ୍ରୁଙ୍କ ପ୍ରତି କରିଥିବା ଦ୍ରୋହଟି ହେଉଛି ବିଗ୍ରହ ଏବଂ ଶେଷ ଘଟିଟି ମଧ୍ୟ ଏହି ପ୍ରକାର। ଏହିଭଳି ବିଷୟ ଭେଦ ଅନୁସାରେ ଏହି ଛଅଟି ଗୁଣକୁ ସିଏ ମୁଖ୍ୟ ଭାବରେ ଗଣ୍ୟ କରିଛନ୍ତି।

ଏହି ଛଅଟି ଗୁଣଗୁଡ଼ିକ ମଧ୍ୟରେ ଯେଉଁ ଗୁଣର ଆଶ୍ରୟ ନେବା ଦରକାର ସେଥିରେ ଶତ୍ରୁଙ୍କ ବିନାଶ କରିବା ସମ୍ଭବ ବୋଲି ଭାବାଯାଏ। ଏହିଭଳି ଏହିସବୁ ଗୁଣର ଆଶ୍ରୟ ଯଦି ବୃଦ୍ଧିର କାରଣ ହୁଏ ତା'ହେଲେ ତା'କୁ 'ବୃଦ୍ଧି' ବୋଲି କୁହାଯାଏ।

ଯଦି ଶତ୍ରୁବୃଦ୍ଧି ପାଉଛି ବୋଲି ମନେ କରନ୍ତି ତା'ହେଲେ ତାହା ସହିତ ଚୁକ୍ତି କରି ନେବା ଉଚିତ ଅଥବା ଯେଉଁ ଗୁଣର ଆଶ୍ରୟ ନେଲେ ନିଜର ଦୁର୍ଗ, କର୍ମର କ୍ଷୟ ହୁଏ ଏବଂ ଶତ୍ରୁର କର୍ମ ଅକ୍ଷୟ ହୁଏ ବୋଲି ମନେହୁଏ ସେହି ଗୁଣରେ କେବେବି ଆଶ୍ରୟ ନେବା ଉଚିତ୍ ନୁହେଁ। ଏହି ଧରଣର ଗୁଣର ଉପଯୋଗକୁ 'କ୍ଷୟ' ବୋଲି କୁହାଯାଏ।

ଯଦି ନିଜର ଏବଂ ଶତ୍ରୁର ଏକାସାଥିରେ କ୍ଷୟ ଦେଖାଦିଏ ଫଳ ମଧ୍ୟ ସମାନ ହୁଏ ତା'ହେଲେ ଶତ୍ରୁଙ୍କ ସହିତ ଚୁକ୍ତି କରି ନେବା ଉଚିତ୍। ଯେଉଁ ଗୁଣଟିକୁ ଆଶ୍ରୟ କଲେ ଦୁର୍ଗ ନିର୍ମାଣ କର୍ମର ବୃଦ୍ଧି ହୁଏନାହିଁ କିମ୍ବା କ୍ଷୟ ହୁଏନାହିଁ ଏଭଳି ଅବସ୍ଥାରେ ପ୍ରଯୁକ୍ତ ଗୁଣକୁ 'ସ୍ଥାନ' ବୋଲି କୁହାଯାଏ।

ଏହିଭଳି ଅନ୍ୟାନ୍ୟ ଗୁଣ ବିଷୟରେ ମଧ୍ୟ ଚିନ୍ତା କରି ଜୟର ଆକାଂକ୍ଷାକାରୀ ରାଜା ନିଜର ରାଜକାର୍ଯ୍ୟ ସୁସମ୍ପନ୍ନ କରିବେ। ଏହିଭଳି ଭାବରେ ନିଜର ପ୍ରକୃତି ମଣ୍ଡଳରେ ବିଦ୍ୟମାନ ବିଜିଗୀଷୁ ରାଜା ଛଅ ଧରଣର ଗୁଣକୁ ପ୍ରୟୋଗ କରି କର୍ମ ବିଷୟକ ବିନାଶର ଅବସ୍ଥାରେ, ସ୍ଥାନର ଅବସ୍ଥାରେ ଏବଂ ସ୍ଥାନର ଅବସ୍ଥାରୁ ଉନ୍ନତିର ଅବସ୍ଥାରେ ପହଞ୍ଚିବାର ଲକ୍ଷ୍ୟକୁ ଅର୍ଜିତ କରିବାର ପ୍ରଚେଷ୍ଟା କରିବା ଉଚିତ୍।

ସଂଶ୍ରୟ-ବୃତ୍ତି

ଦୁଇ ଶକ୍ତିଶାଳୀ ରାଜାଙ୍କ ମଝିରେ ବିଜୟର ଆକାଂକ୍ଷାକାରୀ ରାଜା ସେମାନଙ୍କ ମଧ୍ୟରୁ ସକ୍ଷମ କୌଣସି ଜଣକୁ ରାଜାର ଆଶ୍ରୟ ଗ୍ରହଣ କରିବା ଉଚିତ୍। କିମ୍ବା ଦୁଇଜଣଙ୍କ ସହିତ ଚୁକ୍ତି କରିନେବା ଉଚିତ୍। ଯଦି ସମ୍ଭବ ହୁଏ ତା'ହେଲେ ଉଭୟଙ୍କ ମଧ୍ୟରେ କଳହ ସୃଷ୍ଟି କରିଦେଇ ସେମାନଙ୍କ ମଧ୍ୟରୁ ପ୍ରିୟଜଣଙ୍କର ଆଶ୍ରୟ ଗ୍ରହଣ କରିବା ଉଚିତ୍।

ସମ-ହୀନ ଗୁଣର ପ୍ରତିଷ୍ଠା

ବିଜୟର ଆକାଂକ୍ଷାକାରୀ ରାଜାଙ୍କ ନିଜ ଶକ୍ତି ବୃଦ୍ଧି ପାଇଁ ଛଅଟି ଗୁଣଗୁଡ଼ିକର ବ୍ୟବହାର କରିବା ଉଚିତ୍। ସମାନ ଏବଂ ଅଧିକ ଶକ୍ତିଶାଳୀ ରାଜାଙ୍କ ସହିତ ଚୁକ୍ତି ଏବଂ ଶକ୍ତିହୀନ ରାଜାଙ୍କ ସହିତ ଯୁଦ୍ଧ କରିବା ଉଚିତ୍। ଶକ୍ତିଶାଳୀ ରାଜାଙ୍କ ସହିତ ଯୁଦ୍ଧ କଲେ ଚୁକ୍ତି ଏବଂ ଶକ୍ତି ଦୁଇଟିହିଁ ନଷ୍ଟ ହୋଇଯିବ। ଯଦି ଶକ୍ତିସମ୍ପନ୍ନ ରାଜା ଚୁକ୍ତି କରିବାକୁ ରାଜି ନୁହଁନ୍ତି ତେବେ ଦଣ୍ଡୀପନତ ବୃତ୍ତିର ଆଶ୍ରୟ ଗ୍ରହଣ କରିବା ଉଚିତ୍। ସମାନ ଶକ୍ତି ସମ୍ପନ୍ନ ଚୁକ୍ତି ନକରି ଅପକାରର ପ୍ରତିଶୋଧ ଅପକାର ଦ୍ୱାରା କରିବାକୁ ହେବ। ଯଦି ହୀନଶକ୍ତି ସମ୍ପନ୍ନ ରାଜା ନମନୀୟତା ପ୍ରଦର୍ଶନ କରେ ତା'ହେଲେ ତାଙ୍କ ସହିତ ଚୁକ୍ତି କରିବା ଉଚିତ୍।

ଯୁଦ୍ଧ ପ୍ରକରଣ

କେଇଜଣ ଆଚାର୍ଯ୍ୟଙ୍କ ମତରେ ଆସନ ଏବଂ ଯାନ ହେଉଛି ସନ୍ଧି ବିଗ୍ରହର ଅଂଶ।

ବିଜିଗୀଷୁ ରାଜା କିଛି କିଛି ପରିସ୍ଥିତିରେ ବିଗ୍ରହ କରି ଆସନନୀତିରେ ଆଶ୍ରୟ ନେଇ ପାରନ୍ତି, ଏଠାରେ ତାହାହିଁ କୁହାଯାଇଛି। ଯେତେବେଲେ ସିଏ ଶତ୍ରୁମାନଙ୍କର ମନ୍ତ୍ରୀଙ୍କୁ ଅସନ୍ତୁଷ୍ଟ ଅବସ୍ଥାରେ ଦେଖି ପାରନ୍ତି, ତାଙ୍କ ଦେଶରେ ସୈନ୍ୟମାନଙ୍କ ଦ୍ୱାରା ପ୍ରଜାକୁ ଦମନ କରାଯାଉଛି, ଯଦି ବିଜିଗୀଷୁ ରାଜା ମନେ କରନ୍ତି ଯେ ତାଙ୍କ ଉପରେ ଆକ୍ରମଣ କଲେ ସିଏ ସବୁଦିଗ ଆଡ଼ୁ ବିଜୟୀ ହେବ ତା'ହେଲେ ତା' ଉପରେ ଆକ୍ରମଣ କରିବା ଉଚିତ୍।

ଯାନ ଏବଂ ପ୍ରକୃତି କ୍ଷୟ

ନିଜର ସାମନ୍ତ ଶତ୍ରୁ, ଆକ୍ରମଣ କରିବାର ଯୋଗ୍ୟ ଅନ୍ୟ ରାଜାଙ୍କ ଉପରେ ସଙ୍କଟ ଦେଖାଦେଲେ ସର୍ବପ୍ରଥମ ଶତ୍ରୁଙ୍କ ଉପରେ ଆକ୍ରମଣ କରିବା ଉଚିତ୍।

ଯିଏ ମାରାତ୍ମକ ସଙ୍କଟରେ ଆକ୍ରାନ୍ତ ହୋଇ ନ୍ୟାୟ ଭାବରେ ପ୍ରଜାମାନଙ୍କ ପ୍ରତି ନିଜର କର୍ତ୍ତବ୍ୟ ପାଳନ କରି ପାରନ୍ତି ତାଙ୍କୁ ପ୍ରଥମ ଶ୍ରେଣୀର ଘାତବ୍ୟ କୁହାଯାଏ। ଅଳ୍ପ ସଙ୍କଟରେ ସେୟୁଁ ରାଜା ପ୍ରଜାଙ୍କ ପ୍ରତି କୌଣସି ନ୍ୟାୟ କରନ୍ତି ନାହିଁ ଏଇ ଧରଣର ରାଜାଙ୍କୁ ଦ୍ୱିତୀୟ ଶ୍ରେଣୀ ଘାତବ୍ୟ କୁହାଯାଏ। ଯେଉଁ ରାଜାଙ୍କ ପ୍ରଜାମାନେ ଏବଂ ପ୍ରକୃତି ବର୍ଗ ଅର୍ଥାତ ମନ୍ତ୍ରୀମଣ୍ଡଳମାନେ ରାଜାଙ୍କ ବିରକ୍ତ ଅନୁଭବ କରନ୍ତି ତାହାଙ୍କୁ ତୃତୀୟ ଶ୍ରେଣୀର ଘାତବ୍ୟ କୁହାଯାଏ। ଏହି ପରିପ୍ରେକ୍ଷିରେ ସର୍ବପ୍ରଥମ ତୃତୀୟ ଶ୍ରେଣୀର ଘାତବ୍ୟଙ୍କ ଉପରେ ଆକ୍ରମଣ କରିବା ଉଚିତ୍।

ଯେଉଁ ସବୁ କାରଣରୁ ମନ୍ତ୍ରୀମଣ୍ଡଳମାନେ ଶୂନ୍ୟ ହୁଅନ୍ତି ଏବଂ ସେମାନଙ୍କ ମଧ୍ୟରେ ବରିଭିଭାବ ଜନ୍ମିଥାଏ, ଏହି ଦିଗକୁ ଦୃଷ୍ଟିରେ ରଖି ରାଜାଙ୍କୁ ସତର୍କ ରହିବା ଉଚିତ୍। ଭଦ୍ରଜଣଙ୍କୁ ଅନାଦର, ଦୁର୍ଜନଙ୍କ ପ୍ରତି ଅନୁଗ୍ରହ, ଅନୁଚିତ ଓ ଅଧାର୍ମିକ କର୍ମରେ ପ୍ରଶ୍ରୟ ପ୍ରଦାନ, ଧାର୍ମିକ କାର୍ଯ୍ୟଗୁଡ଼ିକରେ ବାଧା ଏ ସମସ୍ତ ବହୁ କାରଣରୁ ପ୍ରକୃତିବର୍ଗ ଅସନ୍ତୁଷ୍ଟ ରୁହନ୍ତି। ପ୍ରକୃତିବର୍ଗ ଶୂନ୍ୟ ହୋଇ ରାଜାଙ୍କ ପ୍ରତି ବିତୃଷ୍ଣାଭାବ ଜାଗ୍ରତ ହେଲେ ସେହି ବର୍ଗଟି ଶତ୍ରୁଙ୍କ ସହିତ ହାତ ମିଶାଇଥାଆନ୍ତି ତା'ହେଲେ ନିଜ ରାଜାଙ୍କୁ ହତ୍ୟା ମଧ୍ୟ କରି ଦେଇ ପାରନ୍ତି।

ଅଭିଯାନରେ ସାଫଲ୍ୟ ଲାଭ କଲେ ବିଜୟୀ ରାଜା ନିଜର ସାଥୀ ରାଜାଙ୍କୁ ସମ୍ମାନଜନକ ଭାବରେ ବିଦାୟ ଜଣାଇବେ। ସେଥିରେ ହୁଏତ ସମସ୍ତଙ୍କୁ ଖୁସି କରାଇବା ପାଇଁ କିଛି ଦେବାକୁ ପଡ଼ିଥାଏ, ଅଳ୍ପ କିଛି ରହିଥାଏ ଏବଂ ନିଜକୁ ପରାଜିତ ବୋଲି ମନେ କରିଥାଆନ୍ତି। ଏହି ଧରଣର ରାଜା ରାଷ୍ଟ୍ରମଣ୍ଡଳର ପ୍ରିୟପାତ୍ର ହୁଅନ୍ତି।

ସଂହିତ ପ୍ରୟାଣ

ବିଜୟାଭିଳାଷୀ ରାଜାଙ୍କର ଉଚିତ୍ ଯେ, ରାଷ୍ଟ୍ରମଣ୍ଡଳରେ ଯିଏ ତାଙ୍କର ଶତ୍ରୁ ରାଜା ଅଛନ୍ତି ତାଙ୍କ ଉପରେ ଆକ୍ରମଣ କରିବା ପାଇଁ ସଂହିତ ପ୍ରୟାଣ ନୀତିର ପ୍ରୟୋଗ କରିବା। ଏଥିରେ ତାଙ୍କ ନିଜ ବନ୍ଧୁଙ୍କୁ କହିବାକୁ ହେବ ଯେ ଏହି ବିଜୟରେ ଯାହା କିଛି ଅର୍ଜିତ ହେବ ତାହା ନିଜମାନଙ୍କ ମଧ୍ୟରେ ସମାନ ଭାଗ ହେବ। ଲାଭର ବୈଷମ୍ୟ ହେଲେ ତାଙ୍କ ବନ୍ଧୁଜଣଟି ଅସନ୍ତୁଷ୍ଟ ହେବେ। ଏହି କଥା ପ୍ରତି ଦୃଷ୍ଟି ଦେବା ଉଚିତ୍।

ତୁମେ ସେହି ଦେଶକୁ ଯାଅ ଏବଂ ମୁଁ ଏହି ଦେଶକୁ ଯାଉଛି, ଏହି ଧରଣର ଦେଶ ନିର୍ଦ୍ଦେଶକାରୀ ଚୁକ୍ତିରେ 'ପରିପଣିତ ଦେଶ ଚୁକ୍ତି' ବୋଲି କୁହାଯାଏ।

ତୁମେ ଏତିକି ସମୟ ପର୍ଯ୍ୟନ୍ତ କରିଥାଅ, ମୁଁ ଏତିକି ସମୟ ପର୍ଯ୍ୟନ୍ତ କରିବି, ଏହାକୁ 'ପରିପଣିତ କାଳ ଚୁକ୍ତି' ବୋଲି କୁହାଯାଏ।

ତୁମେ ଏତେ କାମ କରିବ, ମୁଁ ଏତିକି କାମ କରିବି, ଏହାକୁ 'ପରିପଣିତାର୍ଥ ଚୁକ୍ତି' ବୋଲି କୁହାଯାଏ।

ଦେଶ-କାଳ, କାଳ-କାର୍ଯ୍ୟ, ଦେଶ, କାଳ ଏବଂ କାର୍ଯ୍ୟର ଅନ୍ୟାନ୍ୟ ମିଶ୍ରଣ ଦ୍ୱାରା ଆହୁରି ଋରି ଧରଣର ଚୁକ୍ତି କରା ଯାଇପାରେ। ପ୍ରଥମ ତିନି ଏବଂ ଏହି ଋରିଟି ମିଶାଇ ସାତ ଧରଣର ପରିପଣିତ ଚୁକ୍ତି ହୁଏ।

ଚୁକ୍ତିର ଋରିଟି ଧର୍ମ ରହିଛି – ଅକୃତଚିକୀର୍ଷା, କୃତଶ୍ଲେଷଣ, କୃତ ବିଦୂଷଣ ଏବଂ ଅବଶୀର୍ଷ କ୍ରିୟା।

ଏହିଭଳି ଅବ୍ଦରେ ମଧ୍ୟ ତିନୋଟିର ଧରଣ ରହିଛି – ପ୍ରକାଶ୍ୟଯୁଦ୍ଧ, କୃଟ ଯୁଦ୍ଧ ଏବଂ ତୂଷ୍ଣୀଯୁଦ୍ଧ।

ସାମ ଦ୍ୱାରା କରିଥିବା ଚୁକ୍ତିକୁ 'ଅକୃତଚିକୀର୍ଷା' କୁହାଯାଏ। ଭେଦନୀତି ଦ୍ୱାରା ଦ୍ୱନ୍ଦ୍ୱ ସୃଷ୍ଟି କରିଥିବା ଚୁକ୍ତିକୁ 'କୃତବିଶ୍ଲେଷଣ' ଚୁକ୍ତି କୁହାଯାଏ। ଚୁକ୍ତି ପାଳନ ନକରି ଛଳନା ନୀତି ଦ୍ୱାରା କାମ ହାସଲ କରିବାକୁ 'କୃତବିଦୂଷଣ' ଚୁକ୍ତି କୁହାଯାଏ।

ଯୁଦ୍ଧ ଧର୍ମ ନିରୂପଣ

କୌଣସି ନିର୍ଦ୍ଦିଷ୍ଟ ଦେଶ ଏବଂ ନିର୍ଦ୍ଦିଷ୍ଟ ସମୟରେ ଆମ୍ଭେମାନେ ଉଭୟ ନିଜ ନିଜର ପରାକ୍ରମକୁ ପ୍ରଦର୍ଶନ କରିବା – ଏହା କହି ଯେଉଁ ଯୁଦ୍ଧ ସଂଘଟିତ କରାଯାଏ ତାହାକୁ 'ପ୍ରକାଶ୍ୟଯୁଦ୍ଧ' କୁହାଯାଏ ।

ଅତ୍ୟଧିକ ଭୟ ପ୍ରଦର୍ଶନପୂର୍ବକ ଦୁର୍ଗ ତଥା ନଗରକୁ ଜ୍ଵାଳାଇ ଦେଇ ଜଡ଼ ହେବା ପାଇଁ କରାଯାଇଥିବା ଆକ୍ରମଣକୁ 'କୂଟଯୁଦ୍ଧ' କୁହାଯାଏ । ଶତ୍ରୁମାନେ ପ୍ରାସାଦ ଏବଂ ସଂକଟ ଆସନ୍ନ ଦେଖି ଗୋଟିଏ ଜାଗାରେ ଯୁଦ୍ଧ ନକରି ଅନ୍ୟ ଜାଗାରେ ପ୍ରହାର କରିବାକୁ ମଧ୍ୟ 'କୂଟଯୁଦ୍ଧ' କୁହାଯାଏ ।

ବିଷର ବ୍ୟବହାର ତଥା ଗୁପ୍ତଚରମାନଙ୍କ ମଧ୍ୟରେ ଦ୍ଵନ୍ଦ ସୃଷ୍ଟି କରିବାକୁ 'ତୃଷ୍ଣଯୁଦ୍ଧ' କୁହାଯାଏ ।

ଦ୍ଵିଧାଭାବ, ସନ୍ଧି, ବିକ୍ରମ

ବିଜିଗୀଷା ରାଜା ଅନ୍ୟ ରାଜାଙ୍କ ସହିତ ସମ୍ପର୍କ ରଖି ଜଣେ ସାମନ୍ତଙ୍କୁ ନିଜର ପକ୍ଷ କରି ଅନ୍ୟ ସାମନ୍ତ ଉପରେ ଆକ୍ରମଣ କରିବା ଉଚିତ୍ । ଯଦି ତାଙ୍କୁ ବିଶ୍ୱାସ ହୁଏ ଯେ, ଏହି ସାମନ୍ତଟି ମୋତେ ପଛରୁ ଆକ୍ରମଣ କରିବ ନାହିଁ, ଅନ୍ୟ ଶତ୍ରୁ ମୋତେ ଆକ୍ରମଣ କଲେ ସିଏ ସେମାନଙ୍କୁ ମୁକାବିଲା କରିବ । ମୁଁ ଯାହାଙ୍କ ଉପରେ ହାମଲା କରୁଛି ତା' ପକ୍ଷରେ ଯିବିନାହିଁ ଫଳରେ ମୋର ଶକ୍ତି ବୃଦ୍ଧିତ ପାଇବ ଇତ୍ୟାଦି ଏବଂ ଯେତେବେଳେ ସିଏ ଏହାର ଲାଭ୍ୟାଂଶ ପାଇଯିବ ସେତେବେଳେ ସିଏ ଅନ୍ୟ ଶତ୍ରୁମାନଙ୍କ ଉପରେ ମଧ୍ୟ ଆଧିପତ୍ୟ କରି ରହିଥିବ । ଏଭଳି ଅବସ୍ଥାରେ ବିଜିଗୀଷୁଙ୍କୁ ସେହି ସାମନ୍ତ ସହିତ ଚୁକ୍ତି କରି ନେବା ଉଚିତ୍ ।

ବିଜିଗୀଷୁ ରାଜା ଜଣେ ସାମନ୍ତଙ୍କ ସହିତ ଚୁକ୍ତି କରି ଅନ୍ୟ କାହାରି ସାଥିରେ ଯୁଦ୍ଧ ଘୋଷଣା କରିଦିଏ, ତା'ହେଲେ କୋଷ ବଦଳରେ କୋଷ ତଥା ସୈନ୍ୟ ବଦଳରେ ସୈନ୍ୟ ଦେବାର କଥା ଦେଇ ତାହା ଅନ୍ୟ କୌଣସି ସାମନ୍ତଙ୍କ ଠାରୁ ଅର୍ଜିତ କରି ନିଆହୁଏ । ତାହାର ସାମର୍ଥ୍ୟ ଅନୁଯାଇ ତା'ର ଅଂଶଟି ତାକୁ ଦେଇଦେବା – ଏହାକୁ ସମଚୁକ୍ତି କୁହାଯାଏ । ଅଧିକ ଶକ୍ତିଧାରୀକୁ ହୀନ ଅଂଶ ଦେବା, ହୀନ ଶକ୍ତିଧାରୀକୁ ଅଧିକ ଅଂଶ ଦେବା ଏବଂ ସମ ଶକ୍ତିଧାରୀକୁ ହୀନ ଅଥବା ଅଧିକ ଅଂଶଦାନକୁ 'ବିଷମ ଚୁକ୍ତି' କୁହାଯାଏ । ନିର୍ଦ୍ଦିଷ୍ଟ ଅଂଶରୁ ଅଧିକ ଅଂଶଦାନକୁ 'ଅତିଚୁକ୍ତି' କୁହାଯାଏ । ଏହି ଧରଣର ସବୁ ମିଶାଇ ୧୮ ଧରଣର ଚୁକ୍ତି ରହିଛି ।

ଆକ୍ରମଣ ତଥା ଅନୁଗ୍ରହଣୀୟ

ଯାହା ଉପରେ ବିଜିଗୀଷୁ ଆକ୍ରମଣ କରିବାକୁ ଋହାଁନ୍ତି, ଯଦି ସିଏ ନିଜେହିଁ ହାମଲା କରନ୍ତି ତା'ହେଲେ ଚୁକ୍ତିର କାରଣକୁ ମାନାଯାଉ କିମ୍ଵା ନୟାଉ କିନ୍ତୁ ବିପକ୍ଷ ରାଜାମାନଙ୍କ ମଧ୍ୟରେ କାହାରି ସାଥିରେ ଦ୍ଵିଗୁଣ ଲାଭର କଥା କହି ତାଙ୍କ ସହିତ ଚୁକ୍ତିବଦ୍ଧ ହେବା ଏବଂ ମିଳିତ ହେବାକୁ ଅପାରଗ ହେଲେ ତାଙ୍କ ଶତ୍ରୁଙ୍କ ସହିତ କଳହ କରାଇ ତାଙ୍କ ସହିତ ଚୁକ୍ତିଭଙ୍ଗ କରିବା ଉଚିତ୍ । ସବୁ ରାଜାମାନେ ଅର୍ଥ ଏବଂ ସୈନ୍ୟବଳର ଲାଳସାରେ କାହାରି ନା କାହାରି ସାଥିରେ ଚୁକ୍ତି କରିବାକୁ

ଇଚ୍ଛୁକ ରହିଥାଆନ୍ତି । ସୁତରାଂ ସମୟ ଏବଂ ଅବସ୍ଥା ଦେଖି ସେହି ଅନୁଯାୟୀ ଆଚରଣ କଲେ ବିଜିଗୀଷା ରାଜାମାନଙ୍କ ମନ କାମନା ପୂର୍ଣ୍ଣ ହୁଏ ।

ନିଜ ବନ୍ଧୁର ଲାଭ ଏବଂ ଶତ୍ରୁର କ୍ଷତିସାଧନ କରିବା ଦ୍ୱାରା ଭଲ ଫଳାଫଳ ମିଳିଥାଏ ।

ଶତ୍ରୁ ତଥା ବିଗିଗୀଷୁ ଯଦି ନିଜ ନିଜର ବନ୍ଧୁମାନଙ୍କ ପ୍ରତି ଅନୁଗ୍ରହ କରିବାକୁ ରୁହାଁନ୍ତି, ସେତେବେଳେ ଶକ୍ୟାରମ୍ଭୀ, କଲ୍ୟାରମ୍ଭୀ, ଭବ୍ୟାରମ୍ଭୀ, ସ୍ଥିରକର୍ମା ଏବଂ ଅନୁରକ୍ତ ପ୍ରକୃତିର ମିତ୍ରଙ୍କ ଠାରୁ ବିଶେଷ ଲାଭବାନ ହୋଇପାରନ୍ତି, ଏଭଳି ଚିନ୍ତା କରିବା ଉଚିତ୍ ।

ଯିଏ ନିଜର ଶକ୍ତି ଅନୁଯାୟୀ କାମ କରେ ତା'କୁ 'ଶକ୍ୟାବମ୍ଭୀ' କୁହାଯାଏ । ଯିଏ ନିର୍ଦ୍ଦୋଷ ମନରେ କାମ କରେ ତା'କୁ 'କଲ୍ୟାରମ୍ଭୀ' କୁହାଯାଏ । ଯିଏ ଭବିଷ୍ୟତର କଲ୍ୟାଣକାରୀ କାମ କରେ, ତା'କୁ 'ଭବ୍ୟାରମ୍ଭୀ' ମିତ୍ର କୁହାଯାଏ । ଯିଏ କୌଣସି କାମକୁ ଆରମ୍ଭ କରି ତାହାକୁ ସମ୍ପୂର୍ଣ୍ଣ ନକରିବା ପର୍ଯ୍ୟନ୍ତ ଲାଗି ରହିଥାଆନ୍ତି ତା'କୁ 'ସ୍ଥିରକର୍ମା' ମିତ୍ର କୁହାଯାଏ । ଯେଉଁ ସମସ୍ତ ମନ୍ତ୍ରୀ ପ୍ରକୃତିବର୍ଗର ଅଯତ୍ନସୁଲଭ ସାହାଯ୍ୟ ଅର୍ଥାତ୍ ଅଶ୍ୱ ସୈନ୍ୟ ଇତ୍ୟାଦି ଦାନସ୍ୱରୂପ ଅନୁଗ୍ରହ ପ୍ରାପ୍ତି କରି କାମ କରିଥାଆନ୍ତି, ସେମାନଙ୍କୁ 'ଅନୁରକ୍ତପ୍ରକୃତି' ମିତ୍ର କୁହାଯାଏ ।

ଏହା ଛଡ଼ା ମିତ୍ରର ଆହୁରି ଦୁଇଗୋଟି ଶ୍ରେଣୀ ରହିଛି – ଉତ୍ତମ ଏବଂ ଉଦାସୀନ । ଯଦି ଦୁଇ ପକ୍ଷର ସମାନ ଲାଭ ହୁଏ, ତା'ହେଲେ ଚୁକ୍ତି କରିବା ଏବଂ ନିଜର କମ୍ ଲାଭ ହେବାର ସମ୍ଭାବନା ହେଲେ ଯୁଦ୍ଧର ଆୟୋଜନ କରିବା ଉଚିତ୍ ।

ସମବଳ, ଅଧିକବଳ ତଥା ହୀନବଳ ସମ୍ପନ୍ନମାନଙ୍କ କ୍ଷେତ୍ରରେ ଚୁକ୍ତି ବିଷୟରେ ଏହାହିଁ ଉଚିତ୍ ନିୟମ ଅଟେ ।

ମିତ୍ରହିରଣ୍ୟ ଭୂମିକର୍ମ ସନ୍ଧି

ଅନ୍ୟାନ୍ୟ ରାଜାମାନଙ୍କ ସହିତ ସଙ୍ଗ ଦେଇ ଯାତ୍ରା ବିଷୟରେ ମିତ୍ର ଲାଭ, ହିରଣ୍ୟ ଲାଭ ତଥା ଭୂମି ଲାଭ ହେଲେ ଏହି ତିନୋଟି ଏକ ଅପରଠାରୁ ଶ୍ରେଷ୍ଠ ହୁଏ । ଯଥା – ମିତ୍ର ଲାଭ ତୁଲାନରେ ହିରଣ୍ୟଲାଭ ଶ୍ରେଷ୍ଠ ହୁଏ, ସେମତି ହିରଣ୍ୟ ଲାଭ ତୁଲାନରେ ଭୂମି ଲାଭ ଶ୍ରେଷ୍ଠ ହୁଏ ।

'ତୁମେ ଆଉ ମୁଁ ଦୁହେଁ ବନ୍ଧୁତ୍ୱ ପ୍ରାପ୍ତ କରିବା', ଏହି ଭିତିରେ କରା ଯାଇଥିବା ଚୁକ୍ତିକୁ 'ସମଚୁକ୍ତି' କୁହାଯାଏ । 'ତୁମେ ଆଉ ମୁଁ ଦୁହେଁ ହିରଣ୍ୟ ଅଥବା ଭୂମି ପାଇବା' ଏହା ମଧ୍ୟ ସମଚୁକ୍ତି । 'ତୁମେ ମିତ୍ର ପ୍ରାପ୍ତ କରିଥାଅ ମୁଁ ହିରଣ୍ୟ କିମ୍ବା ଭୂମି ଲାଭ କରିବି' କିମ୍ବା 'ତୁମେ ହିରଣ୍ୟ କିମ୍ବା ଭୂମି ଲାଭ କର, ମୁଁ ମିତ୍ର ଲାଭ କରିବି' ଏହା ହେଉଛି 'ବିଷମ ଚୁକ୍ତି' । ଏହି ଦୁଇ ଧରଣର ଚୁକ୍ତିଗୁଡ଼ିକୁ ନିର୍ଦ୍ଦିଷ୍ଟ ଲାଭର ତୁଲନାରେ ଅଧିକ ଲାଭ ହେଲେ ତାକୁ 'ଅତି ଚୁକ୍ତି' କୁହାଯାଏ ।

ମିତ୍ର ଏବଂ ତାଙ୍କର ଗୁଣ

ନିତ୍ୟ, ବଶ୍ୟ, ଲଘୁତ୍ସ୍ଥାନ, ପିତା-ପିତାମହରୁ କ୍ରମାଗତ ମହାନ୍ ଏବଂ ଦ୍ୱିଧାହୀନ ମିତ୍ରକୁ ଛଅ ଗୁଣ ସମ୍ପନ୍ନ 'ବିଶିଷ୍ଟ ମିତ୍ର' କୁହାଯାଏ । ଅର୍ଥାଦି ସମ୍ପର୍କ ଛଡ଼ା ପୂର୍ବୋଯ୍ଥନ୍ଦ ପ୍ରଣୟ ସମ୍ପର୍କ

କାରଣରୁ ଯେଉଁ ମିତ୍ରଟି ସ୍ନେହବଶ ବିଜିଗୀଷୁରୁ ନିରାପଦ ରହେ ଏବଂ ନିଜେ ମଧ ତାହାର ରକ୍ଷା କରିଥାଏ, ତା'କୁ 'ନିତ୍ୟମିତ୍ର' କୁହାଯାଏ ।

ସର୍ବଭୋଗ, ଚିତ୍ରଭୋଗ, ମହାଭୋଗର ଭେଦ ଦ୍ୱାରା ଅର୍ଥମୟ ବୈଶ୍ୟ ମିତ୍ର ତିନି ପ୍ରକାରର ହୁଏ । ଯେଉଁ ମିତ୍ର କିମ୍ବା ବନ୍ଧୁ ସୈନ୍ୟ, କୋଷ, ତଥା ଭୂମିଦାନ ଦ୍ୱାରା ସାହାଯ୍ୟ କରିଥାଏ ସିଏ ସର୍ବଭୋଗ । ସାର ଅସାର ଜିନିଷପତ୍ର ଦ୍ୱାରା ସାହାଯ୍ୟକାରୀକୁ ଚିତ୍ରଭୋଗ କୁହାଯାଏ । କେବଳମାତ୍ର ସୈନ୍ୟ କିମ୍ବା କୋଷ ଦ୍ୱାରା ସାହାଯ୍ୟକାରୀକୁ ମହାଭୋଗ କୁହାଯାଏ ।

ଯେଉଁ ବନ୍ଧୁଟି ବନ୍ଧୁଙ୍କ ସହିତ ସମାନ ସୁଖ-ଦୁଃଖ ଅନୁଭବ କରେ, ଯିଏ ବନ୍ଧୁମାନଙ୍କୁ ସର୍ବଦା ସାହାଯ୍ୟ କରିଥାଏ, ଯିଏ କେବେବି ନିଜ ମନରେ କୌଣସି ଅନୁତାପ ରଖେ ନାହିଁ ଏବଂ ବିପଦବେଳେ ଦ୍ୱିଧାବୋଧ କରେନାହିଁ, ସେହି ବନ୍ଧୁକୁ 'ଅର୍ଧ୍ୟମିତ୍ର' କୁହାଯାଏ । ଏହି ବନ୍ଧୁଙ୍କ ସହିତ ନିତ୍ୟ ପ୍ରତିଦିନ ହେବା କାରଣରୁ ତାଙ୍କୁ 'ମିତ୍ରଭାବୀ' ମିତ୍ର ମଧ କୁହାଯାଏ ।

ଭୂମି ସନ୍ଧି

'ମୁଁ ଆଉ ତୁମେ ଭୂମି ପ୍ରାପ୍ତ କରିବା' ଏହି ଶର୍ତ ସହିତ ଚୁକ୍ତିକୁ ଭୂମିଚୁକ୍ତି କୁହାଯାଏ । ଦୁଇ ପକ୍ଷଙ୍କ ମଧରେ ଯିଏ ଅଧିକ ଅର୍ଥବଳ, ଲୋକବଳ ଆୟୋଜନ କରି ପାରିଛି ସିଏ ଅଧିକ ଲାଭର ଅଧିକାରୀ । ସମାନ ଲାଭ ହେଲେ ମଧ ଯିଏ ଶକ୍ତିଶାଳୀ ଶତ୍ରୁଙ୍କ ଉପରେ ଆକ୍ରମଣ କରେ, ସିଏ ବିଶେଷ ଲାଭ ଅର୍ଜିତ କରିଥାଏ ।

ଅନବସତି ସନ୍ଧି

'ଆମେ ଦୁହେଁ ଜନଶୂନ୍ୟ ଜାଗାରେ ଗ୍ରାମ ତଥା ନଗର ସ୍ଥାପନ କରିବା', ଏହିଭଳି ଯେଉଁ ଚୁକ୍ତି କରାହୁଏ ତା'କୁ ଅନବସତି ଚୁକ୍ତି କୁହାଯାଏ । ଏହିଭଳି ସେହି ଦୁଇଜଣଙ୍କ ମଧରେ ଯିଏ ପ୍ରୟୋଜନୀୟ ଅର୍ଥବଳ, ଲୋକବଳ ସମାବେଶ କରି ବିନିଯୋଗ ପ୍ରକରଣରେ ହୋଇଥିବା ଭୂମିରେ ନଗର, ଗ୍ରାମ ପ୍ରତିଷ୍ଠା କରିବାରେ ସଫଳ ହୋଇ ସିଏ ଲାଭରେ ରହିଥାଏ ।

ଜଳାଭୂମିକୁ ଶ୍ରେଷ୍ଠ କୁହାଯାଇଛି । ସେଥିରେ ଅନ୍ନ ଏବଂ ଫଳ ଉତ୍ପାଦନ ହେବା ସୁନିଶ୍ଚିତ । କିନ୍ତୁ କେବଳମାତ୍ର ବର୍ଷା ନିର୍ଭର ଭୂମି ଏଭଳି ଲାଭଦାୟକ ହୁଏନାହିଁ । ଦୁଇ ଧରଣର ଜଳାଭୂମିରେ ମଧ ସେହି ଭୂମିକୁ ଉତ୍ତମ ବୋଲି ଗଣ୍ୟ କରା ହୋଇଛି ଯେଉଁଟିରେ ଧାନ ଋଷ ଭଲ ହୁଏ, ଯେଉଁଠାରେ ଫସଲର ଚାଷ ଭଲ ହୁଏନାହିଁ ତା'କୁ ଉତ୍ତମଭୂମି କୁହାଯାଏ ନାହିଁ ।

ଏହିଭଳି ଅର୍ଷନବତୀ, ଗୋରକ୍ଷବତୀ ଏବଂ ଆଢ଼ବୁନିର୍ଗତୀ ଭୂମି ମଧ ଉତ୍ତମ ବୋଲି ଗଣ୍ୟ ହୋଇଛି ।

ସମସ୍ତ ଭୂମିରେ ଅପାଶ୍ରୟ ଭୂମି ଅର୍ଥାତ୍ ଆଶ୍ରୟଦାନର ରକ୍ଷଣ ଅତ୍ୟନ୍ତ ଶ୍ରେୟକର ଗୁଣ ଅଟେ ।

ଏହିଭଳି ଶାସ୍ତ୍ର ବିଜିଗୀଷୁ ମିତ୍ର, ହିରଣ୍ୟ ତଥା ଜନବହୁଳ ଏବଂ ନିର୍ଜନ ଭୂମି ଅର୍ଜିତ କରି ସମସାମୟିକ ଭାବରେ ଅତିବୃଦ୍ଧି କରିବା ଉଚିତ୍। ଅର୍ଥାତ୍ ସାମୂହିକ ରୂପେ ସାହାଯ୍ୟକାରୀ ଅନ୍ୟାନ୍ୟ ସାମନ୍ତମାନଙ୍କ ତୁଳନାରେ ଅଧିକ ଲାଭ ଅର୍ଜିତ କରିବା ଉଚିତ୍।

କର୍ମ ସନ୍ଧି

'ମୁଁ ଆଉ ତୁମେ ମିଶି ଦୁର୍ଗ ଗଢ଼ି ତୋଳିବା' ଏହି ସର୍ତ୍ତରେ କରିଥିବା ଚୁକ୍ତିକୁ କର୍ମଚୁକ୍ତି କୁହାଯାଏ। ଦୁର୍ଗ ନିର୍ମାଣ ଛଡ଼ା ମଧ୍ୟ ସେତୁବନ୍ଧ ନିର୍ମାଣ ପାଇଁ କଥା ଦେଇ ଚୁକ୍ତି କରା ଯାଇଥାଏ।

ଦୁର୍ଗମ ଜାଗାରେ ନିର୍ମିତ ଦୁର୍ଗଗୁଡ଼ିକ ମଧ୍ୟରେ ସ୍ଥଳଦୁର୍ଗ ତୁଳନାରେ ନଦୀଦୁର୍ଗ ଏବଂ ତା'ଠାରୁ ପାହାଡ଼ଦୁର୍ଗ ମଧ୍ୟ ବିଶେଷ କଲ୍ୟାଣକାରୀ ହୁଏ।

ଯେଉଁ ଦେଶଟି ନଦୀମାତୃକ ହୁଏ ସେହି ଦେଶର ରାଜା ଅନ୍ୟାନ୍ୟ ରାଜାମାନଙ୍କ ତୁଳନାରେ ବିଶେଷ ଲାଭବାନ ହୁଅନ୍ତି।

ହସ୍ତିବଣରେ ଶକ୍ତିଶାଳୀ ହାତି ରହିଲେ ଦୁର୍ଗମବନ୍ୟ ପ୍ରଦେଶ ଏବଂ ଯାତାୟତର କଠିନ ମାର୍ଗସ୍ଥଳ ଶ୍ରେଷ୍ଠ ହୁଏ। କିନ୍ତୁ ରଣକ୍ୟଙ୍କ ମତରେ ଅଧିକ ସଂଖ୍ୟକ ଅଳ୍ପ ଶକ୍ତିସମ୍ପନ୍ନ ହାତୀ ଶ୍ରେୟସ୍କର ହୁଏ।

ଅଳ୍ପମାତ୍ରାରେ ବହୁମୂଲ୍ୟ ଦ୍ରବ୍ୟ ଏବଂ ଅଧିକାମାତ୍ରାରେ ଅଳ୍ପମୂଲ୍ୟ ଦ୍ରବ୍ୟଯୁକ୍ତ ଖଣିଗୁଡ଼ିକରେ ବହୁମୂଲ୍ୟ ଜିନିଷ ସମ୍ପନ୍ନରେ ଆଚାର୍ଯ୍ୟମାନେ ଲାଭଜନକ ବୋଲି ମତବ୍ୟକ୍ତ କରିଛନ୍ତି। କିନ୍ତୁ ରଣକ୍ୟଙ୍କ ମତ ଏହାର ବିପରୀତ ଅଟେ।

ନିଜ ହାତରେ ଶତ୍ରୁର ଲାଭ ହେବା ବିଜିଗୀଷୁର କ୍ଷୟ ଏବଂ ବିଜିଗୀଷୁର କାମରେ ଲାଭ ହେବା ତାହାର ନିଜର ବୃଦ୍ଧି ବୋଲି ମନେ କରିବା ଉଚିତ୍। ଅଳ୍ପ ଆୟ ଏବଂ ଅଧିକ ବ୍ୟୟ ମଧ୍ୟ କ୍ଷୟ କ୍ଷତିର କାରଣ ହୁଏ। ସମାନ ଆୟ-ବ୍ୟୟ ଯଥାର୍ଥ୍ୟ ଅବସ୍ଥିତି ହିସାବରେ ଗଣ୍ୟ ହୁଏ।

ପାର୍ଷ୍ଣିଗ୍ରାହ ଚିନ୍ତା

ଦୁଇଜଣ ଶକ୍ତିଶାଳୀ ରାଜା ଏକାସାଥିରେ ମିଶି ଆକ୍ରମଣ କରିରହିଲେ ସେମାନଙ୍କ ମଧ୍ୟରେ ଯାହାଙ୍କ କର୍ମ ମହାନ୍ ତାଙ୍କର ସଙ୍ଗ ଦେବା ଉଚିତ୍। ଦୁଇ ଅମିତ୍ର ସାମନ୍ତଙ୍କ ମଧ୍ୟରେ ଯିଏ ନିଜର ସମସ୍ତ ସୈନ୍ୟ ନେଇ ଆକ୍ରମଣ କରିବାକୁ ଉଦ୍ୟତ ତାଙ୍କର ସଙ୍ଗ ପ୍ରଦାନକାରୀ ହିଁ ଲାଭରେ ରହିଥାଏ।

ଯେଉଁ ଦୁଇ ସାମନ୍ତ ନିଜର ସମାନ ଶକ୍ତିସମ୍ପନ୍ନ ଶତ୍ରୁ ଉପରେ ଆକ୍ରମଣ କରିଥାଏ, ସେମାନଙ୍କ ମଧ୍ୟରେ ସିଏ ହିଁ ରାଜାଙ୍କ ପାର୍ଷ୍ଣିଗ୍ରାହଣ କରିଛି, ଯିଏ କୌଣସି ଧାର୍ମିକ ଶତ୍ରୁଙ୍କ ଉପରେ ଆକ୍ରମଣ କରିଛି। କାହିଁକି ନା ଧାର୍ମିକ ଶତ୍ରୁ ଉପରେ ଆକ୍ରମଣକାରୀଗଣ ନିଜେମାନେ ମିତ୍ର, ମନ୍ତ୍ରୀ ଇତ୍ୟାଦିକ ସ୍ୱଜନଗଣ ବିରୁଦ୍ଧ ହୋଇଯାଏ। ମିତ୍ର ତଥା ଅମିତ୍ର ଉପରେ ଆକ୍ରମଣକାରୀ ଦୁଇ ସାମନ୍ତ ମଧ୍ୟରେ ଅମିତ୍ରଙ୍କ ଉପରେ ଆକ୍ରମଣକାରୀର ପାଢିନଗ୍ରହଣକାରୀ ବିଜୀଗୀଷୁ ବିଶେଷ ଲାଭବାନ ହୁଅନ୍ତି।

ହୀନ ଶକ୍ତି ପୂରଣ

ଯଦି ରାଜାଗଣ ସଂଗଠିତ ହୋଇ ବିଜିଗୀଷୁଙ୍କ ଉପରେ ଆକ୍ରମଣ କରନ୍ତି, ତା'ହେଲେ ସେମାନଙ୍କ ମଧ୍ୟରେ ଯିଏ ପ୍ରଧାନ ତାଙ୍କ ସହିତ ଚୁକ୍ତି କରିବା ଉଚିତ୍। ତାଙ୍କୁ ଏଭଳି ଶିକ୍ଷା ଦେବା ଉଚିତ୍ ଯାହା ଫଳରେ ସିଏ ତାଙ୍କ ସହିତ ଅଲଗା ହୋଇ ଯାଆନ୍ତି, ଯାହାଙ୍କ ସାଥିରେ ମିଶି ସିଏ ଆକ୍ରମଣ କରିଥିଲେ। ଏହିଭଳି ତାଙ୍କ ଭିତରେ ଫାଟଲ ସୃଷ୍ଟି ହେଲେ ଯିଏ ହୀନବଳ ସମ୍ପନ୍ନ, ତାଙ୍କ ଉପରେ ସ୍ୱୟଂକୁ ଆକ୍ରମଣ କରିବା ଉଚିତ୍। କିମ୍ବା ସମସ୍ତ ହୀନବଳମାନଙ୍କ ମଧ୍ୟରେ ଫାଟଲ ସୃଷ୍ଟି କରାଇ ନିଜର ପକ୍ଷରେ ନେଇ ଆସିବା ଏବଂ ଯିଏ ତାହାର ପ୍ରଧାନ ଶକ୍ତି ତା' ବିରୁଦ୍ଧରେ ଯୁଦ୍ଧ ଘୋଷଣା କରିବା ଉଚିତ୍। ଏହି କାମରେ ଗୁପ୍ତଚରମାନଙ୍କୁ ବହୁତ କୁଶଳତାର ସହିତ କାମ କରିବା ଉଚିତ୍।

ବଳଶାଳୀଙ୍କ ତରଫରୁ ବିରୋଧ

ଦୁର୍ବଳ ରାଜା ପ୍ରବଳ ରାଜାମାନଙ୍କ ଦ୍ୱାରା ଆକ୍ରାନ୍ତ ହେଲେ, ତାଙ୍କ ଆକ୍ରମଣକାରୀମାନଙ୍କ ମଧ୍ୟରୁ ଶକ୍ତିଶାଳୀ ରାଜାଙ୍କର ଆଶ୍ରୟ ଗ୍ରହଣ କରିବା ଉଚିତ୍। ଆଶ୍ରୟଦାତା ଯଦି ଆକ୍ରମଣକାରୀ ଠାରୁ ସୈନ୍ୟ ଏବଂ ମନ୍ତ୍ରଶକ୍ତିରେ ନ୍ୟୁନତମ ନଥାଏ ଏବଂ ତାଙ୍କ ମନ୍ତ୍ରୀମାନେ ମଧ୍ୟ ତାଙ୍କ ପକ୍ଷରେ ରହିଥାଆନ୍ତି ତେବେ ତାଙ୍କର ଆଶ୍ରୟ ନେବା ଉଚିତ୍।

ସମାନ ମନ୍ତ୍ର ଏବଂ ସମାନ ପ୍ରଭାବକାରୀ ରାଜା ଯଦି ତାଙ୍କୁ ଆଶ୍ରୟ ଦେବାକୁ ରାଜି ଥାଆନ୍ତି, ସେମାନଙ୍କ ମଧ୍ୟରୁ ତାଙ୍କରି ପାଖରେ ଆଶ୍ରୟ ଗ୍ରହଣ କରିବା ଉଚିତ, ଯିଏ ବିପୁଳ ଅର୍ଥବଳ- ଲୋକବଳ ଏବଂ ସାମଗ୍ରୀ ସହିତ କାମ କରିଥାଏ।

ଯଦି ଆଶ୍ରୟ ପ୍ରଦାନକାରୀ ରାଜା ନମିଲେ ତା'ହେଲେ ଦୁର୍ବଳ ରାଜାଙ୍କର ଏଭଳି ଦୁର୍ଗକୁ ଖୁଲିଯିବା ଉଚିତ୍ ଯେଉଁଠାରେ ବିପୁଳ ସୈନ୍ୟସାମନ୍ତ ଥାଇ ମଧ୍ୟ ଆକ୍ରମଣ କଲେ ଶତ୍ରୁ ତାଙ୍କର ଖାଦ୍ୟ ସାମଗ୍ରୀ ଇତ୍ୟାଦିରେ କୌଣସି ବାଧା ଦେଇ ପାରିବେନାହିଁ। ନିମ୍ନରେ ବର୍ଣ୍ଣିତ ଯେ କୌଣସି କାରଣ ଉତ୍ପନ୍ନ ହେଲେ ଦୁର୍ବଳ ରାଜା ଦୁର୍ଗର ଆଶ୍ରୟ ନେବ – ବିଜିଗୀଷୁ ମନେ କରିବ ଯେ ପାର୍ଷ୍ଣିଗ୍ରାହ, ମିତ୍ର, ମଧ୍ୟମ କିମ୍ବା ଉଦାସୀନକୁ ଶତ୍ରୁଙ୍କ ସହିତ ଯୁଦ୍ଧ ପାଇଁ ପ୍ରସ୍ତୁତ କରି ତୋଳିବ। ଅଥବା କୌଣସି ସାମନ୍ତ, ଆଟବିକ କିମ୍ବା ଆକ୍ରମଣକାରୀର ବଂଶଜ କୌଣସି ଦୁଷ୍ୟକେତାଙ୍କ ରାଜ୍ୟରୁ ବହିଷ୍କାର କରି ଛାଡ଼ିବ। ଅଥବା ଶତ୍ରୁର କର୍ମଚାରୀମାନଙ୍କୁ ବଶୀଭୂତ କରି ତାଙ୍କ ଦୁର୍ଗ ରାଷ୍ଟ୍ର କିମ୍ବା ଶିବିରରେ ବିଦ୍ରୋହ ସୃଷ୍ଟି କରାଇ ଦୁର୍ଗରେ ପ୍ରବିଷ୍ଟ ହେବାର ଏହି ଧରଣର ବହୁ କାରଣ କୁହାଯାଇଛି।

ପରାଜିତଙ୍କ ପ୍ରତି ବ୍ୟବହାର

ଯଦି କୌଣସି ରାଜା ବିଜିଗୀଷୁଙ୍କ ଆକ୍ରମଣଦାତାକୁ ଅର୍ଥ ପ୍ରଦାନର କଥା ଦେଇ ମଧ୍ୟ ପ୍ରଦାନ ନକରନ୍ତି ଏବଂ ତାଙ୍କ ପ୍ରତି ଉଦ୍ୱେଗ ଜନ୍ମ ହୁଏ ସେତେବେଳେ ଶକ୍ତିଶାଳୀ ବିଜିଗୀଷୁର ଏକମାତ୍ର ଆକ୍ରମକ ଯୋଗ୍ୟ ରାଜାଙ୍କ ଉପରେ ଅଭିଯାନ ଚଳାଇବା ଉଚିତ୍। ଯେମିତି ରାଜ୍ୟକୁ ପହଞ୍ଚିବା

ପାଇଁ ପ୍ରଶସ୍ତ ମାର୍ଗ, ସୈନ୍ୟମାନଙ୍କ ପାଇଁ ଅନୁକୂଳ ଜଳବାୟୁ, ଖାଦ୍ୟର ସୁଲଭତା ଏବଂ ଦୁର୍ଗରୁ ଶତ୍ରୁ ଅପସାରଣ କରିବାର ସମ୍ଭାବନା ନଥାଏ । ଏହାର ବିପରୀତ ଅବସ୍ଥା ହେଲେ ସେହି ସବୁ ବାଧାଗୁଡ଼ିକୁ ହଠାଇ ଆଗକୁ ଅଗ୍ରସର ହେବା ପଡ଼ିବ ।

ଯେଉଁ ମିତ୍ର ରାଜାଜଣକ ନଗର, ଗ୍ରାମ ଏବଂ ଖଣିରୁ ଉତ୍ପନ୍ନ ହେବା ରତ୍ନ ଦ୍ରବ୍ୟଗୁଡ଼ିକ ଦ୍ୱାରା ସାହାଯ୍ୟ କରିଥାଆନ୍ତି ସେହି ମିତ୍ରକୁ 'ଚିତ୍ରଭୋଗ' କୁହାଯାଏ । ସୈନ୍ୟ ଏବଂ ଅର୍ଥ ଦେଇ ସାହାଯ୍ୟକାରୀଙ୍କୁ 'ମହାଭୋଗ' କୁହାଯାଏ । ସୈନ୍ୟ, ଅର୍ଥ ଏବଂ ଭୂମି ଦ୍ୱାରା ଉପକାରୀଜଣକୁ 'ସର୍ବଭୋଗ' କୁହାଯାଏ । ଯିଏ ସମ୍ଭାବିତ ଅନର୍ଥକୁ ଦୂର କରିଥାଏ ତା'କୁ ଏକତୋଭୋଗୀ ମିତ୍ର କୁହାଯାଏ ଏବଂ ଯେଉଁ ମିତ୍ରଜଣକ ଶତ୍ରୁ ମିତ୍ର ଉଭୟଙ୍କୁ କ୍ଷତିଗ୍ରସ୍ତ କରିଥାଏ ତା'କୁ 'ଉଭୟତୋଭୋଗୀ' ମିତ୍ର କହୁଯାଏ । ଯେଉଁ ମିତ୍ରଜଣକ ଶତ୍ରୁ, ଶତ୍ରୁର ମିତ୍ର, ଏବଂ ଶତ୍ରୁର ଶତ୍ରୁମାନଙ୍କର କ୍ଷତିସାଧନ କରିଥାଏ ତା'କୁ 'ସର୍ବତୋଭୋଗୀ' ମିତ୍ର କୁହାଯାଏ ।

ସୁତରାଂ ସାମ ନୀତି ଦ୍ୱାରା ଯେଉଁ ଯେଉଁ ରାଜା ବିଜିଗୀଷୁ ଦ୍ୱାରା ନିରାପଦରେ ରହିଥାଆନ୍ତି, ସେମାନେ ସର୍ବଦା ବିଜିଗୀଷୁର ଅନୁକୂଳ ଆଚରଣ କରିଥାଆନ୍ତି ଏବଂ ତାଙ୍କ ପୁତ୍ର-ପୌତ୍ରଗଣ ମଧ ଏମାନଙ୍କୁ ଅନୁସରଣ କରି ଚଳିଥିବେ ।

ସନ୍ଧି କର୍ମ ଏବଂ ସନ୍ଧି ମୋକ୍ଷ

ଶମ, ଚୁକ୍ତି ଏବଂ ସମାଧ ଏହି ତିନୋଟି ଶବ୍ଦର ଅର୍ଥ ଏକା ।

'ଏଭଳି ହିଁ ହେବ, ଏହାର ବିପରୀତ ହେବନାହିଁ' ଏହି ଧରଣର ଶପଥବାକ୍ୟ ଦ୍ୱାରା କରିଥିବା ଚୁକ୍ତିକୁ 'ଚଳ ଚୁକ୍ତି' ବୋଲି କୁହାଯାଏ ଏବଂ ଏହା ଅଧିକ ବିଶ୍ୱାସଯୋଗ୍ୟ ହୁଏନାହିଁ । ପ୍ରତିଭୂ ଏବଂ ପ୍ରତିଗ୍ରହ ସହିତ ଯେଉଁ ଚୁକ୍ତି କରାହୁଏ ତା'କୁ 'ସ୍ଥାବର' କୁହାଯାଏ ।

'ଆମ୍ଭେମାନେ ଚୁକ୍ତିରେ ଆବଦ୍ଧ ହୋଇ ରହିଛନ୍ତି' ଏହି ଧରଣର ସତ୍ୟ ବଚନ ଦ୍ୱାରା ହିଁ ପୂର୍ବକାଳୀନ ରାଜାମାନେ ଚୁକ୍ତି କରିଥାଆନ୍ତି ।

ସତ୍ୟର ଅତିକ୍ରମଣ ହେଲେ ଅଗ୍ନି, ଜଳ ଇତ୍ୟାଦିକୁ ସ୍ପର୍ଶ କରି ଏହି ବସ୍ତୁଗୁଡ଼ିକ ଚୁକ୍ତିକାରୀଙ୍କ ବିନଷ୍ଟ କରିଦେଉ ଏଭଳି ଶପଥ ନେଇ ଚୁକ୍ତି କରା ଯାଇଥାଏ ।

ଚୁକ୍ତି କରିବା ପରେ ନିଜର ଶକ୍ତି ବୃଦ୍ଧି କରି ବିଜିଗୀଷୁମାନେ ନିଜର ପୁତ୍ର-ପୌତ୍ରକୁ ମୁକ୍ତ କରିବାର ଉପାୟ କରି ପାରନ୍ତି ।

ଏହି ମୁକ୍ତି କାର୍ଯ୍ୟରେ ଗୁପ୍ତଚାରମାନଙ୍କର ସହଯୋଗିତା ଲୋଡ଼ିବା କର୍ତ୍ତବ୍ୟ । ସେମାନେ ନିଜ ନିଜର କାମ ଅନୁସାରେ ରାତ୍ରିବେଳାରେ ସୁଡ଼ଙ୍ଗ ତିଆରୀ କରି ରାଜକୁମାରକୁ ଅପହରଣ କରିବାକୁ ସକ୍ଷମ ହେବେ । ରାଜକୁମାର ମଧ ବେଶଭୂଷା ବଦଲାଇ ବାହାରକୁ ବାହାରିବା ପାଇଁ ପ୍ରୟାସ କରିବାର ଚେଷ୍ଟା କରି ପାରନ୍ତି ।

ଯଦି ଅନ୍ୟ କୌଣସି ବାଟ ନଥାଏ ତା'ହେଲେ ରାଜକୁମାର ରାତ୍ରି ସମୟରେ ପୂର୍ବରୁ ଲୁଚାଇ ରଖିଥିବା ଅସ୍ତ୍ର ଦ୍ୱାରା ପ୍ରହରୀମାନଙ୍କ ଉପରେ ହାମଲା କରି ଦ୍ରୁତଗାମୀ ଅଶ୍ୱରେ ଚଢ଼ି ପୂର୍ବରୁ ପରିକଳ୍ପିତ ସଙ୍କେତ ଦ୍ୱାରା ଗୁପ୍ତଚରମାନଙ୍କ ସହିତ ସେଠାରୁ ବାହାରି ଯାଇ ପାରନ୍ତି ।

ମଧ୍ୟମ, ଉଦାସୀନ ଏବଂ ରାଜମଣ୍ଡଳ ବୃତ୍ତ

ମଧ୍ୟମ ରାଜାର ପ୍ରକୃତି ଏବଂ ବିକୃତି ଉଭୟ ତିନି ଧରଣର ହୁଏ । ପ୍ରକୃତି ସ୍ୱୟଂ ସେହି ରାଜା, ତାଙ୍କ ମିତ୍ରସ୍ୱରୂପ ରାଜା ତଥା ମିତ୍ରଙ୍କ ମିତ୍ର । ବିକୃତି ହେଉଛି ତାଙ୍କର ଶତ୍ରୁରୂପ, ଶତ୍ରୁଙ୍କର ମିତ୍ର ଏବଂ ଶତ୍ରୁଙ୍କର ମିତ୍ରର ମିତ୍ରଗଣ ।

ଏହିସବୁ ପ୍ରକୃତି ଏବଂ ବିପୃତି ଭିତ୍ତି କରି ରାଜାଙ୍କୁ ନିଜର ଶକ୍ତି ବୃଦ୍ଧିର ଉପାୟ କରିବା ଉଚିତ୍ ।

ଯଦି ମଧ୍ୟମ ରାଜା କୌଣସି ଉଦାସୀନ ରାଜାଙ୍କୁ ନିଜର ବଶୀଭୂତ କରିବାକୁ ରୁହାଁନ୍ତି, ତା'ହେଲେ ଉଦାସୀନ ଏବଂ ମଧ୍ୟମ ରାଜାଙ୍କ ମଝିରେ ଫାଟଲ ସୃଷ୍ଟି କରାଇବା ଆବଶ୍ୟକ ଅଟେ । ଏହା ନିଶ୍ଚିତ କରିଥାଏ ଯେ ବିଜିଗୀଷୁ ରାଜାଜଣକ ମଧ୍ୟମ ତଥା ଉଦାସୀନ ଏହି ଉଭୟଙ୍କ ତୁଳନାରେ ଯେଉଁ ରାଜା ବିଶେଷ ଭାବରେ ପ୍ରିୟ, ସେହି ରାଜାଙ୍କ ପାଖରେ ଆଶ୍ରୟ ନେଇ ସର୍ବାତ୍ମକ ସାହାଯ୍ୟ କରିବା ଉଚିତ୍ ।

ଯଦି ଉଦାସୀନ ରାଜା ମଧ୍ୟମ ରାଜାଙ୍କୁ ନିଜର ଅଧୀନରେ ରଖିବାକୁ ରୁହାଁନ୍ତି, ତା'ହେଲେ ବିଜିଗୀଷୁ ରାଜାଙ୍କର ଉଚିତ୍ ଯେ ମଧ୍ୟମ ତଥା ଉଦାସୀନ ରାଜାଙ୍କ ମଧ୍ୟରେ ଜଣଙ୍କୁ ନିଜର ପକ୍ଷରେ ନେଇ ଶତ୍ରୁମାନଙ୍କୁ ପରାଜୟ ତଥା ବନ୍ଧୁର ଭଲ କରି ପାରନ୍ତି ।

ମିତ୍ରଭାବୀ ସାମନ୍ତମାନଙ୍କର ମଧ୍ୟ ଆଠଟି ଧରଣ ରହିଛି – କୌଣସି ବସ୍ତୁର ଆକାଂକ୍ଷାରେ ବିଜିଗୀଷୁଙ୍କ ପକ୍ଷରେ ଯିବା, ଯୁଦ୍ଧ ଅଭିଯାନରେ ବିଜିଗୀଷୁଙ୍କ ସହିତ ରହିବା, ବିଜୟାଭିଯାନରେ ରୁକ୍ଷ୍ଟ୍ କରି ସାଥିରେ ରହିବା, ବିଜିଗୀଷୁଙ୍କ ସ୍ୱାର୍ଥରେ ଅଂଶଗ୍ରହଣ କରିବା, ସଙ୍ଗରେ ରହି ନିର୍ଜନ ଅଞ୍ଚଳରେ ବସତି ସ୍ଥାପନରେ ସାହାଯ୍ୟ କରିବା, ଅର୍ଥବଳ, ଲୋକବଳର କ୍ରୟ-ବିକ୍ରୟକାରୀ ଏବଂ ଦୈବୀଭାବରେ ଯୁକ୍ତ ।

ଏହିଭଳି ଯେଉଁ ରାଜା ଜଣେ ଅନ୍ୟଜଣଙ୍କ ସହିତ ସମ୍ବନ୍ଧିତ, ରୁକ୍ଷ୍ଟ୍ ବିଗ୍ରହ ଇତ୍ୟାଦି ଛଅଟି ନୀତିରେ ସଠିକ୍ ଉପଯୋଗ କରନ୍ତି, ସିଏ ଅନ୍ୟାନ୍ୟ ରାଜାମାନଙ୍କ ଦ୍ୱାରା ଅଭିଷ୍ଟ ପୂରଣର ଇଚ୍ଛାଗୁଡ଼ିକ ସମ୍ପନ୍ନ କରି ନିଅନ୍ତି ।

ସଙ୍କଟ/ବ୍ୟସନର ବିବେଚନା

ପ୍ରକୃତି ବ୍ୟସନ ବର୍ଗ

ବିଗିଗୀଷୁ ଏବଂ ଶତ୍ରୁ ଉଭୟ ଏକାସାଥିରେ ସଙ୍କଟଗ୍ରସ୍ତରେ ରହିଲେ ସେହି ଅବସ୍ଥାରେ ଶତ୍ରୁଙ୍କ ଉପରେ ଆକ୍ରମଣ କରିବା ଅଥବା ଆମ୍ନରକ୍ଷାର ଉପାୟ କରିବା – ଏହି ବିଷୟରେ ଚିନ୍ତା କରିବା ଆଗରୁ ସଙ୍କଟର ଗୁରୁତ୍ୱ ଏବଂ ଲଘୁତ୍ୱ ଉପରେ ଚିନ୍ତା କରା ଯାଉଛି । ବିପଦ ଦୁଇ ଧରଣର ହୁଏ – ଦୈବୀ ଏବଂ ମଣିଷ ଦ୍ୱାରା । ଏହି ଦୁଇ ଧରଣର ପ୍ରକୃତି ବ୍ୟସନ, ଅନୟ ଏବଂ ଅପନୟର ଜନ୍ମ ଦେଇଥାଏ ।

ପାଞ୍ଚ ଧରଣର ଅନ୍ୟାନ୍ୟ ସଙ୍କଟଗୁଡ଼ିକ ମଧ୍ୟ ରହିଛି – ଗୁଣର ପ୍ରତିକୂଳତା, ଗୁଣର ଅଭାବ, ଦୋଷର ବୃଦ୍ଧି, ବିଷୟରେ ଆସକ୍ତି ଏବଂ ଶତ୍ରୁ ଦ୍ୱାରା ଉତ୍ପୀଡ଼ନ । ପୂବାର୍ଯ୍ୟଙ୍କ ମତରେ ରାଜା, ମନ୍ତ୍ରୀ, ଜନପଦ, ଦୁର୍ଗ, କୋଷ, ସେନା ଏବଂ ମିତ୍ର ଏହି ସାତଗୁଡ଼ିକରେ ପର ତୁଲନାରେ ପୂର୍ବ ହେଉଛି ଅଧିକ କଷ୍ଟଦାୟକ ।

ଭରଦ୍ୱାଜଙ୍କ ମତରେ ରାଜବ୍ୟସନ ଏବଂ ମନ୍ତ୍ରୀ ବ୍ୟସନରେ ମନ୍ତ୍ରୀ ବ୍ୟସନ ଅଧିକ କଷ୍ଟଦାୟକ ହୁଏ । କିନ୍ତୁ ଋଣକ୍ୟଙ୍କ ମତରେ ମନ୍ତ୍ରୀ ସଙ୍କଟ ତୁଲନାରେ ରାଜସଙ୍କଟ ବିଶେଷ ଗୁରୁତ୍ୱପୂର୍ଣ୍ଣ ବିଷୟ ।

ସ୍ୱାମୀ, ମନ୍ତ୍ରୀ ଇତ୍ୟାଦି ସପ୍ତ ପ୍ରକୃତିର ପ୍ରତିମୂର୍ତ୍ତି ସର୍ବତ୍ର ବିଦ୍ୟମାନ ରହିଥାଏ । ଯେମିତି ରାଜ ପ୍ରକୃତିର ପ୍ରତିମୂର୍ତ୍ତି ରାଜା-ଯୁବରାଜ ଇତ୍ୟାଦି । ମନ୍ତ୍ରୀର ମନ୍ତ୍ରୀ ପରିଷଦ, ଜନପଦର କୃଷକ ଇତ୍ୟାଦି, ଦୁର୍ଗର ଧନୁର୍ଦ୍ଧାରୀ ଇତ୍ୟାଦି, କୋଷର ରତ୍ନ ଇତ୍ୟାଦି, ଦଣ୍ଡର ସୈନ୍ୟ-ଭୃତ୍ୟାଦି ତଥା ମିତ୍ରର ସହଚର ଇତ୍ୟାଦି । ଏମାନଙ୍କ ମଧ୍ୟରେ ଜଣକ ତୁଲନାରେ ଅନ୍ୟଜଣଙ୍କ ଉପରେ ଅଧିକ ସଙ୍କଟ ଦେଖାଦେଲେ ତାହାର ପ୍ରତିମୂର୍ତ୍ତିର ନିଜ ନିଜ ପ୍ରକୃତି ଆଡ଼େ ଅନୁରାଗ ହେବା କାର୍ଯ୍ୟସିଦ୍ଧିକାରକ ହୁଏ । ବିଜିଗୀଷୁ ଏବଂ ଶତ୍ରୁ ଉପରେ ଏକାସାଥିରେ ସଙ୍କଟ ଆସିଲେ ଯାହାର ମନ୍ତ୍ରୀ ଇତ୍ୟାଦିର ଶ୍ରେଷ୍ଠତା ରହିବ ତାହାର କାର୍ଯ୍ୟ ସିଦ୍ଧ ହୋଇଯିବ ।

କିନ୍ତୁ ଏକ ପ୍ରକୃତିର ସଙ୍କଟ ଉପସ୍ଥିତ ହେଲେ ଯଦି ଅବଶିଷ୍ଟ ପ୍ରକୃତିସମୂହ ନଷ୍ଟ ହୋଇଯାଏ ତା'ହେଲେ ପ୍ରଧାନ ପ୍ରକୃତିର ହେଉ କିମ୍ବା କୌଣସି ଅପ୍ରଧାନ ପ୍ରକୃତିର ହେଉ ସେହି ସଙ୍କଟ ଅତ୍ୟନ୍ତ ଗୁରୁତର ଆକାର ଧାରଣ କରିଥାଏ ।

ରାଜା ଏବଂ ରାଜ୍ୟର ସଙ୍କଟ

ରାଜା ଏବଂ ରାଜ୍ୟର ଦୁଇଟି ବର୍ଗକୁ ସାତଟି ପ୍ରକୃତି ବର୍ଗରେ ବିଭାଜନ କରାହୁଏ । ରାଜ୍ୟ ଉପରେ ବ୍ୟକ୍ତି ଏବଂ ଆଭ୍ୟନ୍ତରୀନ ଦୁଇ ଧରଣର କୋପକୁ ଗଣ୍ୟ କରା ହୋଇଛି । ଆଭ୍ୟନ୍ତରୀଣ ହେଉଛି ମନ୍ତ୍ରୀ ଇତ୍ୟାଦି ଏବଂ ବାହାରେ ଶତ୍ରୁମାନେ । ଭିତରର କୋପ ଘରେ ରହିଥିବା ସର୍ପଙ୍କ ଭଳି ଭୟଙ୍କର । ଏହାର ଦୁଇଟି ଧରଣ ରହିଛି – ଅନ୍ତରାମାତ୍ୟ କୋପ ଏବଂ ଅନ୍ୟଟି ଅମାତ୍ୟ କୋପ ଅର୍ଥାତ୍ ମନ୍ତ୍ରୀଙ୍କର ବିଗିଡ଼ି ଯିବା । ପ୍ରଥମ କୋପଟି ଭୟଙ୍କର ଅଟେ ।

ଦ୍ୱୈରାଜ୍ୟ ଏବଂ ବୈରାଜ୍ୟରେ ଦ୍ୱୈରାଜ୍ୟ କଷ୍ଟକର ହୁଏ ।

ରୁଗୀ ଏବଂ ନୂତନ ରାଜାମାନଙ୍କ ମଧ୍ୟରେ ଆଚାର୍ଯ୍ୟଗଣ ନୂତନ ରାଜାଙ୍କୁ ପ୍ରାଥମିକତା ପ୍ରଦାନ କରନ୍ତି । ଆଚାର୍ଯ୍ୟ ଋଣକ୍ୟଙ୍କ ଏହି ବିଷୟରେ ମତ ବିରୋଧ ରହିଛି । ରୁଗୀ ରାଜା ଦୁଇ ଧରଣର ହୁଏ – ପାପରୁଗୀ ଏବଂ ଅପାପ ରୁଗୀ । ନୂତନ ରାଜାଙ୍କ ମଧ୍ୟ ଦୁଇଟି ଧରଣ ହୁଏ – ଅଭିଜାତ୍ୟ ଏବଂ ଅନଭିଜାତ୍ୟ ।

ଘରେ ବିଦ୍ୟମାନ ବପନ ନକରିଥିବା ବିହନର ନଷ୍ଟ ହେବା କାରଣରୁ ଅନ୍ନର କ୍ଷତି ବିଶେଷ କ୍ଷତିକାରକ ହୁଏ । ବୃକ୍ଷ ନଷ୍ଟ ହେଲେ କୃଷକଙ୍କ ସମସ୍ତ ପରିଶ୍ରମ ବ୍ୟର୍ଥ ହୋଇଯାଏ, ଅତିବୃଷ୍ଟିର ତୁଳନାରେ ଅନାବୃଷ୍ଟି ବିଶେଷ କ୍ଷତିକାରକ ହୁଏ ।

ପୁରୁଷ ବ୍ୟସନ ବର୍ଗ

ଆନବୀକ୍ଷିକୀ ଇତ୍ୟାଦି ବିଦ୍ୟାଗୁଡ଼ିକର ଜ୍ଞାନ ନ ରହିବା କାରଣରୁ ପୁରୁଷମାନଙ୍କ ମଧ୍ୟରେ ବ୍ୟସନ ଇତ୍ୟାଦି ବିଷୟ ଆଧିପତ୍ୟ କରିଥାଏ । କାହିଁକି ନା ବିଦ୍ୟାହୀନ ପୁରୁଷ ବ୍ୟସନର ଦୋଷକୁ ବୁଝି ପାରନ୍ତି ନାହିଁ ।

କ୍ରୋଧରୁ ଉପ୍ନନ ଦୋଷଗୁଡ଼ିକ ହେଉଛି – ବାକପାରୁଷ୍ୟ, ଦଣ୍ଡ ପାରୁଷ୍ୟ ଏବଂ ଅର୍ଥ ଦୂଷଣ । କାମରୁ ଉପ୍ନନ ଦୋଷ ଚରି ପ୍ରକାରର ହୁଏ – ମୃଗୟା, ଜୁଆ, ନାରୀ ଏବଂ ମଦ୍ୟପାନ । କାମ ଏବଂ କ୍ରୋଧ ହେଉଛି ଶକ୍ତିଶାଳୀ । କ୍ରୋଧ ସମସ୍ତ ବିଷୟରେ ପ୍ରବେଶ କରିଥାଏ । କିନ୍ତୁ ଆଚାର୍ଯ୍ୟ ଭରଦ୍ୱାଜଙ୍କ ମତରେ କ୍ରୋଧକୁ ଶ୍ରେଷ୍ଠ ପୁରୁଷର ଆଚରଣ ବୋଲି କହିଛନ୍ତି । କ୍ରୋଧ ପାପୀମାନଙ୍କୁ ଦମନ କରିବାରେ ସହାୟକ ହୁଏ ତଥା କାମ ମଧ୍ୟ ସିଦ୍ଧି ପ୍ରାପ୍ତକାରୀ ହୁଏ । କିନ୍ତୁ ଋଣକ୍ୟ କ୍ରୋଧ ଏବଂ କାମ ଦୁଇଟିକୁ ଦୋଷ ରୂପେ ମନେ କରନ୍ତି । ସିଏ କ୍ରୋଧକୁ ଅଧିକ କଷ୍ଟକର ବୋଲି ମନେ କରନ୍ତି ।

କାମ ଏବଂ କୋପ – ଏହି ଦ୍ୱୟଟିକୁ ଅସତ୍ ପୁରୁଷମାନେ ଆଦର କରନ୍ତି। ଭଦ୍ରଜଣ ସର୍ବଦା ଏହାଠାରୁ ନିବୃତ୍ତ ରହିବାକୁ ସଚେଷ୍ଟ ହୁଅନ୍ତୁ। ସୁତରାଂ ଧୀର ସ୍ୱଭାବ ଏବଂ ଜିତେନ୍ଦ୍ରିୟ ରାଜାଙ୍କ ବୃଦ୍ଧଜଣମାନଙ୍କ ଉପଦେଶାନୁସାରେ ମନକୁ ବଶୀଭୂତ କରି ବ୍ୟସନଜନିତ ଦୁଃଖୋତ୍ପାଦକ ତଥା ମୂଳୋଚ୍ଛେଦନକାରୀ କ୍ରୋଧ ଏବଂ କାମକୁ ତ୍ୟାଗ କରିବା ଉଚିତ୍।

ପୀଡ଼ନ, ସ୍ତମ୍ଭ ଏବଂ କୋଷ ସଂବର୍ଗ

ଦୈବୀ ପୀଡ଼ା ପାଞ୍ଚ ଧରଣର ହୁଏ – ଅଗ୍ନି, ଜଳ, ବ୍ୟାଧି, ଦୁର୍ଭିକ୍ଷ ଏବଂ ମହାମାରୀ। ବିଭିନ୍ନ ଆଚାର୍ଯ୍ୟଗଣ ଅଗ୍ନି ଏବଂ ଜଳପୀଡ଼ା ମଧ୍ୟରେ ଅଗ୍ନିକୁ ଭୟାବହ ବୋଲି ମନେ କରନ୍ତି। ଆଚାର୍ଯ୍ୟ ଋଣକ୍ୟଙ୍କ ମତରେ ଏହା ଅଯୁକ୍ତି ସଙ୍ଗତ। କାହିଁକିନା ନିଆଁ ତ ଗୋଟିଏ ଅଧା ଗ୍ରାମକୁ ପୋଡ଼ାଇଦେବ କିନ୍ତୁ ବନ୍ୟା ତ ଗ୍ରାମ ଗ୍ରାମକୁ ଗ୍ରାସ କରି ନେବ।

ଆଚାର୍ଯ୍ୟ ଋଣକ୍ୟଙ୍କ ମତରେ ବ୍ୟାଧି କେବଳମାତ୍ର କୌଣସି ଗୋଟିଏ ପ୍ରଦେଶକୁ ଆକ୍ରାନ୍ତ କରି ପାରେ। ଖରା ସମସ୍ତ ପ୍ରାଣୀ ସମ୍ପଦକୁ ସଙ୍କଟାଗ୍ରସ୍ତ କରି ତୋଳେ।

ମହାମାରୀକୁ ଦୁର୍ଭିକ୍ଷ ତୁଳନାରେ ଭୀଷଣ ବୋଲି ମନେ କରାହୁଏ।

ଋଣକ୍ୟ କହିଛନ୍ତି ଯେ ରାଜାମାନଙ୍କ ବିବାଦ ନିଜର ପ୍ରଜା ଏବଂ ରାଜ୍ୟର ଉତ୍ପୀଡ଼ନ କିମ୍ବା ଉଚ୍ଛେଦ କାରଣରୁ ହୋଇଥାଏ। ବିଭିନ୍ନ ଆଚାର୍ଯ୍ୟଙ୍କ ମତରେ ରାଜ ବିହାର ତୁଳନାରେ ଦେଶ ବିହାର ଅଧିକ କ୍ଷତିକର। ଋଣକ୍ୟ କହିଛନ୍ତି ଯେ ରାଜବିହାର ସ୍ୱୟଂ ରାଜା କିମ୍ବା ତାଙ୍କ ପ୍ରିୟଜଣଙ୍କ ଦ୍ୱାରା ପ୍ରଜାମାନଙ୍କୁ ବାଧ୍ୟ କରିଥାଏ ତାଙ୍କ ପାଖରୁ ଜୋର କରି ଅର୍ଥ ଆଦାୟ କରିବା ଅଥବା ପଣ୍ୟଶାଳାରେ ତାଙ୍କୁ ଲଗାଇ କାମ କରିବା ଯାହା ପ୍ରଜାମାନଙ୍କ ପକ୍ଷରେ ଅତି କଷ୍ଟଦାୟକ ଅବସ୍ଥା।

ରାଜ୍ୟଧନକୁ ଦୁଇ ଭାବରେ ଅଟକାଇବା ସମ୍ଭବ ହୋଇପାରେ। ଯାହା ପ୍ରଧାନ କର୍ମଚାରୀମାନଙ୍କ ଦ୍ୱାରା ଅଟକାଇବା ସମ୍ଭବ ତାହା ଆଭ୍ୟନ୍ତରୀଣ ସ୍ତମ୍ଭ ଏବଂ ଆଟବିକମାନଙ୍କ ଦ୍ୱାରା ଅଟକାଇବାକୁ ବାହ୍ୟିକ ସ୍ତମ୍ଭ କୁହାଯାଏ।

ରଣଦାତାମାନଙ୍କ ପାଖରୁ ପ୍ରାପ୍ତ ଅର୍ଥ ଯଦି ମୁଖ୍ୟ ଅଧିକାରୀମାନେ ଆମ୍ସ୍ଲାତ କରନ୍ତି ଏହା ମଧ୍ୟ କୋଷର ଘାଟତି ବୋଲି ମନେ କରାଯାଏ। ରାଜ୍ୟ ଶୁଳ୍କରେ ରିହାତି, ଏୟାଡ଼େ–ସେୟାଡ଼େ ବିକ୍ଷିପ୍ତ ହୋଇଥିବା ଅଥବା ଶୁଳ୍କର ନ୍ୟୂନତମ ଆଦାୟ କିମ୍ବା ସାମନ୍ତମାନେ ଏବଂ ଆଟବିକମାନଙ୍କ ଦ୍ୱାରା ଅର୍ଥ ହରଣକୁ କୋଷହ୍ରାସ କୁହାଯିବ।

ବଳ ଓ ମିତ୍ର ବ୍ୟସନ ବର୍ଗ

ସୈନ୍ୟବାହିନୀ ସଙ୍କଟର ୩୪ଟି ଧରଣ ରହିଛି – ଅପମାନିତ, ବିମାନିତ, ଅମୃତ, ବ୍ୟାଧିତ, ନବାଗତ, ଦୂରାଗତ, ପରିଧାନ, ପରୀକ୍ଷୀନ, ପ୍ରତିହତ, ହତାଗ୍ରବ୍ୟାଗ, ଅନୃତପ୍ରାପ୍ତ, ଅଭୂମି ପାତ୍ର, ଆଶାନିବଦୀ, ପରିସୁପ୍ତ, କଲତଗୃହୀ, ଅନ୍ତଃଶତ୍ୟ, କୃପିତମୂଲ, ଛିନ୍ନଗର୍ଭ, ଅପସୃତ,

ଅତିକ୍ଷିପ୍ତ, ଉପନିବିଷ୍ଟ, ସମାପ୍ତ, ଉପାୟଝ୍ଦ, ଉପକ୍ଷିପ୍ତ, ଛିନ୍ଦଧାନ୍ୟ ଏବଂ ଛିନ୍ନ ପୁରୁଷବୀବଧ, ସ୍ୱବିକ୍ଷିପ୍ତ ମିତ୍ର, ବିକ୍ଷିପ୍ତ, ଦୁଷ୍ୟଯୁକ୍ତ, ଦୁଷ୍ପାର୍ନିନଗ୍ରାହ, ଶୂନ୍ୟମୂଲ, ଅସ୍ୱାସିସଂହତ, ଭିନ୍ଦକୂଟ ଏବଂ ଅନ୍ଧ ।

ଏବେ ମିତ୍ର ବ୍ୟସନର ପ୍ରକାରର ଧରଣ ସମ୍ପର୍କରେ କୁହାଯାଇଛି – ନିଜର କିମ୍ବା ନିଜର କୌଣସି ବନ୍ଧୁର ପ୍ରୟୋଜନରେ ଆକ୍ରମଣକାରୀ ନିଜର ମିତ୍ରଙ୍କୁ ସବୁ ବିଜିଗୀଷୁ ନିଜର ଅକ୍ଷମତା, ଲୋଭ, କିମ୍ବା ପ୍ରେମ ଇତ୍ୟାଦି କାରଣରୁ ସାହାଯ୍ୟ ନକଲେ ସେହି ବିଚ୍ଛିନ୍ନ ହୋଉଥିବା ବନ୍ଧୁଜଣ ସହଜରେ ବଶୀଭୂତ ହେବନାହିଁ । ଯୁଦ୍ଧ ହେଲେ ଶତ୍ରୁଙ୍କ ପାଖରେ ଅର୍ଥ ନେଇ ରାଜା ବନ୍ଧୁଜଣକୁ ତ୍ୟାଗ କରିଦେଲେ, ସେତେବେଳେ ସେହି ବନ୍ଧୁ ବହୁତ କଠିନତାର ବଶରେ ରହିଥାଏ । ସକ୍ଷମହୀନ ହେବା କାରଣରୁ ଉପେକ୍ଷିତ କିମ୍ବା ବନ୍ଧୁତ୍ୱର ବିରୁଦ୍ଧାଚରଣ କରିଥିବା ବନ୍ଧୁଟି ବହୁତ କଠିନ ଭାବରେ ବଶୀଭୂତ ହୁଏ ।

ସୁଖ ସାଧ୍ୟ ମିତ୍ର ବର୍ଗ

ଯେଉଁ ବନ୍ଧୁଜଣକ ବିଜିଗିଷୁର କଲ୍ୟାଣାର୍ଥେ ବହୁତ ପରିଶ୍ରମ କରିଛି କିନ୍ତୁ ଅଜ୍ଞାନବଶ ବିଜିଗିଷୁ ତା'କୁ ଯଥେଷ୍ଟ ସମ୍ମାନ କରିନାହିଁ, ସମ୍ମାନ ପାଇବାର ଯୋଗ୍ୟ ଯେଉଁ ଅଧିକାରୀଜଣକ ମିତ୍ର ବିଜିଗିଷୁଙ୍କ ଦ୍ୱାରା ନିଜର ପ୍ରୟାସ ଅନୁସାରେ ସମ୍ମାନ ପାଇନାହିଁ ଏବଂ ଯେଉଁ ବନ୍ଧୁଟିର ପ୍ରାପ୍ତି ସମ୍ମାନ ଶତ୍ରୁଙ୍କ ଦ୍ୱାରା ଅଟକି ଦିଆ ଯାଇଛି, ଏହି ଧରଣର ବନ୍ଧୁ ବୁଝିଲେ ଶୀଘ୍ରହିଁ ରାଜି ହୋଇଯାଏ ।

ବିଜିଗିଷୁ ଦ୍ୱାରା ଅନ୍ୟ ମିତ୍ରମାନଙ୍କୁ ତିରଷ୍କୃତ ହେବା ଦେଖି ଭୟାକ୍ରାନ୍ତ ଅଥବା ନିଜର ଶତ୍ରୁ ସହିତ ବିଜିଗିଷୁ ଦହରମ ସହରାମ ହେବାକୁ ଦେଖି ଦୁଷ୍ଟ ପୁରୁଷଙ୍କ ଦ୍ୱାରା ବିରୋଧୀ ହୋଇଯିବା ମିତ୍ର ଶୀଘ୍ରହିଁ ବଶରେ ଆସିପାରେ ତଥା ମିତ୍ରତାର ନିର୍ବାହ ସ୍ଥାୟୀ ଭାବରେ କରିପାରେ । ସୁତରାଂ ବନ୍ଧୁତ୍ୱ ହାତଛଡ଼ା ହେବାର ଦୋଷକୁ ଏଡ଼ାଇ ଚଲନ୍ତୁ । ଦୋଷ ଉପୁଜିଲେ ଅତି ଶୀଘ୍ର ସମାଧାନ କରନ୍ତୁ ।

◯

ନୀତିଗୁଡ଼ିକ ଦ୍ୱାରା ସଫଳତା

ଶକ୍ତି, ଦେଶକାଳ, ବଳ ଇତ୍ୟାଦି

ବିଜିଗୀଷୁ ରାଜାକୁ ନିଜର ଏବଂ ନିଜର ଶତ୍ରୁଙ୍କ ଶକ୍ତି, ଉତ୍ସାହ-ପ୍ରଭାବ ଏବଂ ମନ୍ତ୍ର, ଦେଶ-ସମ-ବିଷମ ଇତ୍ୟାଦି ସ୍ଥାନ, କାଳ-ଶୀତ ଗ୍ରୀଷ୍ମ ଇତ୍ୟାଦି ଯାତ୍ରାକାଳ-ଅଭିଯାନ କରିବାର ଯୋଗ୍ୟ ସମୟ ବଳ-ସମୂୁସ୍ଥାନ କାଳ-ସୈନ୍ୟଙ୍କର ନିଯୁକ୍ତି ଇତ୍ୟାଦି ପଶ୍ଚାତ୍ କୋପ-ଆକ୍ରମଣ କରିବା ପରେ ପଛରୁ ହୋଇଥବା ଆକ୍ରମଣ, ଏବଂ ଅତ୍ୟାଚର କ୍ଷୟ-ବାହନ ତଥା କର୍ମଚାରୀମାନଙ୍କର କ୍ଷତି, ବ୍ୟୟ-ଅର୍ଥନାଶ, ଲାଭ-ଫଳସିଦ୍ଧି ଏବଂ ଆପାତକାଳର ବଳ ସମ୍ପର୍କିତ ସମସ୍ତ କଥାକୁ ଭଲ ଭାବରେ ଜାଣି ନେବା ପରେ ଯଦି ମନେ ହୁଏ ଯେ ମୁଁ ଶକ୍ତିମାନ ଏବଂ ଶତ୍ରୁ ଦୁର୍ବଳ, ସେତେବେଳେ ସିଏ ଶତ୍ରୁ ଉପରେ ଆକ୍ରମଣ କରିବ।

କେଇଜଣ ଆଚର୍ଯ୍ୟଙ୍କ ମତରେ ଉତ୍ସାହ ଶକ୍ତି ଏବଂ ପ୍ରଭାବ ଶକ୍ତି ମଧ୍ୟରେ ଉତ୍ସାହ ଶକ୍ତି ହେଉଛି ଶ୍ରେଷ୍ଠ। ଆଚର୍ଯ୍ୟ ରଣକଟ୍ୟଙ୍କ ମତରେ ପ୍ରଭାବ ଶକ୍ତି ହିଁ ଶ୍ରେଷ୍ଠ। ପ୍ରଭାବଶକ୍ତି ଏବଂ ମନ୍ତ୍ରଶକ୍ତି ମଧ୍ୟରେ ଅନ୍ୟାନ୍ୟ ଆଚର୍ଯ୍ୟଗଣ ପ୍ରଭାବଶକ୍ତିକୁ ପ୍ରବଳ ବୋଲି ମନେ କରିଥାଆନ୍ତି। ଆଚର୍ଯ୍ୟ ରଣକଟ୍ୟ ଏଥରେ ଭିନ୍ନ ଭିନ୍ନ ମତବ୍ୟକ୍ତ କରନ୍ତି। ଏହିଭଳି ରଣକଟ୍ୟଙ୍କ ମତରେ ଉତ୍ସାହ, ପ୍ରଭାବ ଏବଂ ମନ୍ତ୍ରଶକ୍ତିରେ ପୂର୍ବର ଶକ୍ତି ବିଶେଷ ପ୍ରବଳ ହୁଏ।

ଦେଶ ଅର୍ଥରେ ଅଭିପ୍ରାୟ ହେଉଛି ପୃଥିବୀ। ଭାରତବର୍ଷ ନାମକ ଏହି ମହାଦେଶକୁ ଚକ୍ରବର୍ତୀ କ୍ଷେତ୍ର କୁହାଯାଏ। ଏହି ଅଞ୍ଚଳରେ ଅରଣ୍ୟ, ଭୂମି, ପର୍ବତ, ଉଦକ, ଭୌମ, ସମ, ବିଷମ, ଭୂମି ରହିଛି। ଯେଉଁ ଦେଶରେ ନିଜର ସୈନ୍ୟମାନଙ୍କର ବିବିଧ ଧରଣର ବ୍ୟାୟାମ କରିବାର ସୁବିଧା ଉପଲବ୍ଧ ରହିଛି ଏବଂ ଶତ୍ରୁ ସୈନ୍ୟମାନଙ୍କର ନାନା ଧରଣର ବ୍ୟାୟାମ କରିବାର ସୁବିଧା ନାହିଁ ତାହାକୁ ଉତ୍ତମ ଦେଶ ବୋଲି ଭାବାଯାଏ।

କାଳ ତିନି ଧରଣର - ଶୀତ, ଗ୍ରୀଷ୍ମ ଏବଂ ବର୍ଷା। ତାହାର ମୁଖ୍ୟ ଅଂଶଟି ହେଉଛି - ରାତ୍ରି, ଦିନ, ପକ୍ଷ, ମାସ, ରତୁ, ଅୟନ, ସଂବର୍ଷ ଏବଂ ଯୁଗ। ଏହିସବୁଗୁଡ଼ିକ କାଳ ବିଶେଷରେ ଯେଉଁଟି ଯେଉଁଭାବରେ ନିଜର ସୈନ୍ୟ ବୃଦ୍ଧି ଘଟେ ରାଜାଙ୍କୁ ତାହା ପାଇଁ ଚେଷ୍ଟା କରିବା ଉଚିତ୍। ଅବସ୍ଥା

ଯେଉଁଟିରେ ଅନୁକୂଳ ହୁଏ ସେଇଟା ଉତ୍ତମ ତଥା ଯେଉଁଟିରେ ପ୍ରତିକୂଳ ହୁଏ ସେଇଟି ଅଧମକାଳ ବୋଲି ଗଣ୍ୟ ହୁଏ ।

ଶକ୍ତି ଦେଶ ଏବଂ କାଳର ବଳ ବିଷୟରେ କିଛି ଆଚାର୍ଯ୍ୟଗଣ ଶକ୍ତିକୁ ଦେଶକାଳ ଠାରୁ ଶ୍ରେଷ୍ଠ ବୋଲି ମନେ କରନ୍ତି ଏବଂ କିଛି ଦେଶକୁ ଶ୍ରେଷ୍ଠ ବୋଲି ମନେ କରନ୍ତି ତଥା କିଛି କାଳକୁ ଶ୍ରେଷ୍ଠ ବୋଲି ମନେ କରନ୍ତି । ଆଚାର୍ଯ୍ୟ ଋଣକ୍ୟଙ୍କ ମତରେ ଶକ୍ତି, ଦେଶ ଏବଂ କାଳ ତିନୋଟିହିଁ ପରସ୍ପର ପୂରକ ହୁଏ, ସୁତରାଂ ତିନୋଟିର ସମାନ ପ୍ରାଧାନ୍ୟ ରହିଛି ।

ଯାତ୍ରା ଅର୍ଥାତ୍ ଆକ୍ରମଣ

ବିଜିଗିଷୁ ରାଜାକୁ ନିଜ ସୈନ୍ୟର ତୃତୀୟାଂଶ କିମ୍ବା ଚତୁର୍ଥାଂଶ ସୈନ୍ୟ କ୍ରମଶଃ ମୂଳସ୍ଥାନ, ପାର୍ଶ୍ୱ, ପ୍ରତ୍ୟନ୍ତ ପ୍ରଦେଶ ଏବଂ ଜଙ୍ଗଲୀ ପ୍ରଦେଶରେ ନିଯୁକ୍ତ କରି କାର୍ଯ୍ୟସାଧନ କରିବା ପାଇଁ ଆବଶ୍ୟକୀୟ ଅର୍ଥ ତଥା ସେନାବାହିନୀ ସହିତ ଶତ୍ରୁଙ୍କର ବିନାଶ ସାଧନ ପାଇଁ ମାର୍ଗଶିର ମାସରେ ଆକ୍ରମଣ କରିବା ଉଚିତ୍ । କାହିଁକି ନା ଏହି କାଳରେ ଶତ୍ରୁ ବହୁତ ଦୁର୍ବଳ ରହିଥାଆନ୍ତି ।

ଉଷ୍ଣ ଦେଶରେ ହେମନ୍ତ କାଳରେ ଆକ୍ରମଣ କରିବା ଉଚିତ୍ ଏବଂ ଶୀତପ୍ରଧାନ ଦେଶରେ ଗ୍ରୀଷ୍ମକାଳରେ ଆକ୍ରମଣ କରିବା ଉଚିତ୍ । ବର୍ଷାକାଳରେ ଅଭିଯାନକୁ ପ୍ରାୟ ନିଷିଦ୍ଧ ବୋଲି ମନେ କରାଯାଇଛି । କିନ୍ତୁ ବିଶେଷ ଅବସ୍ଥାରେ କରା ଯାଇପାରେ ।

ବଳୋପାଦନ କାଳ, ସନ୍ନାହ ଗୁଣ ଏବଂ ପ୍ରତିବଳ କର୍ମ

ମୌଳବଳ : ବଂଶ ପରମ୍ପରା ଧରି ଋଲି ରହିଥିବା ସୈନ୍ୟବଳ, ଭୃତକବଳ-ବେତନଭୁକ୍ତ ସୈନ୍ୟ, ଶ୍ରେଣୀ ମିତ୍ର, ମିତ୍ରବଳ, ଅମିତ୍ରବଳ ଏବଂ ଅଟବି ବଳ ଏହି ଛଅ ଧରଣର ସୈନ୍ୟର ସମୂହ ସ୍ଥାନ କାଳର ନିର୍ଣ୍ଣୟ ଏଠାରେ କରାଯାଉଛି ।

ମୌଳବଳର ଅତିରିକ୍ତ ସୈନ୍ୟ ରହିବା ପରେ ଯଦି ରାଜା ସ୍ୱୟଂ ଯୁଦ୍ଧ କରିବା ପାଇଁ ଋଲିଯାଆନ୍ତି ଅଥବା ଶତ୍ରୁ ସୈନ୍ୟ ଅଧିକ ହୁଏ, ଯୁଦ୍ଧ ଦୀର୍ଘସ୍ଥାୟୀ ହେବାର ସମ୍ଭାବନା ଥାଏ, ଶତ୍ରୁର ଗୁପ୍ତଚର ଦେଶରେ ପ୍ରବେଶ କରିଥାଏ ଇତ୍ୟାଦି ଭୟ ଉପସ୍ଥିତ ହେଲେ ମୌଳବଳର ଅତିରିକ୍ତ ବେତନଭୋଗୀ ସୈନ୍ୟମାନଙ୍କ ପ୍ରତି ବିଶ୍ୱାସ ଭାଙ୍ଗି ଗଲେ ବୁଝିବାକୁ ହେବ ଯେ ମୌଳବଳର ନିଯୁକ୍ତିର ସମୟ ଆସି ଯାଇଛି ।

ଯଦି ଶତ୍ରୁ ସୈନ୍ୟ ଅଧିକ ହୁଏ ଏବଂ ନିଜ ନଗରରେ ନିଜର ଅଧୀନ ହୋଇଥାଏ, ଏମିତି ଅବସ୍ଥାରେ ଶତ୍ରୁ ସୈନ୍ୟକୁ ଶତ୍ରୁ ସୈନ୍ୟଙ୍କ ସହିତ ଲଢ଼ି କରିବାକୁ ଆୟୋଜନ କରିବାକୁ ହେବ । ସେମାନଙ୍କ ମଧ୍ୟରେ ଯଣଙ୍କର ମୃତ୍ୟୁ ହେଲେ ବିଜିଗୀଷାର ଲାଭ ହେବ ।

ଏହିଭଳି ବଳର ସମୟ, ଦେଶ ଏବଂ କାଳର ବିଚାର କରି ତାହାର ବ୍ୟବହାର କରିବାକୁ ହେବ ।

ଅନ୍ୟ ଗୋଟିଏ ବଳ ରହିଛି – ଉତ୍ସାହିକ ବଳ। କେବଳ ନିଜର ଉତ୍ସାହ ଶକ୍ତିରେ ସେହି ସୈନ୍ୟ କାମରେ ଲିପ୍ତ ହୁଏ। ତାହାର କୌଣସି ପ୍ରଧାନ ରହେନାହିଁ ତଥା ବହୁ ଜାତି ଓ ଦେଶର ଲୋକ ସେଥିରେ ରହିଥାଆନ୍ତି। ରାଜାଙ୍କ ଆଦେଶ ଅଥବା ତାଛଡ଼ା ସିଏ ଶତ୍ରୁ ପ୍ରଦେଶକୁ ନଷ୍ଟ କରିବା ପାଇଁ ପ୍ରସ୍ତୁତ ରହିଥାଆନ୍ତି। ଏହା ମଧ୍ୟ ଦୁଇ ଧରଣର ହୁଏ ଭୋଗ୍ୟ ଏବଂ ଅଭୋଗ୍ୟ। ଭାତା, ବେତନ, ଲୁଟ-ପାଟ ତଥା ବେଗର ହିସାବରେ ରହିବାକୁ ଭେଦ୍ୟା ତଥା ଏକ ଦେଶ, ଜାତି ଏବଂ ଏକା କାମ କରିବାକୁ ଅଭେଦ୍ୟ କୁହାଯାଏ।

ପଣ୍ଠାତ୍ ତଥା ବାହ୍ୟ-ଅଭ୍ୟନ୍ତର କୋପ

ଅଭିଯାନ ପାଇଁ ପ୍ରସ୍ତୁତ ହେବା ପରେ ପାର୍ଷ୍ଣିଗ୍ରାହ, ଆଟବିକ ଏବଂ ଦୁସ୍ୟାଦି ଦ୍ୱାରା ଯେଉଁ ସବୁ ଅନିଷ୍ଟ ଉପୟନ୍ନ ହେବାର ସମ୍ଭାବନା ଥାଏ, ତା'କୁ 'ପଣ୍ଠାତ୍କୋପ' କୁହାଯାଏ। ଯଦି ସେଇଟା ନ୍ୟୁନତମ ହୁଏ ତା'ହେଲେ ଭବିଷ୍ୟତର ଚିନ୍ତା କରି ତାହାକୁ ଉପେକ୍ଷା କରିବା କିନ୍ତୁ ଯଦି ମନେ ହୁଏ ଅଧିକ କ୍ଷତିକର, ତା'ହେଲେ ତାହାର ପ୍ରତିକାର କରିବାର ବ୍ୟବସ୍ଥା କରିବା ଉଚିତ୍। ଅନ୍ୟଥା ରାଜା ଋଳିଯିବା ପରେ ମଧ୍ୟ ଅଧିକ ଭଡ଼କି ଯାଇ ତାହା କ୍ଷତି ସାଧନ କରିବ। ଯଦି ପ୍ରୟୋଜନ ମନେ କରାଯାଏ ତା'ହେଲେ ଅଭିଯାନ ସ୍ଥଗିତ ରଖିବା ଉଚିତ୍।

ବାହ୍ୟ କୋପ ତୁଳନାରେ ଆଭ୍ୟନ୍ତରୀଣ କୋପ ଅଧିକ କ୍ଷତିକାରକ ଅଟେ।

ମନ୍ତ୍ରୀ, ପୁରୋହିତ, ସେନାପତି ଏବ ଯୁବରାଜ ଏହି ଋଲିଜନଙ୍କ ମଧ୍ୟରେ ଜଣଙ୍କ ଦ୍ୱାରା ଉପାଦିତ କୋପକୁ ଆଭ୍ୟନ୍ତରୀଣ କୋପ କୁହାଯାଏ। ଯଦି ରାଜାର କୌଣସି ବ୍ୟକ୍ତିଗତ ଦୋଷ କାରଣରୁ ଏହି କୋପ ସୃଷ୍ଟି ହୋଇଥାଏ, ତା'ହେଲେ ରାଜାଙ୍କୁ ସେହି ଦୋଷ ତ୍ୟାଗ କରିବା ଉଚିତ୍। ଯଦି ଅନ୍ୟ କୌଣସି କାରଣ ଦ୍ୱାରା ଏହା ହୋଇଥାଏ, ତା'ହେଲେ ସେହି କାରଣକୁ ନିର୍ମ୍ମୂଳ କରିବା ଉଚିତ୍। ମନ୍ତ୍ରୀ, ପୁରୋହିତ, ସେନାପତି ଏବଂ ଯୁବରାଜଙ୍କୁ ଦଣ୍ଡିତ କରିବାର ନାନା ଧରଣର ଉପାୟ ରହିଛି। ସମସ୍ତଙ୍କ ଉପରେ ଏକା ମାନଦଣ୍ଡ ପ୍ରୟୋଗ କରିବା ଉଚିତ୍ ନୁହେଁ।

ଦ୍ୱାରପାଳ ଏବଂ ଅନ୍ୟାନ୍ୟ ମନ୍ତ୍ରୀମାନଙ୍କ ଦ୍ୱାରା ଉପାଦିତ କୋପକୁ ଅନ୍ତରସାତ୍ୟ କୋପ କୁହାଯାଏ। ଏହାକୁ ଶାନ୍ତ କରିବା ପାଇଁ ରାଜାଙ୍କୁ ସେହିଭଳି ଉପାୟରେ କରିବାକୁ ହେବ ଯାହା ଅନ୍ୟ କୋପ କ୍ଷେତ୍ରରେ କରାହୁଏ।

ରାଷ୍ଟ୍ର ପ୍ରମୁଖ, ସୀମାପାଳ, ଆଟବିକ ଏବଂ ଦଣ୍ଡୋପନତ ବ୍ୟକ୍ତିମାନଙ୍କ ଦ୍ୱାରା ସୃଷ୍ଟି ହୋଇଥବା କୋପକୁ 'ବାହ୍ୟକ କୋପ' କୁହାଯାଏ। ଏହି ଧରଣର କୋପ ଦେଖାଦେଲେ ତା'କୁ ଏକ ଅପରଙ୍କ ସହିତ ଦ୍ୱନ୍ଦ୍ୱ ଲଗାଇ ପରେ ଏହାକୁ ଶାନ୍ତ କରିବାର ଉପାୟ କରନ୍ତୁ। ଅଥବା ସେମାନଙ୍କ ମଧ୍ୟରେ କାହାରିକୁ ଧରାଇ ଦେବା ଉଚିତ୍। ଗୁପ୍ତଚରର ଭୂମିକା ଏହି କାମ ପାଇଁ ବହୁତ ଉପଯୋଗୀ ହୁଏ। ଗୁପ୍ତଚର ସେମାନଙ୍କୁ ଏକ ଅପରଙ୍କ ସହିତ ଲଢ଼ି, ଭୟାକ୍ରାନ୍ତ କରାଇ ଅଥବା ଅନ୍ୟ କୌଣସି ଉପାୟ ଦ୍ୱାରା ତାହାକୁ କରିବାକୁ ସହାୟକ ହୁଏ।

କ୍ଷୟ, ବ୍ୟୟ, ଲାଭ ବିମର୍ଶ

ଯୁଗ୍ୟ ଏବଂ ପୁରୁଷ ଅର୍ଥାତ୍ ବାହନ ଏବଂ ଶ୍ରମିକ ଇତ୍ୟାଦିର ଅପଚୟକୁ କ୍ଷୟ କୁହାଯାଏ । ହିରଣ୍ୟ ଏବଂ ଧାନ୍ୟ ଅର୍ଥାତ୍ ଟଙ୍କା ପଇସା ଏବଂ ଅନ୍ୟ ଅପଚୟକୁ ବ୍ୟୟ କୁହାଯାଏ ।

ଏହି କ୍ଷୟ ଏବଂ ବ୍ୟୟର ତୁଲନାରେ ଅଧିକ ଗୁଣ ଲାଭର ସମ୍ଭାବନା ରହିଲେହିଁ ଆକ୍ରମଣ କରିବା ଉଚିତ୍ । ଲାଭ ସମ୍ପଦ ହେଉଛି ୧୨ଟି ଯଥା – ଆଦେୟ, ପ୍ରତ୍ୟାଦେୟ, ପ୍ରସାଦକ, ପ୍ରକୋପକ, ହ୍ରାସକାଳ, ଅନୁକ୍ଷୟ, ଅଳ୍ପବ୍ୟୟ, ମହାନ୍, ବୃଦ୍ଧି ଉଦୟ, କନ୍ତ, ଧର୍ମ୍ୟ ଏବଂ ପୁରୋଗ ।

ସହଜ ପ୍ରାପ୍ୟ ଏବଂ ସହଜ ରକ୍ଷଣୀୟ ଭୂମି ଇତ୍ୟାଦି ହେଉଛି 'ଆଦେୟ' । କଠିନ ଭାବରେ ପ୍ରାପ୍ୟ ଏବଂ କଠିନତାରୁ ରକ୍ଷନୀୟ ହେଉଛି 'ପ୍ରତ୍ୟାଦେୟ' । ଏହାର ବିପରୀତ ଲାଭ ହେଉଛି 'ପ୍ରକୋପକ' । ଗମନ କରିଲା ମାତ୍ରେ ହିଁ ଯେଉଁ ଲାଭ ପ୍ରାପ୍ତ ହୁଏ ତାହା ହେଉଛି 'ହ୍ରାସକାଳ' । ଯାହାକୁ ପ୍ରାପ୍ତିରେ ଅଳ୍ପ ବ୍ୟୟ ହୁଏ ତାହା ହେଉଛି 'ଅନୁକ୍ଷୟ' । ଅର୍ଥ ବଦଳରେ ଅନ୍ନାଦି ରୂପରେ ପ୍ରାପ୍ତ ଲାଭକୁ 'ଅଳ୍ପବ୍ୟୟ' ଏବଂ ସତ୍ୱର ପ୍ରାପ୍ତ ଲାଭ ହେଉଛି 'ମହାନ୍' । ଯେଉଁ ଲାଭରେ ସର୍ବଦା ଅର୍ଥ ପ୍ରାପ୍ତିର ଆଶା ରହିଥାଏ ତାହା ହେଉଛି 'ବୃଦ୍ଧି ଉଦୟ' । ଯେଉଁ ଲାଭରେ ଭବିଷ୍ୟତରେ କୌଣସି ବାଧା ଆସିପାରେ ତାହା ହେଉଛି 'କନ୍ତ' । ଯାହା ସରାସରି ପ୍ରାପ୍ତ ସେଇଟା 'ଧର୍ମ୍ୟ' ଏବଂ ସାମୂହିକ ଅଭିଯାନରେ କୌଣସି ଶର୍ତ ଛଡ଼ା ପ୍ରାପ୍ତ ଲାଭ ହେଉଛି 'ପୁରୋଗ' ।

ଲାଭରେ ରହିଥିବା ଦୋଷଗୁଡ଼ିକ ହେଉଛି – କାମାଶକ୍ତି, କ୍ରୋଧ, ଭୟ, ଅଜ୍ଞାନ, କରୁଣା, ଲଜ୍ଜା, ଦୁଷ୍ଟ ସ୍ୱଭାବ, ଅହଙ୍କାର, ସାନୁକ୍ରୋସତା, ପରଲୋକର ଆକାଂକ୍ଷା, ଦାମ୍ଭିକତା, ଅତ୍ୟାଶିତ୍ୱ, ଦାରିଦ୍ରତା, ଅସୂୟା, ହସ୍ତଗତବସ୍ତୁର ଅବଜ୍ଞା, ଦୁରାମ୍ୟ ବିଶେଷର ଅଭାବ, ଶତ୍ରୁଙ୍କ ଅତିସତ୍କାର, ଶୀତ, ଉଷ୍ଣ ବର୍ଷାର ଅସହନଶୀଳତା ତଥା କାର୍ଯ୍ୟ ଆରମ୍ଭ କରିବା ପୂର୍ବରୁ ଅନିଶ୍ଚୟତାର ସଙ୍କେତ ପାଇବା ।

ବାହ୍ୟିକ ଏବଂ ଆଭ୍ୟନ୍ତରୀଣ ବିପଦ

ସନ୍ଧି ବିଗ୍ରହ ଇତ୍ୟାଦି ଗୁଣଗୁଡ଼ିକ ଦ୍ୱାରା ସ୍ୱବିଷୟରେ ଅତିକ୍ରମଣ କଲେ ଯେଉଁ ସ୍ଥାନରେ ପ୍ରୟୋଗ ହୋଇଥାଏ ତାହା ହେଉଛି 'ଅପନୟ' । ଏଥିରେ ସବୁ ଧରଣର ବିପଦ ଦେଖାଯାଏ ।

ଆପଦ ଋରି ଧରଣର ହୁଏ । ରାଷ୍ଟ୍ର ପ୍ରମୁଖ ଏବଂ ଅନ୍ତପାଳ ଯଦି ଉଦ୍ୟାପକ ହୋଇ ମନ୍ତ୍ରୀ ଇତ୍ୟାଦି ଆଭ୍ୟନ୍ତରୀଣ ଲୋକମାନଙ୍କୁ ଅପଯାଚକ କରି ନିଜର ପକ୍ଷରେ କରି ନିଅନ୍ତି, ମନ୍ତ୍ରୀ ଇତ୍ୟାଦି ଭିତରର ଲୋକ ଉପଯାଚକ ହୋଇ ଅନ୍ତପାଳ ଇତ୍ୟାଦି ବାହାରର ଲୋକକୁ ଅପଯାପକ କରି ନିଜର ପକ୍ଷରେ ନେଇନେଲେ, ବାହାରର ଅଧିକାରୀମାନେ ଭିତରର ଲୋକମାନଙ୍କୁ ବିପଦଗ୍ରସ୍ତ କରି ତୋଳିବା ଉଚିତ୍ ।

ଉପରେ ବର୍ଣିତ ଋରି ଧରଣର ବିପଦ ମଧ୍ୟରେ ପୂର୍ବ ଅପେକ୍ଷା ପରର ଗୁରୁତ୍ୱକୁ କମ୍ ମନେ କରନ୍ତୁ। ଯେଉଁ ବିପଦ କୌଣସି ଶକ୍ତିଶାଳୀ ବିରୋଧୀ ଦ୍ୱାରା ସିଧା ହୋଇଥାଏ, ତା'କୁ ପୂର୍ବ ଅପେକ୍ଷାରେ ବଡ଼ ବୋଲି ଭାବନ୍ତୁ। କିନ୍ତୁ ଯେଉଁ ବିପଦ ଦୁର୍ବଲ ବିରୋଧୀ ଦ୍ୱାରା ଜାତ ହୋଇଛି ସେଇଟା ପରବର୍ତୀ ହେଲେ ମଧ୍ୟ ତାହାର ଗୁରୁତ୍ୱ କମ୍ ହୁଏ।

ଦୁର୍ଜନ ଏବଂ ଶତ୍ରୁ ଜନିତ ବିପଦ

ଶୁଦ୍ଧ ଏବଂ ମିଶ୍ର ଭେଦରେ ବିପଦ ଦୁଇ ଧରଣର ହୁଏ। ଶତ୍ରୁଙ୍କ ଦ୍ୱାରା ଉତ୍ପନ୍ନ ବିପଦ ହେଉଛି ଶୁଦ୍ଧ ବିପଦ ଯାହା ଦୁଷ୍ୟ ଶୁଦ୍ଧ ଏବଂ ଶତ୍ରୁଶୁଦ୍ଧ ଭେଦରେ ଦୁଇ ଧରଣର ହୁଏ। ରାଜାଙ୍କ କ୍ଷତି ସାଧନକାରୀଙ୍କ ଦ୍ୱାରା ଉତ୍ପନ୍ନ ଦୁଷ୍ୟଶୁଦ୍ଧ। ବିପଦ ପରେ ରାଜାଙ୍କୁ ଦଣ୍ଡ ଛଡ଼ା ଅନ୍ୟ କୌଣସି ଉପାୟ କରିବା ଉଚିତ୍। କିନ୍ତୁ ଯଦି ଶତ୍ରୁଙ୍କ ଦ୍ୱାରା ଉତ୍ପନ୍ନ ବିପଦ ଦେଖାଯାଏ ତା'ହେଲେ ଶତ୍ରୁଙ୍କୁ ଯେଉଁ ସାମନ୍ତ ବଂଶରେ ଦେଖନ୍ତୁ ନା କାହିଁକି ସେହି ସାମନ୍ତ କ୍ଷେତ୍ରରେ ମଧ୍ୟ ସାମ, ଦଣ୍ଡ, ଭେଦ ଇତ୍ୟାଦି ବ୍ୟବହାର କରି ନିଜର ପ୍ରୟୋଜନ ସିଦ୍ଧ କରିବାକୁ ହେବ।

ଯେଉଁ ରାଜା ପାରସ୍ୱରିକ ଦ୍ୱେଷ, ଶତ୍ରୁତା, ଜମିକୁ କବଜା କରିବାର ଆଶଙ୍କାରେ ଭୟଭୀତ ହୋଇଥାଆନ୍ତି, ତାଙ୍କୁ ଦ୍ୱେଷ ଦ୍ୱାରା ବଂଶରେ ରଖିବାର ଚେଷ୍ଟା କରିବା ଉଚିତ୍। ଏହିଭଳି ଫାଟଲ ଧରାଇ ତାଙ୍କୁ ସହଜରେ ବଂଶରେ ରଖା ଯାଇ ପାରିବ। ଭେଦରେ ବହୁ ଧରଣ ରହିଛି, ନିଜର କର୍ମ ସିଦ୍ଧି ପାଇଁ ଯାହା ଉଚିତ୍ ହୁଏ ବିଜିଗୀଷାକୁ ତାହାହିଁ କରିବା ଉଚିତ୍।

କ୍ରୋଧୀ, ଉତ୍ସାହୀ, ବ୍ୟସନୀ ତଥା ଦୁର୍ଗ ଇତ୍ୟାଦିରେ ବିଦ୍ୟମାନ ଶତ୍ରୁଙ୍କୁ ଗୁପ୍ତଚରମାନେ ଯୌଥଭାବରେ ଏକ ହୋଇ ଅସ୍ତ୍ର, ନିଆଁ, କିମ୍ବ ବିଷ ପ୍ରୟୋଗ କରି, ନଷ୍ଟ କରି ଦେବାକୁ ହେବ। ଏହି ସବୁ ଋରିତି ଉପାୟକୁ ପୂର୍ବ ତୁଳନାରେ ପରବର୍ତୀକୁ ନିମ୍ନ ବୋଲି ଗଣ୍ୟ କରାଯାଇଛି।

ଦଣ୍ଡ-ସାମ-ଦାନ-ଭେଦ ସ୍ୱରୂପ ଋରିଟି ଅଂଶରେ ଯୁକ୍ତ ହେବା କାରଣରୁ ଏହାକୁ ଚତୁର୍ଗୁଣ କୁହାଯାଇଛି।

ଅର୍ଥ, ଅନର୍ଥ ଇତ୍ୟାଦିର ପ୍ରତିକାର

କାମ କ୍ରୋଧାଦି ଛଅଟି ଦୋଷରୁ ଅଧିକ ହେଲେ ପ୍ରକୃତିବର୍ଗରେ କ୍ରୋଧ ଉତ୍ପନ୍ନ ହୁଏ। ଚୁକ୍ତି ଇତ୍ୟାଦିର ଅନୁଚିତ ବ୍ୟବହାର ବାହ୍ୟିକ ପ୍ରକୃତିକୁ କୃପିତ କରି ତୋଲେ। କାମାଦି ତଥା ଅପନୟ ଆସୁରୀ କୃତିର ପରିଚୟକ। ଏଗୁଡ଼ିକ ହେଉଛି ବିପଦ। ଏହି ବିପଦଟି ଅର୍ଥ, ଅନର୍ଥ ଏବଂ ସଂଶୟରୂପୀ ଅର୍ଥାତ୍ ତିନି ଧରଣର ହୁଏ।

ଯେଉଁ ଭୂମିକୁ ଶତ୍ରୁମାନେ ସାଧନ କରିପାରେ, ହାତରେ ଆସିଥିବା ଅର୍ଥ ବାହାରିଯାଏ, ଯେଉଁ ଅର୍ଥ ପ୍ରାପ୍ତିରେ ଅଧିକ କ୍ଷୟ ହୁଏ ଏଗୁଡ଼ିକୁ ଆପଦର୍ଯ୍ୟ କୁହାଯାଏ। ଯେଉଁ ସମ୍ପଉିରେ ନିଜର ଭୟ

ବିଦ୍ୟମାନ ଥାଏ, ତାହାକୁ ଆପଦର୍ଯ୍ୟ କୁହାଯାଏ। ଆପଦର୍ଯ୍ୟର ଅନେକଗୁଡ଼ିକ ଧରଣ ଏଠାରେ ଦର୍ଶାଇ ଦିଆଯାଇଛି।

ଅର୍ଥ ଏବଂ ଅନର୍ଥରୂପ ସନ୍ଦେହ ଉତ୍ପନ୍ନ ହେଲେ ତା'କୁ ଅନର୍ଥରୂପା ବିପଦ କୁହାଯାଇଛି।

ସଂଶୟ ଚାରି ଧରଣର ହୁଏ। 'ଏହା କ'ଣ ଅର୍ଥ, ଏହା କ'ଣ ଅନର୍ଥ, ଏହା ଅର୍ଥ ଅଥବା ଅନର୍ଥ, ଏହା ଅନର୍ଥ ଅଥବା ଅର୍ଥ' – ଏହି ଚାରିଟିରେ ବହୁ ଧରଣର ଭେଦ ରହିଛି ଏବଂ ତାହାର ପ୍ରତିକାର ପାଇଁ ଉପାୟ ବର୍ଣ୍ଣନା କରାଯାଇଛି।

ପ୍ରତିଟି ଅର୍ଥ ଏବଂ ଅନର୍ଥର ଅନୁବନ୍ଧ ଯୋଗ ଅଥବା ଅଭାବର ଛଅଟି ଭେଦ ରହିଛି। ଯାହାକୁ ଅନୁବନ୍ଧ ଷଡ଼ବର୍ଗ କୁହାଯାଇଛି। ସେଗୁଡ଼ିକ ହେଉଛି – ଅର୍ଥାନୁବନ୍ଧ ଅର୍ଥ, ନିରନୁବନ୍ଧ ଅର୍ଥ, ଅନର୍ଥାନୁବନ୍ଧ ଅର୍ଥ, ଅର୍ଥାନୁବନ୍ଧ ଅନର୍ଥ, ନିରନୁବନ୍ଧ ଅନର୍ଥ ଏବଂ ଅନର୍ଥାନୁବନ୍ଧ ଅନର୍ଥ।

ପ୍ରକୃତି ଦୁଇ ଧରଣର ହୁଏ – ପୁରୁଷ ଏବଂ ଦ୍ରବ୍ୟ। ଏହି ଦୁଇଟିର ଅର୍ଥ ସଂଶୟ ଦୂର କରା ନଗଲେ କୌଣସି ଗୋଟିଏ ଅନର୍ଥ ସଂଶୟ ଦୂର କରିବାର ଚେଷ୍ଟା କରିବା ଉଚିତ୍।

କ୍ଷୟ, ସ୍ଥାନ ଏବଂ ବୃଦ୍ଧି ଏହି ତିନୋଟି ମଧ୍ୟରେ ରହି ପର ବିଷୟଟିକୁ ଅର୍ଜିତ କରିବାର ଚେଷ୍ଟା କରନ୍ତୁ। କିନ୍ତୁ ସେହି ସମୟରେ ପ୍ରତିଲୋମ କ୍ରମରେ ଏହି କ୍ଷୟାଦିଗୁଡ଼ିକୁ ପ୍ରାପ୍ତ କରିବାର ଆକାଂକ୍ଷା କରା ଯାଇପାରିବ।

ଅର୍ଥ-ଅନର୍ଥ, ଧର୍ମ-ଅଧର୍ମ, କାମ-ଶୋକ ଏହି ତିନୋଟି ଯୁଗ୍ମଗୁଡ଼ିକ ମଧ୍ୟରେ ପ୍ରତିଟିର ପାରସ୍ପରିକ ସଂଶୟ ବଜାୟ ରହିଥାଏ। ଏହାକୁ ସଂଶୟ ତ୍ରିବର୍ଗ କୁହାଯାଏ। ଏଗୁଡ଼ିକର ପ୍ରତିଟି ଯୁଗ୍ମର ଉତ୍ତର ପକ୍ଷର ପ୍ରତିକାର ଏବଂ ପୂର୍ବ ପକ୍ଷକୁ ଗ୍ରହଣ କରିବା ଉତ୍ତମ ହୁଏ।

ଆପଦ ସମୁଦାୟର ପ୍ରତିକାରାର୍ଥେ ନୀତିଗୁଡ଼ିକ ମଧ୍ୟରୁ କେଉଁ କେଉଁଟି କିଭଳି ପ୍ରୟୋଗ କରାହେବ, ଏଠାରେ କୁହାଯାଇଛି।

ପୁତ୍ର, ଭାଇ ତଥା ବାନ୍ଧବ ଇତ୍ୟାଦି ବିଷୟରେ ଯେଉଁ ପ୍ରତିକାର କୁହାଯାଇଛି, ସେହି ପ୍ରତିକାର ସାମ, ଦାନ ଇତ୍ୟାଦିର ଅନୁରୂପତାରୁ ଉଚିତ୍ ବୋଲି ଗଣ୍ୟ ହୋଇଛି। ସାମନ୍ତ ଏବଂ ଆଟବିକ ପାଇଁ ଭେଦ ଏବଂ ଦଣ୍ଡନୀତି ଠିକ୍। ଏହାକୁ 'ଅନୁଲୋମ ସିଦ୍ଧି' କୁହାଯାଏ। ମିତ୍ର ଏବଂ ଅମିତ୍ର ରାଜାମାନଙ୍କ ସମ୍ପର୍କରେ ମିଶ୍ରିତ ଉପାୟର ଅବଲମ୍ବନ କରାହୁଏ।

ପୂର୍ବ କର୍ମାନୁଯାୟୀ ଆପଦଗୁଡ଼ିକ ହେଉଛି – ଅଗ୍ନି, ଜଳ, ବ୍ୟାଧ୍ର, ମହାମାରୀ, ରାଷ୍ଟ୍ରବିପ୍ଳବ, ଦୁର୍ଭିକ୍ଷ ଏବଂ ମୂଷାମାନଙ୍କର ଉତ୍ପତ୍ତି ସ୍ୱରୂପ ଆସୁରୀ ସୃଷ୍ଟି। ଏଗୁଡ଼ିକୁ ଶାନ୍ତ କରିବା ପାଇଁ ସମୁଚିତ ବ୍ୟବସ୍ଥା ଏବଂ ଉପାୟ ବାହାର କରିବା ରାଜାଙ୍କର କର୍ତ୍ତବ୍ୟ।

ଯୁଦ୍ଧ ସମ୍ପର୍କିତ ତଥ୍ୟ

ସ୍କନ୍ଧାବାର ନିବେଶ

ସ୍କନ୍ଧାବାରର ନିର୍ମାଣ କରିବା ବିଷୟରେ ବିଶେଷଜ୍ଞମାନଙ୍କ ପରାମର୍ଶରେ ଯଥାସ୍ଥାନରେ ଆଲୋଚନା କରିବା ଉଚିତ୍। ସ୍କନ୍ଧାବାରର ଋରିଦିଗରେ ପରିଧ୍ୱ ଦ୍ୱାରା ପରିବେଷ୍ଟିତ ହେବା ଦରକାର। ତାହାର ଉତ୍ତରରେ ରାଜାଙ୍କ ବାସସ୍ଥାନ ନିର୍ମାଣ ହେବ। ତାହାର ପଶ୍ଚିମ ଦିଗରେ ରହିବ ରାଣୀମାନଙ୍କର ମହଲ। ରାଜାଙ୍କ ପାଇଁ ପ୍ରୟୋଜନୀୟ ଜିନିଷପତ୍ରର ବ୍ୟବସ୍ଥା ରହିବା ଉଚିତ୍। ବ୍ୟବସାୟୀ ଏବଂ ବଣିତାମାନଙ୍କ ପାଇଁ ଭବନ ରାଜମାର୍ଗ ପାଖରେ ତିଆରି ହେବ।

ଯେଉଁଦିଗରୁ ଶତ୍ରୁମାନଙ୍କ ଆଗମନର ଆଶଙ୍କା ଥାଏ ସେହିଦିଗରେ ଜାଗା ଜାଗରେ ତୃଣାଚ୍ଛାଦିତ କୂଆଁ ଏବଂ ଗାତ ତିଆରି କରି ତା' ଉପରେ ବଡ଼ ବଡ଼ ତକ୍ତା ମେଲାଇ ଦେବା ଉଚିତ୍। ଶିବିରର ଋରିଆଡ଼େ ଦିନ-ରାତି ପ୍ରହରୀର ବ୍ୟବସ୍ଥା ରହିବ। ସ୍କନ୍ଧାବାର ଭିତରକୁ ଏବଂ ସେଠାରୁ ବାହାରକୁ ଯାତାୟତକାରୀମାନଙ୍କ ପାଖରେ ରାଜମୁଦ୍ରାଙ୍କିତ ଆଜ୍ଞାପତ୍ର ରହିବା ଜରୁରୀ।

ରାଜାଙ୍କ ପ୍ରସ୍ଥାନର ମାର୍ଗର ନିରାପଦା, ତା ସହିତ ମାର୍ଗରୁ ଅସୁବିଧାଗୁଡ଼ିକୁ ଦୂର କରିବାର ଉପାୟ ମଧ କରିବା ଉଚିତ୍।

ସ୍କନ୍ଧାବାର ପ୍ରୟାଣ

ଯେଉଁ ସମସ୍ତ ପଥରେ ସୈନ୍ୟବାହିନୀ ମାର୍ଚ୍ କରିବେ ଏବଂ ଯେଉଁଠାରେ ଥମିଯିବେ ସେହିସବୁ ଜାଗାରେ ସବୁ ପ୍ରକାରର ସୁବିଧାର ସାମଗ୍ରୀ ଯୋଗାଇ ଦେବା ଉଚିତ୍। ରାଜା ଏବଂ ରାଜ-ପରିବାରକୁ ଋରିଆଡ଼େ ପ୍ରହରୀ ଲଗାଇ ନେବା-ଆଣିବା କରିବା ଉଚିତ୍। ନିଜ ଦେଶରେ ଅବାଧ ଭାବରେ ଆମଦାନୀକୃତ ଖାଦ୍ୟ ପଦାର୍ଥକୁ 'ବୀବଧ', ମିତ୍ର ସୈନ୍ୟକୁ 'ଆସାର' ଏବଂ ରାଜାଙ୍କ ନିକଟବର୍ତୀ ଜାଗାକୁ 'ଅପସରା' କୁହାଯାଏ।

ଯୁଦ୍ଧ ପାଇଁ ଯେଉଁ ସବୁ ବୃହ ରଚନା କରାହୁଏ ସେଗୁଡ଼ିକର ନାମ ହେଉଛି – ମକର ବୃହ, ଶକଟ ବୃହ, ବଜ୍ର ବୃହ, ସର୍ବତୋଭଦ୍ର ବୃହ ଏବଂ ସୂଚୀ ବୃହ।

ଜଙ୍ଗଲ, ନଦୀ, ନିର୍ଜଳ ପ୍ରଦେଶ ପ୍ରଭୃତି ଜାଗାରେ ସୈନ୍ୟବାହିନୀଙ୍କ ଗମନାଗମନ ବିଷୟରେ ଏବଂ ଅପର ପ୍ରାନ୍ତରେ ଯିବା ବିଷୟରେ ପୂର୍ବରୁ ପରିକଳ୍ପିତ ଭାବରେ ବ୍ୟବସ୍ଥା କରିବା ଉଚିତ୍।

ବିଜୟର ଆକାଂକ୍ଷାକାରୀମାନଙ୍କ ପକ୍ଷରେ ଆସାର ଏବଂ ପ୍ରତିଗ୍ରହ ଏହି ଦୁଇଟି ଗୁଣସମ୍ପନ୍ନ ପର୍ବତ ଦୁର୍ଗ ତଥା ନଦୀ ଦୁର୍ଗକୁ ପଞ୍ଚାତ୍ଭାବରେ ସୁସଜ୍ଜିତ କରାଇ ନିଜ ପାଇଁ ଅନୁକୂଳ ଜମି ଉପରେ ସଂଗ୍ରାମ ପରିଚାଳନା କରିବା ଏବଂ ସେଠାରେ ହିଁ ସୈନ୍ୟ ଶିବିର ସ୍ଥାପନ କରିବା ଉଚିତ୍।

କୂଟଯୁଦ୍ଧ ବିକଳ୍ପ

ପ୍ରକାଶ୍ୟ ଯୁଦ୍ଧର ଘୋଷଣା କରିବା ଲାଭଜନକ ମନେ ହେଲେ ତେବେ ରାଜାଙ୍କ ପକ୍ଷରେ ତାହା କରିବା ଉଚିତ୍ ନହେଲେ କୂଟଯୁଦ୍ଧକୁ ହିଁ ଅବ୍ୟାହତ ରଖିବା ଉଚିତ୍। ରାତ୍ରି ସମୟରେ ଏଭଳି ଉପାୟ କରିବା ଉଚିତ୍ ଯେଉଁଥିରେ ଶତ୍ରୁସୈନ୍ୟ ସଜାଗ ରହିବାକୁ ବାଧ୍ୟ ହୁଅନ୍ତି।

ଯୁଦ୍ଧ ପାଇଁ ଦେଶ ଏବଂ କାଳ ପୂର୍ବରୁ ନିଶ୍ଚିତ୍ କରି ନେବାର ସିଦ୍ଧାନ୍ତକୁହିଁ ଧର୍ମ-ଯୁଦ୍ଧ କୁହାଯାଏ। ସୈନ୍ୟବାହିନୀକୁ ସର୍ବଦା ଉତ୍ସାହିତ କରିବା ରାଜାଙ୍କର କର୍ତ୍ତବ୍ୟ। ସେମାନଙ୍କୁ ସର୍ବଦା ପ୍ରଫୁଲ୍ଲ ଚିତ୍ତରେ ରଖିବା ତଥା ମଝିରେ ମଝିରେ ପୁରସ୍କାର ଏବଂ ଉପହାର ଇତ୍ୟାଦି ପ୍ରଦାନ କରିବା ଉଚିତ୍। ଏହିଭଳି ମନ୍ତ୍ରୀ ଏବଂ ପୁରୋହିତଙ୍କୁ ମଧ୍ୟ ସୈନ୍ୟମାନଙ୍କୁ ଉତ୍ସାହିତ କରିବା କାମରେ ଲାଗି ରହିବେ। ସୂତ ଏବଂ ବାଧବଗଣ ସେମାନଙ୍କୁ ବୀରତ୍ୱର କାହାଣୀ ଏବଂ ଗୀତ ଶୁଣାଇବେ। ଗୁପ୍ତଚର ସର୍ବଦା ନିଜର ବିଜୟର କଥା ହିଁ ଶୁଣାଇବ।

ଯୁଦ୍ଧ ପାଇଁ ସମୁଚିତ ବୃହ ରଚନା ହେବା ଜରୁରୀ।

ହୀନବଲ ଶତ୍ରୁସେନା ଯଦି ଜୀବନରେ ହତାଶ ହୋଇ ଲଢ଼ିବା ପାଇଁ ଫେରି ଆସେ ସେତେବେଲେ ସେମାନଙ୍କର ଯୁଦ୍ଧବେଗକୁ ନିବାରଣ କରିବା କଠିଣ ହୋଇଯାଏ। ସୁତରାଂ ପରାଜିତ ଶତ୍ରୁଙ୍କୁ ଆହୁରି ଅଧିକ ଭାବରେ କଷ୍ଟ ଦେବା ଉଚିତ୍ ନୁହେଁ।

ଯୁଦ୍ଧଭୂମି, ପଦାତିକ ଇତ୍ୟାଦିଙ୍କ କାର୍ଯ୍ୟ

ଅଶ୍ୱସେନାମାନେ ଲୁଚି ରହିଥିବା ଶତ୍ରୁସେନାର ଖୋଜ-ଖବର ଏବଂ ତାହାର ପ୍ରତିକାର କରିଥାଏ। ହସ୍ତୀସେନା ରଥର ଅଗ୍ରଭାଗରେ ଚଲେ ଏବଂ ପଥର ବାଧାଗୁଡ଼ିକୁ ଦୂର କରେ। ରଥ କର୍ମରେ ସୈନ୍ୟବାହିନୀର ନିରାପତ୍ତା, ଶତ୍ରୁ ସୈନ୍ୟର ପ୍ରତି ବ୍ୟବସ୍ଥା ନେବା, ଶତ୍ରୁ ସୈନ୍ୟକୁ ଅଟକି ରଖି ସେମାନଙ୍କୁ ବିଚ୍ଛିନ୍ନ କରିବା, ଇତ୍ୟାଦି କାମ ସମ୍ମିଳିତ ରହିଛି। ପଦାତିକ ସୈନ୍ୟ ସମ-ବିଷମ ଜାଗାରେ, ବର୍ଷା ଇତ୍ୟାଦି ସମସ୍ତ ରତୁରେ କାମ କରିଥାଏ।

ରାଜାଙ୍କ ପାଖରେ ଯଦି ଯଥେଷ୍ଟ ଅଶ୍ୱ ଥାଏ, ତା'ହେଲେ ବଳଦ, ହାତୀ କମ୍‌ ହେଲେ ଗଧ-ଉଟକୁ ଗାଡ଼ିରେ ସଂଯୁକ୍ତ କରିବା ଏବଂ ପ୍ରୟୋଜନାନୁଯାୟୀ ଯାହା ଭଲ ତାହା କରିବା ଉଚିତ୍‌।

ବ୍ୟୂହ ବିଭାଗ

ସୈନ୍ୟବାହିନୀ ଶିବିର-ଯୁଦ୍ଧସ୍ଥଳରୁ ପାଞ୍ଚ ଶତ ଧନୁକ ଦୂରତ୍ୱରେ ରହିବା ଉଚିତ୍‌। ଶତ୍ରୁଙ୍କ ଆଖିରେ ଯେମିତି ଦେଖା ନଯିବ ସେମିତି ଜାଗାରେ ସୈନ୍ୟର ବ୍ୟୂହ ରଚନା କରିବା ଉଚିତ୍‌। କେଉଁ ସେନାବାହିନୀ ମଝିରେ କ'ଣ କ'ଣ ରହିବା ଦରକାର ଏହି ଦିଗ ପ୍ରତି ନଜର ଦେବା ଉଚିତ୍‌।

ବ୍ୟୂହ ରଚନା ପାଇଁ ବ୍ୟବହୃତ ସୈନ୍ୟ ଯଦି ଅଧିକ ଥାଏ ତା'ହେଲେ ସେଥିରେ ଜୟର ଦିଗରେ ରଖିବାକୁ 'ଆବାପ' କୁହାଯାଏ। ପଦାତିକ ସୈନ୍ୟକୁ କାମରେ ଲଗାଇବାର ନାମ ହେଉଛି 'ପ୍ରତ୍ୟାବାପ'। ହାତୀ, ଘୋଡ଼ା, ଇତ୍ୟାଦିର ପ୍ରକ୍ଷେପକୁ 'ଅନ୍ୟାବାପ' ଏବଂ ରାଜଦ୍ରୋହୀ ବ୍ୟକ୍ତିମାନଙ୍କ ସୈନ୍ୟକୁ କାମରେ ଲଗାଇବାର ନାମ ହେଉଛି 'ଅତ୍ୟାବାପ'।

ହସ୍ତୀ ଏବଂ ଅଶ୍ୱାରୋହୀ ସୈନ୍ୟମାନଙ୍କର ବିଭିନ୍ନ ଧରଣର ବ୍ୟୂହ ରଚନା କରାଯାଏ, ଯେଉଁଗୁଡ଼ିକର ନାମ ହେଉଛି ମଧ୍ୟଭେଦୀ, ଅନ୍ତର୍ଭେଦୀ ଏବଂ ଶୁଦ୍ଧ ବ୍ୟୂହ।

ଅଶ୍ୱଯୁଦ୍ଧ ୧୩ ଧରଣର ହୁଏ – ଅଭିସୃତ, ପରିସୃତ, ଅତିସୃତ, ଉନ୍ମଥରାବଧାନ, ବଳୟ, ଗୋମୂତ୍ରିକା, ମଣ୍ଡଳ, ପ୍ରକୀର୍ଣିକା, ବ୍ୟାବୃତପୃଷ୍ଟ, ଅନୁବଂଶ, ପଳାୟନରତ ନିଜର ସୈନିକମାନଙ୍କର ପଶ୍ଚାଧାବନ କରିବା ଏବଂ ପଳାୟନରତ ଶତ୍ରୁ ସୈନିକମାନଙ୍କର ପଶ୍ଚାଧାବନ କରିବା।

ହସ୍ତୀଯୁଦ୍ଧ ପାଞ୍ଚ ଧରଣର ହୁଏ – ଅଭିସୃତ, ପରିସୃତ, ଶତ୍ରୁର ବିକ୍ଷିପ୍ତ ସୈନ୍ୟକୁ ମାରିଦେବା, ଶତ୍ରୁସେନାର ବ୍ୟବସ୍ଥା କେନ୍ଦ୍ରସ୍ଥଳକୁ ନଷ୍ଟ କରିବା, ଶୋଇବା ଅବସ୍ଥାରେ ସୈନ୍ୟକୁ ଛେଚ୍ଚି ମାରିବା। ଏହିଭଳି ରଥଯୁଦ୍ଧ ମଧ୍ୟ ଝରି ଧରଣର ହୁଏ। ଏହି ସବୁଗୁଡ଼ିକର ବିଧିର ବ୍ୟବହାର କରିବା ଉଚିତ୍‌। ସ୍ୱୟଂ ରାଜା ସୈନ୍ୟର ପଶ୍ଚାଦ୍‌ଭାଗରେ ରହି ଯୁଦ୍ଧ କରିବେ।

ଦଣ୍ଡ, ପ୍ରକୃତି ବ୍ୟୂହ ଇତ୍ୟାଦି

ଏହି ପ୍ରକରଣରେ ଦଣ୍ଡବ୍ୟୂହ, ପ୍ରକୃତ ବ୍ୟୂହ, ବିକୃତି ବ୍ୟୂହ ଏବଂ ପ୍ରତିବ୍ୟୂହର ରଚନାର ନିରୂପଣ କରାଯାଇଛି।

ଶୁକ୍ର ଏବଂ ବୃହସ୍ପତି ଏହି ଉଭୟ ଆର୍ଯ୍ୟେଙ୍କ ମତରେ ପକ୍ଷ, କକ୍ଷ, ଉରସ୍ୟ ଏହି ଅଂଶଗୁଡ଼ିକରେ ବିଭକ୍ତ ସେନାର ଦଣ୍ଡ, ଭୋଗ, ମଣ୍ଡଳ ଏବଂ ଅସଂହତ ଏହି ଝରି ଧରଣର ବ୍ୟୂହ ରଚନା ହୋଇ ପାରିବ। ଏହି ସବୁ ପ୍ରକାର ଧରଣଗୁଡ଼ିକୁ ପ୍ରକୃତି ବ୍ୟୂହ କୁହାଯାଏ। ଯେଉଁ ବ୍ୟୂହରେ ସୈନ୍ୟମାନଙ୍କୁ ଏକାସାଥିରେ ଠିଆ କରାଇବା ସମ୍ଭବ ହୁଏ ତାହାକୁ ଦଣ୍ଡବ୍ୟୂହ କୁହାଯାଏ। ଝରିଟି ଅଥବା ଛଅଟି ଅଂଶକୁ ଏକତ୍ର କରି ବର୍ତ୍ତୁଳାକାର ନିର୍ମିତ ବ୍ୟୂହକୁ ଭୋଗବ୍ୟୂହ କୁହାଯାଏ। ଯେଉଁ ଗୃହରେ

ଚରିଦିଗରୁ ଶତ୍ରୁଙ୍କୁ ଘେରି ନେଇ ଆକ୍ରମଣ କରାଯାଏ ତା'କୁ ମଣ୍ଡଳ ବ୍ୟୂହ କୁହାଯାଏ। ଯଦି ଚରିଦିଗରୁ ଅଲଗା ଅଲଗା ଭାବରେ ଆକ୍ରମଣ କରାଯାଏ ତା'କୁ ଅସଂହତ କୁହାଯାଏ।

ବ୍ୟୂହଗୁଡ଼ିକର ନାମ ହେଉଛି – ଦଣ୍ଡ, ପ୍ରଦର, ଦୃଢ଼କ, ଅସହ୍ୟ, ଶୟବ୍ୟୂହ। ଏହାଛନା ଆହୁରି ଚରିଟି ବ୍ୟୂହ ହୁଏ – ରୁପବ୍ୟୂହ, ରୁପଶୁଷ୍କିବ୍ୟୂହ, ପ୍ରତିଷ୍ଠବ୍ୟୂହ ଏବଂ ସୁପ୍ରତିଷ୍ଠ ବ୍ୟୂହ। ଦଣ୍ଡବ୍ୟୂହର ଅନ୍ୟ ନାଗଗୁଡ଼ିକ ହେଉଛି – ସଞ୍ଜୟବ୍ୟୂହ, ବିଜୟବ୍ୟୂହ, ସ୍ଥୂଳକର୍ଣ, ବିଶାଳ ବିଜୟବ୍ୟୂହ, ଚୂମ ମୁଖ୍ୟବ୍ୟୂହ, ଋଷାଜୟବ୍ୟୂହ, ସୂଚିବ୍ୟୂହ, ବଲୟବ୍ୟୂହ ଏବଂ ଦୁର୍ଜୟବ୍ୟୂହ।

ଭୋଗବ୍ୟୂହ ଦୁଇ ଧରଣର ହୁଏ – ସର୍ପସାରି ଏବଂ ଗୋମୂତ୍ରିକା। ଏହାର ଅନ୍ୟ ଧରଣଗୁଡ଼ିକ ହେଉଛି – ଶକଟବ୍ୟୂହ, ମକରବ୍ୟୂହ, ପରିପନ୍ତବ୍ୟୂହ।

ମଣ୍ଡଳବ୍ୟୂହର ଦୁଇଟି ପ୍ରକାର ରହିଛି – ସର୍ବତୋଭଦ୍ର ଏବଂ ଦୁର୍ଜୟ। ମଣ୍ଡଳବ୍ୟୂହର ଅନ୍ୟ ଗୋଟିଏ ଧରଣ ହେଉଛି ଅଷ୍ଟାନିକ ବ୍ୟୂହ।

ଅସଂହତ ବ୍ୟୂହର ପାଞ୍ଚଟି ଧରଣ ରହିଛି – ବଜ୍ରବ୍ୟୂହ, ଗୋଧାବ୍ୟୂହ, ଉଦ୍ୟାନ ଅଥବା କାକପଦୀ ବ୍ୟୂହ, ଅର୍ଧଚନ୍ଦ୍ରକ ବ୍ୟୂହ କଟଶୃଙ୍ଗୀ ବ୍ୟୂହ।

ଶତ୍ରୁର ଉଦ୍ବେଗ ବୃଦ୍ଧିର ବହୁତ ଧରଣ ରହିଛି – ମନ୍ତ୍ର ବିଷପ୍ରୟୋଗ, କ୍ରୁରକର୍ମ, ଇନ୍ଦ୍ରଜାଲ, ପଶୁମାନଙ୍କ ପ୍ରକୋପ, ଅଗ୍ନିକାଣ୍ଡ, କେନ୍ଦ୍ରରେ ପ୍ରହାର, ଫାଟଳ ଇତ୍ୟାଦି ଇତ୍ୟାଦି। ଧନୁର୍ଦ୍ଧର ସୈନିକ ବାଣ ଚଲାଇ କେବଳ ଜଣକୁ ମାରି ପାରିବେ କିମ୍ବ ମାରି ଦେବାକୁ ଅସମର୍ଥ୍ୟ ହେବେ। କିନ୍ତୁ ବୁଦ୍ଧିମାନ ପୁରୁଷ ଦ୍ୱାରା ପ୍ରୟୋଗ କରିଥିବା ବୁଦ୍ଧି ମଣିଷକୁ ତ ସହଜଭାବରେ, ଗର୍ଭରେ ରହିଥିବା ପ୍ରାଣୀମାନଙ୍କୁ ମଧ ନଷ୍ଟ କରିଦିଏ।

◯

ସଂଗଠନର ଅନିବାର୍ଯ୍ୟତା

ଭେଦୋପାଦନ ଏବଂ ଉପାଂଶୁ ଦଣ୍ଡ

ସୈନ୍ୟ ଓ ବନ୍ଧୁ ଲାଭର ଅପେହା ସଂଘ ଲାଭଦାୟକ। ସୁସଂଗଠିତ ସଂଘ ଭିଉିରେ ରହିଲେ ଶତ୍ରୁ ରୂପ ଦେବାକୁ ଅସମର୍ଥ୍ୟ ହେବ।

ସଂଘରେ ଫାଧଲ ଧରାଇ ତାହା ଉପରେ ବିଜୟ ପ୍ରାପ୍ତି କରା ଯାଇପାରିବ। ଏହି କାମଟି ଗୁପ୍ତଚରଙ୍କ ଦ୍ୱାରା ସମ୍ପନ୍ନ କରାଇବା ସମ୍ଭବ।

ସଂଘରେ ଫାଟଲ ଧରାଇବା ପାଇଁ ସାମ-ଦାମ-ଦଣ୍ଡ-ଭେଦ ଇତ୍ୟାଦି ସମସ୍ତ ଧରଣର ନୀତିଗୁଡ଼ିକର ଅନୁସରଣ କରିବା ଉଚିତ୍। ଏଥିରେ ବଣିତା, ବ୍ୟାଭିଚରିଣୀ, ନଟୀ ଋରଣ, କୁଶଳ ନର୍ତକୀ ଇତ୍ୟାଦିମାନଙ୍କର ବ୍ୟବହାର କରିବା ବର୍ଜିତ ନୁହେଁ।

○

ଦୁର୍ବଳ ସ୍ଥିତି ସମୟରେ

ଦୂତକର୍ମ

ଶକ୍ତିଶାଳୀ ରାଜାଙ୍କ ଦ୍ୱାରା ଆକ୍ରାନ୍ତ ହେଲେ ଦୁର୍ବଳ ରାଜାଙ୍କର ଉଚିତ୍ ମୁଣ୍ଡ ନୁଆଁଇ ରହିବା। ଆର୍ଯ୍ୟ ଚଣକ୍ୟ ଶକ୍ତିଶାଳୀମାନଙ୍କ ପାଇଁ ଅନ୍ୟ କିଛିର ସାହାଯ୍ୟ ନେବାର କଥା କହିଛନ୍ତି। ଆକ୍ରମଣ ତିନି ଧରଣର ହୁଏ – ଧର୍ମବିଜୟୀ, ଲୋଭ ବିଜୟୀ ଏବଂ ଅସୁର ବିଜୟୀ।

ତିନି ଧରଣର ଆକ୍ରମଣରେ ଯୁଦ୍ଧ ଅଥବା ଚୁକ୍ତି ଅଲଗା ଅଲଗା ଧରଣର ହୁଏ। ଏହାକୁ ଭିତ୍ତି କରି ବିଜିଗିଷୁକୁ ବ୍ୟୂହ ରଚନା କରିବା ଉଚିତ୍। ଅଥାତ୍ ଚୁକ୍ତି କରିବା କିମ୍ବା ପ୍ରସ୍ତୁତ ହୋଇ ଯୁଦ୍ଧ କରିବା।

ମନ୍ତ୍ରଯୁଦ୍ଧ

ଯଦି ସବଳ ରାଜା ଆକ୍ରମଣ ଚୁକ୍ତିର ଉଲ୍ଲଂଘନ କରନ୍ତି, ତା'ହେଲେ ଦୁର୍ବଳ ରାଜା ତାଙ୍କୁ କହିବେ ଯେ, କାମ କ୍ରୋଧ ଲୋଭ ଇତ୍ୟାଦିରେ ବଶୀଭୂତ ହୋଇ ଅମୁକ ଅମୁକ ରାଜା ନଷ୍ଟ ହୋଇଯାଇଛି, ଆପଣ ତାହା କରିବେନାହିଁ। ସାହସ, ଅଧର୍ମ ଅର୍ଥାତିକ୍ରମଣ ପାଇଁ ଉସ୍କାଇ ଦେଉଥିବା ବ୍ୟକ୍ତିଜଣକ ବନ୍ଧୁ ନୁହେଁ ଶତ୍ରୁ ହୁଏ। ମମତା ତ୍ୟାଗୀ ବୀରମାନଙ୍କ ସହିତ ଯୁଦ୍ଧ କରିବାର ସାହସ, ଦୁଇ ପକ୍ଷର ଜନଗଣର ବିନାଶ ଅଧର୍ମ ଏବଂ ହାତରେ ଆସିଥିବା ଧନ ତଥା ମିତ୍ରଙ୍କ ତ୍ୟାଗକୁ ଅର୍ଥାତିକ୍ରମନ କୁହାଯାଏ।

ସେନାମୁଖ୍ୟ ବଧ

ବିଜିଗିଷୁ ରାଜାଙ୍କ ଗୁପ୍ତଚର ଆକ୍ରମକ ରାଜାର ପ୍ରିୟଜନମାନଙ୍କୁ, ସେନାପତି ପ୍ରଭୃତିଙ୍କୁ ପୂର୍ଣ୍ଣ ବିଶ୍ୱାସ ଦେଇ ଏହା ପ୍ରଚଳିତ କରିବା ଉଚିତ୍ ଯେ ତାଙ୍କର ରାଜା ତାଙ୍କୁ ଉପରେ ରାଗିଛନ୍ତି। ତା'ପରେ ତୀକ୍ଷ୍ଣ ଗୁପ୍ତଚର ତାଙ୍କ ଉପରେ ନଜର ଦେଇ ନିଜର ଶକ୍ତି ପ୍ରୟୋଗ କରିବ ଏବଂ ବଧ

କରିଦେବ ତଥା ପୁଣି ପ୍ରଚାରିତ କରିବା ଉଚିତ୍ ଯେ ମହାରାଜାଙ୍କ ଆଜ୍ଞାରେ ଏହା କରା ଯାଇଛି । ଏହିଭଳି ସମସ୍ତଙ୍କ ମଧ୍ୟରେ ହଲ୍‌ଚଲ ଦେଖା ଦେବ ।

ଏହିଭଳି ରାଜମଣ୍ଡଲରେ ଫାଟଲ ଧରାଇବାର ପ୍ରୟାସ କରିବା ଉଚିତ୍ । ଆକ୍ରମକ ଶତ୍ରୁଙ୍କ ସହିତ ମିଳାମିଶା କରୁଥିବା ବ୍ୟକ୍ତି କିମ୍ବା ନକରୁଥିବା ବ୍ୟକ୍ତି ରାଜାଙ୍କ ପାଖକୁ ବାର୍ତ୍ତା ପଠାଇଦେବା ଉଚିତ୍ ଯେ, ସେହି ରାଜା ମୋତେ ଉଚ୍ଛେଦ କରିବା ପରେ ଆପଣଙ୍କ ମଧ୍ୟ ଉଚ୍ଛେଦ କରିବ, ସୁତରାଂ ଆପଣମାନେ ମୋର ସହାୟତା ପାଇଁ ଆସନ୍ତୁ । ଏହିଭଳି ବହୁ ପ୍ରକାରରେ ମଣ୍ଡଲକୁ ଭାଙ୍ଗି ଦିଆ ଯାଇପାରେ ।

ନିଜର ସର୍ବସ୍ୱ ଦେଇ ମଧ୍ୟ ଶକ୍ତିଶାଳୀଜଣଙ୍କ ଠାରେ ଆଶ୍ରୟ ନେଇ ଆତ୍ମରକ୍ଷା କରା ଯାଇପାରେ ।

ଅସ୍ତ୍ର, ଅଗ୍ନି ଇତ୍ୟାଦି ପ୍ରଣିଧ

ବିଜିଗୀଷୁ ରାଜାର ଯେଉଁସବୁ ବ୍ୟବସାୟୀ, ଛଦ୍ମବେଶରେ ଗାର୍ହସ୍ଥ ବେଶଧାରୀ, ଗୌଡ଼ ପ୍ରଭୃତି ଗୁପ୍ତଚର ଏବଂ ଆଟବିକ ଶତ୍ରୁର 'ବଂଶରେ ଉପ୍ନନ୍ନ ବନ୍ଧୁ' ବାନ୍ଧବମାନଙ୍କୁ କୌଣସି ପ୍ରଦେଶରେ ହସ୍ତଗତ କରିବା ପାଇଁ ଉତ୍ସାହିତ କରନ୍ତୁ । ଏହାପରେ ସେଇ ପ୍ରକୃତିବର୍ଗର ଦୋଷଗୁଡ଼ିକର ବର୍ଣ୍ଣନା କରି ଏବଂ ତା'କୁ ଏହାର ବିରୁଦ୍ଧରେ ଠିଆ କରାଇଦେବା ଉଚିତ୍ । ଏହା ପାଇଁ ତା'କୁ ବହୁ ଧରଣର ଆଚରଣ କରିବାକୁ ହେବ ।

ଏହି ସମସ୍ତ ପ୍ରକ୍ରିୟାରେ ବିଭିନ୍ନ ବେଶଭୂଷାଧାରୀ ଗୁପ୍ତଚରମାନଙ୍କୁ ସବୁ କାମ କରିବାକୁ ପଡ଼ିବ ।

ଯୋଗାତିସନ୍ଧାନ ଇତ୍ୟାଦି

ଶତ୍ରୁ ରାଜାଙ୍କ ପ୍ରତି ଦେବସ୍ଥାନରେ କିମ୍ବା ଅନ୍ୟାନ୍ୟ ଜାଗାରେ କୃତ୍ ଉପାୟର ପ୍ରୟୋଗ କରି କାର୍ଯ୍ୟସିଦ୍ଧି କରା ସମ୍ଭବ ହୁଏ । ଯନ୍ତ୍ର-ତନ୍ତ୍ର ଏବଂ ମନ୍ତ୍ର ପ୍ରୟୋଗ ମଧ୍ୟ କାର୍ଯ୍ୟକାରୀ ହୁଏ । ଶତ୍ରୁରାଜାଙ୍କର ବସିବା ସ୍ଥାନରେ ବିଷ ମିଶାଇଥିବା ଗୋବର ଦ୍ୱାରା ଆବୃତ୍ତ କରିବା, ବିଷ ମିଶାଇଥିବା ଫୁଲର ଉପହାର, ବିଷ ମିଶାଇଥିବା ଗନ୍ଧଦ୍ରବ୍ୟ ପ୍ରଭୃତିର ବ୍ୟବହାର କରିବା ପାଇଁ ଉପଯୁକ୍ତ ଅଟେ ।

ଶତ୍ରୁପ୍ରଦେଶର ଘରିଆଡ଼େ ଘାସ ତଥା କାଠକୁ ଏକଜୁଟ କରି ନିଆଁ ଲଗାଇବା, ଜଳର ବନ୍ଧ ଭାଙ୍ଗି ତାହାର ଜମିକୁ ଜଳମୟ କରିଦେବା, କୃତ୍ କୂପ ଏବଂ ଗାତ ତିଆରି କରିବା, ସୁଡ଼ଙ୍ଗ ତିଆରୀ କରିବା, ସୁଡ଼ଙ୍ଗରେ ପାଣି କିମ୍ବା ଧୁଆଁ ଭରିଦେବା ପ୍ରଭୃତି ଅନେକ ଉପାୟ ରହିଛି ।

ବିପଭିରୁ ରକ୍ଷା

ଉପଜାପ

ଶତ୍ରୁର ନଗରର ଅଧିକାର ଆଶାରେ ଆକାଂକ୍ଷାକାରୀ ରାଜା ନିଜର ସର୍ବଜ୍ଞତା ଏବଂ ଦେବ– ସାକ୍ଷାତ୍କାରର ବିଷୟଟି ପ୍ରଚାରିତ କରାଇ ସ୍ୱପକ୍ଷକୁ ଉତ୍ସାହିତ ଏବଂ ପ୍ରତିପକ୍ଷକୁ ଉଦ୍‌ବିଗ୍ନ କରି ପାରନ୍ତି। ଏହି କାମଟିକୁ କାର୍ତାନ୍ତିକ, ଦୈବଜ୍ଞ, ମୌହୂର୍ତିକ, ପୌରାଣିକ ଏବଂ ଐକ୍ଷନିକ ରୂପେ ରହିଥିବା ଗୁପ୍ତଚରମାନେ ସମସ୍ତ ଦେଶରେ ପ୍ରଚାରିତ କରି ପାରନ୍ତି।

ଆର୍ଥିକ ଏବଂ ଖାଦ୍ୟ ସଙ୍କଟର ସୁଯୋଗରେ ଶତ୍ରୁ ରାଜାଙ୍କର ପ୍ରକୃତବର୍ଗଙ୍କୁ ସମସ୍ତ ଧରଣର ସାହାଯ୍ୟ କରିବା କାମରେ ସାଫଲ୍ୟ ଆଣିଦିଏ। ଦେଶରେ ଶତ୍ରୁଭୟ, ଦୁର୍ଭିକ୍ଷ, କ୍ଷେରର ଉପଦ୍ରବ, ବଣ୍ୟପଶୁଙ୍କ ଆକ୍ରମଣ ପ୍ରଭୃତି ଦେଖାଦେଲେ ନଗରବାସୀମାନଙ୍କର ରାଜାଙ୍କ ବିରୁଦ୍ଧରେ ବିଦ୍ରୋହ କରିବା ଉଚିତ୍।

ଯୋଗ ବାମନ

ମୁଣ୍ଡଣମସ୍ତକ ଅଥବା ତପସ୍ୱୀ ବେଶଧାରୀ ଗୁପ୍ତଚର ନିଜକୁ ପର୍ବତ କନ୍ଦରବାସୀ କହି ନିଜର ଶିଷ୍ୟମାନଙ୍କୁ ନେଇ ଶତ୍ରୁଙ୍କ ରାଜଧାନୀରେ ବସବାସ କରିବେ। ତାଙ୍କ ଶିଷ୍ୟମାନେ ମନ୍ତ୍ରୀମାନଙ୍କୁ ତପସ୍ୱୀଙ୍କୁ ଦର୍ଶନ ପାଇଁ ଆମନ୍ତ୍ରଣ ଜଣାଇବ। ରାଜାଙ୍କ ସହିତ ସାକ୍ଷାତ୍ ସମୟରେ ବେଶଧାରୀ ଗୁପ୍ତଚର ରାଜାଙ୍କ ବଂଶଧର ବିଷୟରେ ଅବଗତ ହେବେ। କୌଣସି ଭାବରେ ରାଜାଙ୍କୁ ମୋହିତ କରିବା ପରେ ଉପଯୁକ୍ତ ସୁଯୋଗ ପାଇଲେ ରାଜାଙ୍କୁ ସେହି ଗୁପ୍ତଚର ବଧ କରିବ। ଏହିଭଳି ଅନ୍ୟାନ୍ୟ ଉପାୟଗୁଡ଼ିକର ପ୍ରୟୋଗ ଦ୍ୱାରା ରାଜାଙ୍କୁ ବଶ କରି ତାଙ୍କୁ ନିଜ ଦୁର୍ଗରୁ ବାହାର କରି ଦିଆ ଯାଇଥାଏ କିମ୍ବା ହତ୍ୟା କରି ଦିଆଯାଏ।

ଅପସର୍ପ ପ୍ରବିଧ

ବିଜୟର ଆକାଂକ୍ଷାଧାରୀ ରାଜା ନିଜର ବିଶ୍ୱସ୍ତ ବର୍ଗପ୍ରଧାନଙ୍କ ଉପରେ କ୍ରୋଧିତ ହେବା କାରଣରୁ ତା'ଙ୍କୁ ରାଜ୍ୟର ବାହାରେ ବହିଷ୍କୃତ କରନ୍ତି। ସିଏ ଶତ୍ରୁଙ୍କ ପକ୍ଷରେ ମିଶିଯାଇ ସେମାନଙ୍କ ଆଖିରେ ଧୂଳି ଦେଇ ନିଜ ଦେଶର ସ୍ୱାର୍ଥ ପାଇଁ ଗୁପ୍ତଚରଙ୍କ ମଧ୍ୟରେ କାର୍ଯ୍ୟ ହାସଲ କରନ୍ତି।

ଶତ୍ରୁରାଜାଙ୍କ ସହିତ କପଟ ବନ୍ଧୁତ୍ୱ କରି ତାଙ୍କର ମନ୍ତ୍ରୀମାନଙ୍କୁ ତିରସ୍କୃତ କରି ପଦଚ୍ୟୁତ କରାହୁଏ। ସେହିସବୁ ମନ୍ତ୍ରୀଗଣ ଏହି ନବମିତ୍ରଙ୍କ ପାଖରେ ବାର୍ତ୍ତା ପଠାଇବେ ଯେ ତାଙ୍କ ରାଜା ଯେପରି ସେମାନଙ୍କ ଉପରେ ପ୍ରସନ୍ନ ହୁଅନ୍ତି, ସେହିଭଳି କିଛି କରିବା ପାଇଁ ଚେଷ୍ଟା କରିବାକୁ। ଯେତେବେଳେ ଶତ୍ରୁର ଦୂତ ବିଜିଗୀଷୁଙ୍କ ପାଖରେ ଆସେ ସେତେବେଳେ ତା'କୁ ଧମକ ଦେବେ ଏହି କାରଣରୁ ଯେ ତାଙ୍କ ରାଜା ତାଙ୍କ ମନ୍ତ୍ରୀମାନଙ୍କୁ ବରଖାସ୍ତ କରୁଛି। ସେହି ମନ୍ତ୍ରୀ ଶତ୍ରୁଦେଶରେ ଯାଇ ଗୁପ୍ତଚରମାନଙ୍କ ସାହାଯ୍ୟରେ ନିଜ ରାଜାଙ୍କୁ ସମସ୍ତ ଧରଣର ସାହାଯ୍ୟ କରୁଥିବ।

ଶତ୍ରୁ ଦୁର୍ଗକୁ ଘେରିବା

ଶତ୍ରୁର ଅର୍ଥନାଶ ତଥା ତାହାର ମନ୍ତ୍ରୀମାନଙ୍କୁ ହତ୍ୟା କରାଇ ବିଜିଗୀଷୁ ତାଙ୍କର ଦୁର୍ଗର ଚତୁର୍ଦିଗକୁ କବ୍‍ଜା କରନ୍ତି। ଶତ୍ରୁମାନଙ୍କୁ ନିଜର ପକ୍ଷରେ ଆଣି ସୁଯୋଗ ବୁଝି ସେମାନଙ୍କୁ ହତ୍ୟା କରାଯାଏ। ଯେତେବେଳେ ଦେଶରେ ଦୁର୍ଭିକ୍ଷ କିମ୍ବା କୌଣସି ଦୈବୀ ସଙ୍କଟ ଦେଖାଦେବ, ସେତେବେଳେ ଶତ୍ରୁଙ୍କ ଦୁର୍ଗକୁ ଘେରି ପକାଇବା ଉଚିତ୍। ଶତ୍ରୁଙ୍କ ଦୁର୍ଗକୁ ହସ୍ତଗତ କରିବାର ଉପାୟ ଉପରେ ବିଶେଷ ନଜର ଦେବାକୁ ହେବ। ଦଣ୍ଡୋପନତ ତଥା ଆଟବିକମାନଙ୍କ ଦ୍ୱାରା ଘେରି ପକାଇଥିବା ରାଜାଙ୍କୁ ବଶରେ ଆଣିବା ସହଜ ହୁଏ। ଶତ୍ରୁଙ୍କ ସହକାରୀମାନଙ୍କ ଠାରୁ ସର୍ବଦା ସତର୍କ ରହିବା ଉଚିତ୍। ଉପାଜାପ, ଅପସର୍ପ, ବାମନ, ପାୟୁପାୟାସନ ଏବଂ ଅବମର୍ଦ – ଏହି ପାଞ୍ଚଟି ଉପାୟରେ ଶତ୍ରୁର ଦୁର୍ଗକୁ ପ୍ରାପ୍ତ କରିବାରେ ସହାୟକ ଏବଂ ସଫଳ ହୋଇଥାଏ।

ଲବ୍ଧ ପ୍ରଶମନ

ବିଜିଗୀଷୁଙ୍କ ଦୁଇ ଭାବରେ ସମୁସ୍ଥାନ ହୋଇପାରେ। ସିଏ ବଣ, ଖଣି, ଗ୍ରାମ ଇତ୍ୟାଦି ପ୍ରାପ୍ତ କରି ପାରନ୍ତି। ତାଙ୍କର ଲାଭ ତିନି ପ୍ରକାରର ହୁଏ – ନୂତନ, ପ୍ରାକ୍ତନ ଏବଂ ପିତୃୟ। ନବୀନ ଲାଭ ପ୍ରାପ୍ତ କରି ତାଙ୍କର ଉଚିତ ଯେ ନିଜର ଗୁଣଗୁଡ଼ିକ ଦ୍ୱାରା ଶତ୍ରୁର ଦୋଷଗୁଡ଼ିକୁ ଢ଼ାପି ରଖିବା। ନବ ଅର୍ଜିତ ରାଜ୍ୟର ପୂଜାସ୍ଥଳୀରେ ସେହିଭଳି ସମ୍ମାନ ଜଣାଇବାକୁ ହେବ।

ଶତ୍ରୁ ରାଜାଙ୍କ ବଂଶଧରମାନେ ଯଦି ବାଧା ଦେବାକୁ ଚେଷ୍ଟା କରନ୍ତି ତା'ହେଲେ ସେମାନଙ୍କୁ ସନ୍ତୁଷ୍ଟ କରି ଶାନ୍ତ କରାଇବାକୁ ହେବ। ପ୍ରାକ୍ତନ ରାଜାର ଯେଉଁ ସବୁ ଦୋଷଗୁଡ଼ିକ କାରଣରୁ ଦେଶଟି ଶତ୍ରୁଙ୍କ ହାତକୁ ଚାଲିଯାଇଛି, ସେହି ପ୍ରକୃତିଗତ ଦୋଷଗୁଡ଼ିକୁ ଦୂର କରି ଗୁଣଗୁଡ଼ିକୁ ଦୃଢ଼ କରିବା ଉଚିତ୍। ପିତାର ଯେଉଁ ଦୋଷ କାରଣରୁ ଦେଶ ଶତ୍ରୁମାନଙ୍କର ହସ୍ତଗତ ହୋଇଛି, ସେହି ଦୋଷକୁ ଏଡ଼ାଇ ଚାଲିବା ଉଚିତ୍। ଯଦି ପିତାଙ୍କ ମଧ୍ୟରେ କୌଣସି ଭଲ ଗୁଣ ରହିଥିଲା ତାହାକୁ ପ୍ରଚାର କରିବା ଉଚିତ୍।

ଶତ୍ରୁ ବିନାଶ ପାଇଁ ଔଷଧର ପ୍ରୟୋଗ

ପରଘାତ ପ୍ରୟୋଗ

କେବଳମାତ୍ର ଅଧାର୍ମିକ ଲୋକମାନଙ୍କ କ୍ଷେତ୍ରରେ ମନ୍ତ୍ର ଏବଂ ଔଷଧର ପ୍ରୟୋଗ କରିବା ଉଚିତ୍। ଅନ୍ଧ, ମୂକ, ବଧିର ପ୍ରଭୃତିର ଛଦ୍ମବେଶ ଧାରଣ କରି ଗୁପ୍ତଚର ସାଜି ଏହି ଔଷଧର ପ୍ରୟୋଗ କରିବା ଉଚିତ୍।

ବିଭିନ୍ନ ଧରଣର କୀଟ-ପତଙ୍ଗ ତଥା ପଶୁମାନଙ୍କର ଦେହରୁ ବିଷ ପ୍ରସ୍ତୁତ କରା ଯାଇଥାଏ। ଯାହାକୁ ଗୁଣ୍ଡ କରି କିମ୍ବା ଶୁଖାଇ ରଖାହୁଏ। ଏହାକୁ ପ୍ରୟୋଗ କରିବା ମାତ୍ରେ ମଣିଷର ମୃତ୍ୟୁ ହୁଏ।

ପ୍ରଲମ୍ବନରେ ଅଦ୍‌ଭୁତ ଉପ୍ରାଦନ

ଶିରୀଷ, ଉଦୁମ୍ବ ତଥା ଶମୀର ଗଛର ବକଳକୁ ଗୁଣ୍ଡ କରି ଖାଇଲେ ଗୋଟିଏ ପକ୍ଷକାଳ ପର୍ଯ୍ୟନ୍ତ ଭୋକ ଅନୁଭବ ହେବନାହିଁ। ଏହିଭଳି ଭୋକ ନଲାଗିବାର ବହୁତ ପ୍ରଣାଳୀ ରହିଛି।

ବିଭିନ୍ନ ଧରଣର ତେଲ ସେବନ କଲେ ମଣିଷର ଆକୃତି ପାଲଟିଯାଏ, ତା' ଦେହର ରଙ୍ଗ ପରିବର୍ତ୍ତନ ହୁଏ। ଏକ ବିଶେଷ ଧରଣର ତେଲ ମାଲିଶ କଲେ ମଣିଷକୁ କୁଷ୍ଠରୋଗୀରେ ପରିଣତ କରା ଯାଇପାରିବ।

ଫର୍ସାରୁ କଳା ଏବଂ କଳାରୁ ଫର୍ସା ହେବା ପାଇଁ ବହୁ ଧରଣର ପ୍ରୟୋଗ ବିଧି ରହିଛି। ଏଭଳି କିଛି ଗୁଣ୍ଡ ପଦାର୍ଥ ରହିଛି ଯାହାକୁ ପ୍ରୟୋଗ କଲେ ମଣିଷ କାନ୍ତିମୟ ହୋଇଯାଏ।

ଭେଷଜ ମନ୍ତ୍ର ପ୍ରୟୋଗ

ଶତ୍ରୁଙ୍କୁ ଛଳନା କରିବା ପାଇଁ ବିଭିନ୍ନ ଔଷଧ ଏବଂ ମନ୍ତ୍ରର ପ୍ରୟୋଗବିଧି ରହିଛି। କିଛି କିଛି ଔଷଧ ରହିଛି ଯାହାର ଗୁଣ୍ଡକୁ ଆଖିରେ କଜ୍ଜଳ ଭାବରେ ଲଗାଇଲେ ସିଏ ଅନ୍ଧକାରରେ ଦେଖି ପାରିବ।

ଏଭଳି କିଛି ଔଷଧର ପ୍ରୟୋଗ କଲେ ମଣିଷ କେବଳମାତ୍ର ମଣିଷର ଛାୟାକୁ ଦେଖିପାରିବ ମଣିଷକୁ ନୁହେଁ। ଏଭଳି ଏକ ଔଷଧ ରହିଛି ଯାହାକୁ ଦେହରେ ପ୍ରଲେପ କଲେ ଅନ୍ୟ କେହି ତା'କୁ ଦେଖି ପାରିବନାହିଁ। ଏହିଭଳି ଅନ୍ତର୍ଦ୍ଧାନ ହେବାର ଆଠଟି ଯୋଗର ଉଲ୍ଲେଖ କରାଯାଇଛି।

ମନ୍ତ୍ରୌଷଧ ଏବଂ ମାୟା ଦ୍ୱାରା ଗ୍ରହଣୀୟ ଯୋଗ – ଯେଉଁ ଯୋଗଟିର କଥା ଉଲ୍ଲେଖ କରାଯାଇଛି, ତା' ମାଧ୍ୟମରେ ବିଜିଗୀଷୁମାନେ ଶତ୍ରୁଙ୍କର ବିନାଶ ତଥା ସ୍ୱଜନକୁ ରକ୍ଷା କରିବା ଉଚିତ୍।

ସ୍ୱବଳୋପଘାତ ପ୍ରତିକାର

ଜୀବନ୍ତୀ, ଶ୍ୱେତା, ମୁଷ୍କକ, କାଳୀ ପାଣ୍ଡରୀ, ଅମରବେଲି, ବାନ୍ଦା ଇତ୍ୟାଦିକୁ ସଂମିଶ୍ରଣ କରି ସୁନାର ତାବିଜରେ ପୁରାଇ ଏହାକୁ ଦେହରେ ଧାରଣ କଲେ ସବୁ ପ୍ରକାରର ବିଷର ପ୍ରଭାବ ନଷ୍ଟ ହୁଏ।

ବିଜିଗୀଷୁ ରାଜା ଏହିସବୁ ଔଷଧଗୁଡ଼ିକ ଦ୍ୱାରା ନିଜର ସୈନ୍ୟ ତଥା ନିଜର ପ୍ରତିକାର କରି, ଶତ୍ରୁମାନଙ୍କର ବିନାଶ କରନ୍ତୁ।

ଶତ୍ରୁ ବିନାଶ ପାଇଁ ତନ୍ତ୍ରର ପ୍ରୟୋଗ

ଏହି ଅଧ୍ୟାୟରେ ତନ୍ତ୍ରଯୁକ୍ତିର ବର୍ଣ୍ଣନା କରାଯାଇଛି ।

ମଣିଷର ଜୀବିକାକୁ ଅର୍ଥ କୁହାଯାଏ । ମଣିଷଯୁକ୍ତ ଜମିର ନାମ ମଧ୍ୟ 'ଅର୍ଥ' । ଯେଉଁ ଶାସ୍ତ୍ର ଏହି ପୃଥିବୀକୁ ପୋଷଣ ଉପାୟ ନିର୍ଦ୍ଧାରିତ କରିଥାଏ ତା'କୁ 'ଅର୍ଥଶାସ୍ତ୍ର' କୁହାଯାଏ । ଏହି ଶାସ୍ତ୍ରରେ ୩୨ ଧରଣର ଯୁକ୍ତିର ସମାବେଶ ରହିଛି । ଯଥା ଅଧିକରଣ, ବିଧାନ, ଯୋଗ, ପଦାର୍ଥ, ହେତ୍ୱର୍ଥ, ଉଦ୍ଦେଶ୍ୟ, ନିର୍ଦେଶ, ଉପଦେଶ, ଅପଦେଶ, ଅତିଦେଶ, ପ୍ରଦେଶ, ଉପମାନ, ଅର୍ଥାପତ୍ତି, ସଂଶୟ, ପ୍ରସଙ୍ଗ ବିପର୍ଯ୍ୟୟ, ବାକ୍ୟଶେଷ, ଅନୁମତ, ବ୍ୟାଖ୍ୟାନ, ନିର୍ବାଚନ, ନିଦର୍ଶନ, ଅପବର୍ଗ, ସବସଂଜ୍ଞା, ପୂର୍ବପକ୍ଷ, ଉତ୍ତର ପକ୍ଷ, ଏକାନ୍ତ, ଅନାଗତାବେକ୍ଷଣ, ଅତିକ୍ରାନ୍ତବେକ୍ଷଣ, ନିୟୋଗ, ବିକଳ୍ପ, ସମୂଚ୍ଚୟ ଏବଂ ଉହ୍ୟା ।

ଏହିଭଳି ଏହି ଶାସ୍ତ୍ରଟି ସମସ୍ତ ତନ୍ତ୍ର ଯୁକ୍ତିଗୁଡ଼ିକ ଦ୍ୱାରା ପରିପୂର୍ଣ୍ଣ । ଇହଲୋକ ଏବଂ ପରଲୋକକୁ ପ୍ରାପ୍ତି କରିବା ପାଇଁ ଏବଂ କର୍ତ୍ତବ୍ୟ ପାଳନ କରିବା ପାଇଁ ଏହି ଶାସ୍ତ୍ରର ନିର୍ମାଣ କରା ଯାଇଛି । ଏହି ଶାସ୍ତ୍ରଟି ଲୋକଙ୍କ ମନରେ ଧର୍ମ, ଅର୍ଥ ଏବଂ କାର୍ଯ୍ୟର ପ୍ରବୃତ୍ତିକୁ ଜାଗ୍ରତ କରି ଏବଂ ତା'କୁ ରକ୍ଷାର ବିଧାନ କରିବା ସହିତ ଅର୍ଥର ବିରୋଧୀ ଅନର୍ଥର ବିନାଶ ସାଧନ କରିଥାଏ । ଯିଏ କ୍ରୋଧରେ ବଶୀଭୂତ ହୋଇ ଅସ୍ତ୍ର, ଶସ୍ତ୍ର ଏବଂ ନନ୍ଦରାଜାଙ୍କ ହାତରେ କବଳିତ ପୃଥିବୀକୁ ଶୀଘ୍ରହିଁ ଉଦ୍ଧାର କରିଥିଲେ, ସେହି ଋଣକ୍ୟ ହିଁ ଏହି ଶାସ୍ତ୍ରଟି ପ୍ରସ୍ତୁତ କରିଥିଲେ ।

ଅନ୍ୟାନ୍ୟ ଶାସ୍ତ୍ର ବିଷୟରେ ଭାଷ୍ୟକାରମାନଙ୍କର ବିବାଦ ଦେଖି ଆଚାର୍ଯ୍ୟ ବିଷ୍ଣୁଗୁପ୍ତ ସ୍ୱୟଂ ସୂତ୍ରଗୁଡ଼ିକର ରଚନା କରି ସେଗୁଡ଼ିକର ବ୍ୟାଖ୍ୟା ମଧ୍ୟ କରିଥିଲେ ।

Koutilya Arthshatra (Odia)